임원경제지
권30-32

전공지

展功志 2

林園經濟志

임원경제지
권30-32

전공지

展功志 2

직물 **농사 백과사전**

권3·삼베류 길쌈[麻績, 마적]
　　·목화 길쌈[棉績, 면적]
권4·그림으로 보는 누에치기와 뽕나무 재배
권5·그림으로 보는 길쌈(방직도보)

풍석 서유구 지음　추담 서우보 교정　도올 김용옥 서문
임원경제연구소 차서연, 정명현, 최시남 옮김

풍석문화재단

이 책은 ㈜DYB교육 송오현 대표와 ㈜우리문화 백경기 대표 외 수많은 개인의 기부 및 문화체육관광부의
지원으로 완역 출판되었습니다.

전공지2

지은이	풍석 서유구
교 정	추담 서우보
옮기고 쓴 이	🌿**임원경제연구소** [차서연, 정명현, 최시남]
	교감·교열 : 민철기, 정정기, 김수연, 김용미, 김광명, 김현진
	서문 : 도올 김용옥
	감수 : 심연옥(한국전통문화학교 전통미술공예학과 교수)
펴낸 곳	🏛️**풍석문화재단**
	펴낸 이 : 신정수
	진행 : 박시현, 박소해
	전화 : 02)6959-9921 E-mail : pungseok@naver.com
일러스트	임원경제연구소
편집디자인	아트퍼블리케이션 디자인 고흐
인 쇄	상지사피앤비
펴낸 날	초판 1쇄 2022년 3월 21일
ISBN	979-11-89801-54-0

* 표지그림 : 풍속도 10폭 병풍(김윤보, 국립민속박물관), 무명날고, 물레질하고 《기산풍속화》
  (김준근, 국립민속박물관)
* 사진 사용을 허락해주신 국립민속박물관, 국립중앙도서관, 문화재청, 국립수목원, 국립중앙박물관,
  산림청, 예천 곤충연구소, 한국전통문화학교 심연옥 교수님, 풀꽃누리천연염색 박영진 대표님, 도서출판 선인
  여러분께 감사드립니다.

차례

그림으로 보는 누에치기와 뽕나무 재배(잠상도보) 【부록 삼과 모시 재배】 蠶桑圖譜 【附 麻、苧】

전공지 권제5 展功志 卷第五　임원십육지 32 林園十六志三十二

그림으로 보는 길쌈(방직도보) 紡織圖譜

일러두기

- 이 책은 풍석 서유구의 《임원경제지》를 표점, 교감, 번역, 주석, 도해한 것이다.

- 저본은 정사(正寫) 상태, 내용의 완성도, 전질의 구성 등을 고려하여 고려대학교 도서관 소장본으로 했다. 단, 《전공지》 권4, 권5는 고대본이 없어 규장각본을 저본으로 했다. 이 책의 권4와 권5에 실은 원도는 보경문화사(1983)에서 펴낸 《전공지》 규장각본의 영인본을 사용했다.

- 현재 남아 있는 이본 가운데 서울대학교 규장각한국학연구원, 일본 오사카 나카노시마부립도서관본을 교감하고, 교감 사항은 각주로 처리했으며, 각각 규장각본, 오사카본으로 약칭했다.

- 교감은 본교(本校) 및 대교(對校)와 타교(他校)를 중심으로 하고, 필요에 따라서는 이교(理校)를 반영했으며 교감 사항은 각주로 밝혔다.

- 번역주석의 번호는 일반 숫자(9)로, 교감주석의 번호는 네모 숫자(⑨)로 구별했다.

- 원문에 네모 칸이 쳐진 注와 서유구의 의견을 나타내는 案, 又案 등은 원문의 표기와 유사하게 네모를 둘러 표기했다.

- 원문의 주석은 【 】로 표기했고, 주석 안의 주석은 〔 〕로 표기했다.

- 서명과 편명은 번역문에만 각각 《 》 및 〈 〉로 표시했다.

- 표점 부호는 마침표(.), 쉼표(,), 물음표(?), 느낌표(!), 쌍점(:), 쌍반점(;), 인용부호(" ", ' '), 가운데점(·), 모점(、), 괄호(( )), 서명 부호(《 》)를 사용했고 인명, 지명 등 고유명사에는 밑줄을 그었다.

- 字, 號, 諡號 등으로 표기된 인명은 성명으로 바꿔서 옮겼다.

3

전공지 권제 3
展功志卷第三

임원십육지 30
林園十六志三十

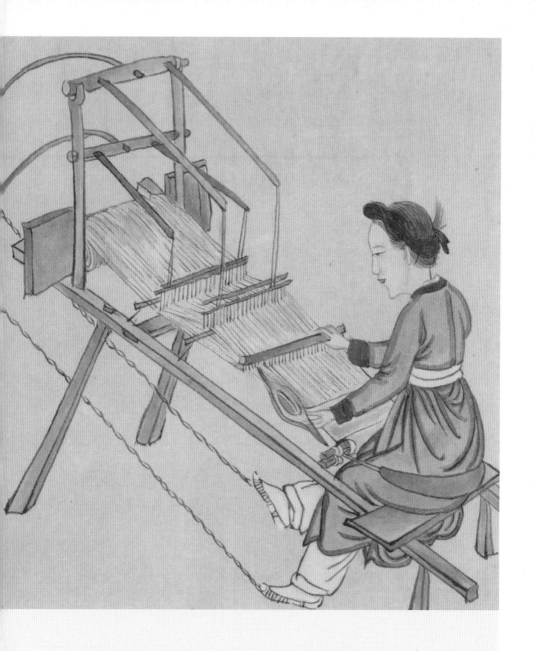

우리나라의 남쪽 지방과 북쪽 지방에서는 모두 삼을 재배하여 실을 삼고 짤 줄 안다. 그러나 남쪽 지방에서 나는 베는 대체로 거칠어서 북쪽 지방의 베보다 품질 이 뒤떨어진다. 좋은 베는 모두 함경도에서 난다. 함경도에서도 북쪽으로 갈수록 베 가 더욱 좋다. 회령(會寧)·종성(鍾城) 등 지역에서 나는 베는 종종 가볍고 곱기가 곡 (穀)과 같아서 서울의 부귀한 사람들이 입는 옷이 되었다.

삼베류 길쌈[麻績, 마적]

麻績

1. 삼[大麻, 대마] 재배【부록 저마(苴麻, 삼 암그루) 재배하는 법】

藝大麻【附 苴麻栽法】

1) 삼

일명 '화마(火麻)', '황마(黃麻)', '한마(漢麻)'이다. 수그루[雄]는 '시마(枲麻)'·'모마(牡麻)'라 하고, 암그루[雌]는 '저마(苴麻)'라 한다.[1]

【도경본초(圖經本草)】[2] 삼씨는 곳곳에서 심는다.

大麻

一名"火麻", 一名"黃麻", 一名"漢麻". 雄者, 名"枲麻"、"牡麻"; 雌者, 名"苴麻".

【圖經本草】麻子處處種之,

삼(《본초강목》)

삼(《고금도서집성(古今圖書集成)》)

---

1 일명……한다: 이 구절은 《본초강목》 "대마(大麻)" 항목 석명(釋名)과 일치한다. 《本草綱目》 卷22 〈穀部〉 "大麻", 1444쪽에 보인다.

2 《圖經本草》 卷18 〈米部〉 "麻蕡、麻子", 597쪽; 《本草綱目》 卷22 〈穀部〉 "大麻", 1444쪽.

삼(국립수목원)   익모초(국립수목원)

삼 껍질을 삼아서 삼베[布]를 만들 수 있다. 농가(農家)에서는 삼의 씨 중에 반점이 검은 무늬가 있는 놈을 고른다. 이 삼을 '자마(雌麻)'라 한다. 자마를 심으면 씨가 무성하게 맺힌다. 다른 삼씨는 씨가 맺히지 않는다.

績其皮可以爲布. 農家擇其子之有班、黑文者, 謂之"雌麻", 種之則結子繁. 他子則不結也.

본초강목(本草綱目)[3] 삼은 곧 지금의 황마(黃麻)이다. 큰 삼그루[大科]는 참깨[油麻, 유마]만 하다. 잎은 좁으면서 길고, 모양은 익모초(益母草)[4]잎과 같으며, 하나의 가지에 7장이나 9장의 잎이 있다.

5~6월에 자잘한 황색 꽃을 피우고, 이어서 곧 열매를 맺는다. 그 크기는 고수씨[胡荽子, 호유자]만 하

本草綱目 大麻, 卽今黃麻. 大科如油麻, 葉俠而長, 狀如益母草葉, 一枝七葉或九葉.

五六月開細黃花, 隨結實, 大如胡荽子, 可取油. 剝

---

3 《本草綱目》, 위와 같은 곳.
4 익모초(益母草) : 꿀풀과에 속하는 두해살이풀. 이뇨(利尿) 작용 및 어혈(瘀血)을 풀어 주는 약효가 있다.

고, 기름을 짤 수 있다. 그 껍질을 벗겨 내어 삼베
[麻]를 만든다. 삼대[稭]5는 희면서 모서리가 있으며,
가볍고 속은 비었다. 그 꽃은 '마발(麻勃)'이라 한다.
열매는 '마분(麻蕡)'이라 하며, 일명 '마람(麻藍)'이다.
속씨[仁]는 '마인(麻仁)'이라 한다】

其皮作麻 ⓵. 其稭 ⓶ 白而
有稜, 輕虛. 其花曰"麻勃",
實曰"麻蕡", 一名"麻藍". 中
仁曰"麻仁"】

---

5 삼대[稭]: 삼의 줄기. 껍질을 벗긴 삼의 줄기를 뜻하기도 한다.
⓵ 麻: 저본에는 "□". 《本草綱目·穀部·大麻》에 근거하여 보충.
⓶ 稭: 《本草綱目·穀部·大麻》에는 "秸".

2) 알맞은 토양

삼은 좋은 밭을 구하려 해야지, 묵혀 둔 터[故墟]를 쓰지 않는다.

【주 묵혀 둔 터도 좋은 밭이지만, 삼잎이 말라[䝟] 일찍 죽을 우환이 있으므로, 베짜기 재료로 쓰이지 못한다.

원(元) 사농사(司農司)[6] 농상집요(農桑輯要)[7][8] 과(䝟)[9]는 정(丁)과 파(破)의 반절이고, 풀잎이 말라 떨어진다는 의미이다】

땅이 척박하면 거름을 준다【주 거름은 충분히 묵혀야 한다. 묵힌 거름이 없을 경우에는, 팥[小豆]의 뿌리[底][10]를 써도 좋다. 최식(崔寔)[11]은 "정월에 주(疇)에 거름을 준다."[12]라 했다. 주(疇)는 삼밭[麻田, 마전]이다】.《제민요술(齊民要術)》[13]

낙마(駱麻, 삼의 이칭)를 심는 땅은 비옥하고 촉촉해

土宜

麻欲得良田, 不用故墟.

【注 故墟亦良, 有䝟[3]葉夭折之患, 不任作布也.

元司農司 農桑輯要 䝟, 丁破反, 草葉壞也】

地薄者, 糞之【注 糞宜熟. 無熟糞者, 用小豆底亦得. 崔寔曰: "正月糞疇." 疇, 麻田也】.《齊民要術》

種駱麻地宜肥濕.《群芳

---

6 사농사(司農司) : 중국 원(元)나라의 관청. 농업의 전반적인 업무를 담당했다.

7 농상집요(農桑輯要) : 중국 원나라의 사농사(司農司)에 소속된 창사문(暢師文, 1247~1317) 등이 편찬한 농서. 중국 최초의 관찬(官撰) 농서이다.

8 《農桑輯要》卷2〈播種〉"麻"(《農桑輯要校注》, 49쪽);《農政全書》卷36〈蠶桑廣類〉"麻"(《農政全書校注》, 996쪽).

9 과(䝟) :《제민요술》에는 '䝟'가 아니라 "點(점)"으로 적혀 있다.《농상집요교주(農桑輯要校注)》에 의하면 '䝟'는 삼줄기를 의미하는 "藿(활)"의 오자(誤字)로 추정된다고 한다.《齊民要術》卷2〈種麻〉第8(《齊民要術校釋》, 118쪽);《農桑輯要》卷2〈播種〉"麻"(《農桑輯要校注》, 49쪽) 참조.

10 팥[小豆]의 뿌리[底] : 팥이나 녹두 등 묵은 작물의 뿌리로 만든 거름을 저분(底糞)이라 하며, 밭을 기름지게 만드는 용도로 쓴다.

11 최식(崔寔) : ?~170?. 중국 후한(後漢)의 관리. 낙양 일대의 지역을 중심으로 여러 작물의 파종시기와 가축의 사육, 양잠, 방직, 약 제조 등 매월 농가에서 해야 할 일을 수집하여《사민월령(四民月令)》을 편찬했다.

12 정월에……준다 : 출전 확인 안 됨.

13 《齊民要術》卷2〈種麻〉第8(《齊民要術校釋》, 118쪽).

[3] 䝟 :《齊民要術·種麻》에는 "點".

야 한다. 《군방보(群芳譜)[14]》[15]　　　　　　　　譜》

　삼은 그늘지고 습한 땅을 좋아한다. 자갈땅[石碻]　麻好陰濕地. 最忌石碻.
은 가장 금한다. 《증보산림경제(增補山林經濟)[16]》[17]　《增補山林經濟》

14　군방보(群芳譜) : 중국 명(明)나라의 학자 왕상진(王象晉, 1561~1653)이 편찬한 농서. 곡물(穀物)·소과(蔬
　　菓)·화훼(花卉) 등의 종류, 재배법, 효능, 요리법 등을 밝혔다. 청(淸)나라 강희(康熙) 연간(1662~1722)에
　　왕호(汪灝) 등이 왕명을 받아 《광군방보(廣群芳譜)》100권으로 증보하여 간행했다.
15　《二如亭群芳譜》〈利部〉第2〈桑麻葛譜〉"大麻"(《四庫全書存目叢書補編》80, 516쪽).
16　증보산림경제(增補山林經濟) : 조선 중기의 학자 유중림(柳重臨, 1705~1771)이 홍만선(洪萬選, 1643~
　　1715)의 《산림경제(山林經濟)》를 증보하여 1766년에 편찬한 유서(類書). 복거(卜居)·치농(治農)·종수(種
　　樹)·양화(養花)·양잠(養蠶)·목양(牧養)·치포(治圃)·섭생(攝生)·치선(治膳)·구황(救荒)·가정(家庭)·구
　　사(救嗣)·구급(救急)·증보사시찬요(增補四時纂要)·사가점후(四家占候)·선택(選擇)·잡방(雜方)·동국산
　　수록(東國山水錄)·남사고십승보신지(南師古十勝保身地)·동국승구록(東國勝區錄) 등 23항목으로 구성되
　　며, 《임원경제지(林園經濟志)》 편찬의 근간이 되었다.
17　《增補山林經濟》卷2〈治農〉"大麻"(《農書》3, 128쪽).

3) 파종 시기

2~3월에는 저마(苴麻)를 파종할 수 있다. 하지 전
후 5일간 모마(牡麻, 삼 수그루)를 파종할 수 있다.《사
민월령(四民月令)[18]》[19]

二三月, 可種苴麻; 夏至先
後五日, 可種牡麻.《四民
月令》

시마[枲][20]를 너무 이르게 파종하면, 줄기가 억세
고 질기며, 두꺼운 껍질이 있고, 많은 마디[節]가 있
다. 늦게 파종하면, 껍질이 질기지 않다. 차라리 이른
때에 파종해서 잘못되는 편이 늦은 때에 파종해서
잘못되지 않는 편보다 낫다.《범승지서(氾勝之書)[21]》[22]

種枲太早, 則剛堅厚皮, 多
節; 晚則皮不堅. 寧失於早,
不失於晚.《氾勝之書》

하지 10일 전이 가장 좋은 시기이고, 하짓날이 무
난한 시기이고, 하지 10일 후가 너무 늦은 시기이다.

【주】맥류[麥]가 누렇게 익을 때 삼[麻]을 심고, 삼
이 누렇게 익을 때 맥류를 심는 것이 또 좋은 파종
시기이다.

속담에 "하지 후에 심으면, 개조차 삼밭에 숨기지
[沒] 못한다."라 했다. 어떤 이는 이에 답하여 "비만 많
이 내려도 삼밭이 낙타[駝] 등을 덮어 숨길 수 있다."

夏至前十日爲上時, 至日爲
中時, 至後十日爲下時.

【注】麥黃種麻, 麻黃種麥,
亦良候也.

諺曰: "夏至後, 不沒狗."
或答曰: "但雨多, 沒橐駝."
又曰: "五月及澤, 父子不相

---

18 사민월령(四民月令) : 중국 후한(後漢)의 관리 최식(崔寔, ?~170?)이 지은 농서. 낙양 일대의 지역을 중심으로
여러 작물의 파종시기와 가축의 사육, 양잠, 방직, 약 제조법 등 매월 농가에서 해야 할 일을 정리해놓았다.

19 출전 확인 안 됨 :《農政全書》卷36〈蠶桑廣類〉"麻"(《農政全書校注》, 995쪽, 997쪽).

20 시마[枲] : '枲'는 일반적으로는 모시를 뜻하지만, 여기서는 시마(枲麻, 삼 수그루)를 지칭한다.

21 범승지서(氾勝之書) : 중국 전한(前漢)의 문인 범승지(氾勝之, B.C. 1세기 활동)가 저술한 농서. 범승지는
황하 유역의 농업을 연구하였고, 구전법(區田法)과 수종법(溲種法) 등의 농법을 창시했다고 한다.《범승지
서》의 원본은 유실되었으나, 그 내용이《제민요술(齊民要術)》과《농정전서(農政全書)》에 전한다.

22 출전 확인 안 됨 :《齊民要術》卷2〈種麻〉第8(《齊民要術校釋》, 119쪽);《農政全書》卷36〈蠶桑廣類〉
"麻"(《農政全書校注》, 996쪽).

라 했다. 또 속담에 "5월에야 비가 내리면, 아버지와 아들 사이에도 서로 일손을 빌릴 일이 없다."라 했다. 이것은 시급히 비가 내려야 한다는 말이다.

하지 후에 파종한 삼은 줄기가 좁고 짧을 뿐만 아니라 껍질 역시 가볍고 얇다. 이 때문에 또한 알맞은 파종 시기를 쫓아야지 때를 놓쳐서는 안 된다】《제민요술》[23]

借."言及澤急也.

夏至後者, 匪惟淺短, 皮亦輕薄. 此亦趨時不可失也】《齊民要術》

정월 대보름 전후에 씨를 뿌린다. 《농정전서(農政全書)[24]》[25]

正月半前後下種. 《農政全書》

낙마(駱麻, 삼)를 파종할 때는 이른 경우 4월에 하고, 늦은 경우 6월에 한다. 《군방보》[26]

種駱麻, 早者四月, 遲者六月. 《群芳譜》

2월 상순에 파종한다.

【중순은 중시이고, 하순은 하시이다. 북쪽 지역에서는 찬 기운이 늦게 풀리니, 때에 따라 파종 시기를 알맞게 맞추어야 한다.

안 지금 사람들은 삼을 파종할 때 대체로 2월을 넘기지 않는다. 또 10월에 파종하는 법도 있으니,

二月上旬種④.

【中旬爲中時, 下旬爲下時. 至於北土, 寒氣晩解, 要當隨時適宜.

案 今人種麻, 率不出二月. 又有十月種法, 見下《增補

---

23 《齊民要術》卷2〈種麻〉第8(《齊民要術校釋》, 118쪽); 《農政全書》卷36〈蠶桑廣類〉"麻"(《農政全書校注》, 996쪽).

24 농정전서(農政全書): 중국 명(明)나라의 학자 서광계(徐光啓, 1562~1633)가 지은 농서. 한(漢)나라 이후 농학자의 여러 설을 총괄 및 분류하고 자신의 설(說)을 첨부하여 집대성했다.

25 《農政全書》卷36〈蠶桑廣類〉"麻"(《農政全書校注》, 997쪽).

26 《二如亭群芳譜》〈利部〉第2〈桑麻葛譜〉"大麻"(《四庫全書存目叢書補編》80, 516쪽).

④ 種:《農事直說·種麻》에는 "更耕之".

아래 《증보산림경제》를 보라】《농가직설(農家直   山林經濟》】《農家直說》

說)²⁷》²⁸

─────────

27 농가직설(農家直說) : 조선 초기에 편찬된 농서인 《농사직설(農事直說)》의 이칭으로 보인다. 《농사직설(農事直說)》은 세종(世宗)이 정초(鄭招)와 변효문(卞孝文) 등에게 조선 실정에 맞는 농서의 간행을 명하였고, 1429년(세종 11년)에 간행했다. 이전에는 중국의 농서에 있는 농법을 주로 참고했으나, 이 책에서는 풍토에 따른 농법의 차이를 고려하고 조선 농부들의 경험을 토대로 우리나라의 실정에 알맞은 농법을 수록했다.

28 《農事直說》〈種麻〉(《農書》1, 9쪽).

4) 재배하기

일반적으로 삼을 파종할 때에는 흰 삼씨[麻子]를 쓴다.

【주】흰 삼씨는 웅마(雄麻, 삼 수그루)이다. 삼씨 색깔이 비록 희더라도, 이빨로 깨물어 깨뜨렸을 때 속이 메마르면서 기름기가 없는 놈이 있다. 이것은 쭉정이라서 역시 파종하기에 적절하지 않다. 만약 시장에서 사들인 경우, 잠시 입 속에 머금었을 때 색깔이 예전과 같다면 좋은 종자이다. 만약 검은색으로 변한다면, 읍(裛)[29]한 종자이다.

최식은 "모마(牡麻, 삼 수그루)는 씨가 푸른 빛이 도는 흰색이고 열매가 없으며, 양쪽 끝이 날카로우면서 가벼워 물에 떠오른다."라 했다】

種蒔

凡種大麻, 用白麻子.

【注】白麻子爲雄麻. 顏色雖白, 齧破, 枯焦無膏潤者, 秕子也, 亦不中種. 市[5]糶者, 口含少時, 顏色如舊者佳, 如變黑者裛.

崔寔曰:"牡麻, 靑白, 無實, 兩頭銳而輕浮."】

삼씨

---

29 읍(裛): 사전적 정의로는 '향내가 배다' 또는 '물에 적시다'는 뜻이지만, 여기서는 종자가 습기나 열에 의해 변형된 상태를 말한다.

[5] 市: 저본에는 "布". 오사카본·《齊民要術·種麻》·《農政全書·蠶桑廣類·麻》에 근거하여 수정.

밭갈이[耕]는 푹 삶는 것을 싫어하지 않는다【주 세로와 가로로 7번 이상 갈아 주면 대마에 잎이 없어진다[30]】. 삼밭은 해마다 바꾸어야 좋다【주 파종하지 않았던 다른 밭에 파종하면 삼의 마디가 길어지기 때문이다[31]】.

좋은 밭은 1묘(畝)[32]마다 삼씨 3승(升)을 쓴다. 척박한 밭은 1묘마다 2승을 쓴다【주 너무 배게 파종하면 삼의 줄기가 가늘기만 하고 길게 자라지 못하고, 너무 성기게 파종하면 줄기가 굵으면서 껍질도 나빠진다】.

밭에 물기가 많을 경우, 먼저 삼씨를 물에 담가서 싹이 나도록 한다.

【주 빗물에 삼씨를 담가 두면 싹이 빠르게 난다. 우물물에 담가 두면 싹이 더디게 난다.

종자를 물에 담그는 법: 삼씨를 물속에 넣은 다음 2석(石)의 쌀로 밥을 할 시간 정도 기다렸다가 걸러 낸다. 그리고 자리 위에 두고 0.3~0.4척 두께로 펼쳐 놓았다가 자주 뒤적여 주어서 골고루 땅의 기운을 얻도록 한다. 하룻밤이 지나면 싹이 나온다. 물이 만약 지나치게 많으면[滂沛][33] 10일이 되어도 싹이 나지 않는다】

耕不厭熟【注 縱橫七遍以上, 則麻無葉也】. 田欲歲易【注 抛子種則節高】.

良田一畝, 用子三升. 薄田二升【注 穊則細而不長, 稀則麤而皮惡】.

澤多者, 先漬麻子令芽生.

【注 取雨水浸之, 生芽疾, 用井水則生遲.

浸法: 著水中, 如炊兩石米頃, 漉出, 著席上, 布令厚三四寸, 數攪之, 令均得地氣. 一宿則芽出. 水若滂沛, 十日亦不生】

---

30 대마에……없어진다 : 이 구절의 원문은 '麻無葉'이나, 《농정전서교주》에 의하면 '葉' 앞에 '敗(썩은)'나 '枯(마른)' 등의 글자가 누락된 것으로 추정한다. 《農政全書》卷36〈蠶桑廣類〉"麻"(《農政全書校注》, 1014쪽) 참조.

31 파종하지……때문이다 : 이 구절의 원문은 '抛子種則節高'이다. 여기서 '抛子(종자를 던지다)'는 밭을 바꾸어가면서 돌려짓기(윤작)하는 농사법이다. 《제민요술교석》, 122쪽 참조.

32 1묘(畝) : 넓이가 100보².

33 물이……많으면[滂沛] : 종자가 대량의 물속에 빠졌던 경우에는 온도가 낮아지고 공기와 접촉이 힘들어 발아가 잘 되지 않는다.

로(勞)(《본리지》)

꽁게[撻, 달](《본리지》)

누차(《본리지》)

밭갈이한 땅의 표면이 허옇게 마르면 누차(耬車)[34] 로 씨앗 뿌릴 골을 내어 씨를 흩어서 뿌리고 로(勞, 이빨 없는 써레)[35]를 빈 채로 끌어서 흙으로 씨앗을 덮 는다【주 만약 빗발[雨脚]이 그친 후에 곧 씨를 뿌리 면, 땅이 너무 축축해서 삼의 싹이 가늘게 난다. 땅 의 표면이 허옇게 마를 때 파종하면 삼의 싹이 튼실 하게 난다】.

땅에 물기가 적을 경우, 삼씨를 잠시 물에 담갔다 가 곧 꺼낸다. 이때 싹이 나기를 기다려서는 안 된다. 누차 머리 부분의 씨앗 넣는 통에 씨앗을 넣어 밭에 떨군다【주 이때 씨앗을 덮기 위해 애써서 꽁게[撻,

待地白背, 耬耩, 漫擲子, 空曳勞【注 截雨脚卽種者, 地濕, 麻生瘦;待白背者, 麻生肥】.

澤少者, 暫浸卽出, 不得待 生芽, 耬頭中下之【注 不 勞曳撻[6]】. 麻生數日中, 常驅雀【注 葉靑乃止】.

---

34 누차(耬車):씨를 파종할 때 쓰는 농사 연장. 《임원경제지 본리지》 권10 〈그림으로 보는 농사 연장 (상)〉 참조.

35 로(勞, 이빨 없는 써레):밭의 흙을 고르게 만드는 농사 연장. 《임원경제지 본리지》 권10 〈그림으로 보는 농사 연장 (상)〉 참조.

6 撻:저본에는 "樺". 《齊民要術·種麻》·《農政全書·蠶桑廣類·麻》에 근거하여 수정.

달]36를 끌지 않아도 된다】. 삼의 싹이 나온 후 며칠 간은 늘 참새를 쫓아 버려야 한다【주 잎이 푸르게 변하면 그제야 참새 쫓기를 그친다】.

잎이 활짝 펼쳐지면 김매기를 한다【주 밭을 자주 뒤집어 주되 전체를 2번 하고 그친다. 삼이 높이 자랐을 때 김매기를 하면 곧잘 삼을 상하게 하기 때문이다. 너무 배게 났거나 약하여 삼베 재료로 쓰지 못할 놈들은 뽑아 제거한다】.《제민요술》37

布葉而鋤【注 頻翻, 再徧止. 高而鋤者, 便傷麻. 稠弱不堪者, 拔去】.《齊民要術》

삼 심는 법에 "10번 나복(蘿蔔, 무)을 경작하고 9번 대마를 경작한다."라 했다. 땅은 비옥하게 묵힌 땅이 좋으니, 잔년(殘年, 수확 이후 시기인 연말)에는 땅을 개간해야 한다. 땅이 어는 시기가 지나면 흙이 부드러워진다[酥].

種大麻法曰"十耕蘿蔔九耕麻". 地宜肥熟, 須殘年開墾, 俟凍過則土酥.

다음해 봄에는 호미로 두둑을 열지어 만든다. 종자는 반점이 검은 놈을 써야 가장 좋다. 종자를 뿌린 뒤에는 재[灰]로 덮어 준다. 배게 자라면 줄기가 가늘고, 성글게 자라면 줄기가 거칠다.

來春鋤成行壟. 種子取斑黑者爲上. 撒後以灰蓋之, 密則細, 疏則粗.

잎이 활짝 펼쳐진 이후에 오줌[水糞]을 대주면, 잎사귀가 그을려 죽을까 걱정된다. 또 열지어 있는 밭두둑 위를 다니면 안 된다. 씨를 밟아서 씨가 잘 자라지 못할까 걱정되기 때문이다.《농정전서》38

布葉後, 以水糞澆灌, 恐葉焦死. 亦不可立行壟上, 恐踏實不長.《農政全書》

---

36 꿍게[撻, 달]: 땅 표면의 흙을 고르게 하면서 종자를 누르고 흙을 덮는 용도의 농사 연장.《임원경제지 본리지》권10〈그림으로 보는 농사 연장 (상)〉참조.

37《齊民要術》卷2〈種麻〉第8(《齊民要術校釋》, 117~118쪽);《農政全書》卷36〈蠶桑廣類〉"麻"(《農政全書校注》, 996~997쪽).

38《農政全書》卷36〈蠶桑廣類〉"麻"(《農政全書校注》, 997쪽).

정월에 얼음이 풀리면 좋은 밭을 골라서 심는다. 밭이 많으면 해마다 땅을 바꾸어 가면서 재배한다【땅을 바꾸어 재배하면 삼껍질이 얇고 마디 간격이 넓다】. 밭을 갈 때는 세로로 3번, 가로로 3번 하고 소똥이나 말똥을 뿌려 놓았다가 2월 상순에 다시 밭갈이를 한다.

써레[木斫, 목작]³⁹ 및 쇠스랑[鐵齒㯚]⁴⁰으로 땅을 충분히 삶아 평탄하게 만든 후, 발뒤꿈치로 균일하면서도 간격을 촘촘하게 밟아 파종할 곳에 자국을 낸다. 발자국에 씨를 뿌릴 때도 또한 균일하게 뿌려야 하고 촘촘하게 뿌려야 한다⁴¹【발로 밟아주기와 씨를 뿌리기가 균일하지 않거나 촘촘하지 않으면 삼이 간혹 거칠어지거나 가지가 나서 쓰기에 적절하지 못하다】.

끙게[耮]를 끌어서 씨를 덮어 준 다음 그 위에 또 소똥이나 말똥을 펼쳐 놓는다. 삼이 0.3척 정도 자라서 잡초가 생기면 김을 매준다【김매기는 1번을 넘지 않는다】.《농사직설》⁴²

밭은 2번 뒤집어 갈고, 10월 하순에 씨를 뿌린다. 거름을 두툼하게 덮어 주면, 봄에 싹이 났을 때 일찍 무성해진다. 삼씨는 또 바로 찧어서 껍질을 벗겨 내어 종자를 뿌린 다음에 발로 밟아 준다. 이때 반드시

正月氷解, 擇良田, 田多則歲易【栽易則皮薄節闊⁷】. 耕之縱三橫三, 布牛馬糞, 二月上旬更耕之.

以木斫及鐵齒㯚, 熟治使平後, 足踏均密, 撒種, 又須均須密【足踏與撒種不均不密, 則麻或麤或枝, 不中於用】.

曳耮覆種, 其上又布牛馬糞. 麻長三寸許, 有雜草, 鋤之【不過一鋤】.《農事直說》

翻耕二遍, 十月下旬下種. 以糞厚覆, 春生苗早盛. 麻種又宜乍春去皮, 撒種後足踏, 須密. 不然則麻

---

39 써레[木斫, 목작]:논이나 밭의 흙덩이를 부수거나, 바닥을 평평하게 고르는 용도로 쓰는 농사 연장.《농사직설》에서는 이 글자의 주석으로 '향명소흘라(鄕名所訖羅, 향명은 소흘라이다)'라고 했다.
40 쇠스랑[鐵齒㯚]:논밭을 갈고 써는 용도로 쓰기 위해 쇠로 만든 농사 연장.
41 써레[木斫, 목작] ……한다:족종법(足種法)을 설명한 대목이다.
42 《農事直說》〈種麻〉(《農書》1, 9쪽).
⑦ 闊:저본에는 "潤".《農事直說·種麻》에 근거하여 수정.

촘촘하게 밟아 주어야 한다. 그렇게 하지 않으면 삼
이 제대로 자라지 못한다.《증보산림경제》[43]

痿.《增補山林經濟》

5) 종자 거두기

7월 동안 종자를 거둔다. 종자를 삼베로 감싸서
매달아 걸어 두면, 싹이 쉽게 나온다.《농정전서》[44]

收子

七月間收子, 麻布包之懸掛
則易出.《農政全書》

---

43 《增補山林經濟》卷2〈治農〉"大麻"(《農書》3, 128쪽).
44 《農政全書》卷36〈蠶桑廣類〉"麻"(《農政全書校注》, 997쪽).

6) 저마(苧麻, 삼 암그루) 파종하는 법

저마를 파종하려면 미리 밭을 갈아서 부드럽게 만든다. 2월 하순과 3월 상순에 비가 내릴 즈음 파종한다.

저마가 싹이 나서 잎을 펴면 김을 매되, 대체로 각 그루[樹] 간의 거리는 9척으로 한다.

그루가 1척 높이로 자라면, 누에똥[蠶矢]으로 거름을 준다. 누에똥의 양은 그루당 3승이다. 만약 누에똥이 없으면 변소[溷] 속의 잘 삭은 똥을 거름으로 주어도 좋다. 똥의 양은 그루당 1승이다.

날씨가 가물면 흐르는 물을 부어 준다. 물의 양은 그루당 5승이다. 흐르는 물이 없으면, 우물물을 햇볕에 쬐어서 차가운 기운을 없앤 뒤에 물을 부어 준다【농정전서 일반적으로 샘물을 밭에 관개할 때는 모두 못을 따로 만들고 거기에 햇볕을 쬐어서 차가운 기운을 없애야만 한다】.

種苧麻法

種麻, 預調和田. 二月下旬、三月上旬, 傍雨種之.

麻生布葉, 鋤之, 率九尺一樹.

樹高一尺, 以蠶矢糞之, 樹三升. 無蠶矢, 以溷中熟糞糞之, 亦善, 樹一升.

天旱以流水澆之, 樹五升. 無流水, 曝井水, 殺其寒氣以澆之【農政全書 凡用泉水灌田, 皆宜作池曝之, 以殺其寒氣也】.

저마씨

비가 적당한 때에 내린다면, 물을 주지 말라. 물을 줄 때 너무 자주 주지 않도록 해야 한다. 이와 같이 저마를 기르면, 좋은 밭에서는 1묘당 50석에서 100석을 수확한다. 척박한 밭이라도 오히려 30석이 된다.

저마 수확하는 법: 서리가 내리고 열매가 익으면 신속하게 저마를 베어 버린다. 그 그루가 너무 크면 톱으로 잘라 낸다.《범승지서》45

저마 파종하는 법: 저마의 열매만 얻으려 할 경우에는 반점이 검은 저마씨를 파종해야 한다【주 반점이 검은 놈이 열매가 풍성하다. 최식(崔寔)은 "저마는 씨가 색깔이 검고 또 실하면서 묵직하다. 이것을 찧고 처리해서 등불[燭]에 쓰는 기름을 만들지만 삼베실을 만들지는 않는다."46라 했다】.

밭갈이는 반드시 2번 해야 한다. 1묘당 씨 3승을 쓰고, 파종하는 법은 삼과 같게 한다.

3월이 씨를 파종하기에 가장 좋은 시기이고, 4월 초가 무난한 시기이고, 5월 초는 너무 늦은 시기이다.

대체로 2척당 저마 1그루를 남겨 둔다【주 너무 배면 잘 성장하지 않는다】. 늘 김을 매서 밭을 깔끔하게 만든다【주 잡초가 가득하면 열매가 적어진다】.

雨澤適時, 勿澆. 澆不欲數. 養麻如此, 美田則畝五十石及百石, 薄田尚三十石.

穫麻之法: 霜下實成, 速斫之. 其樹大者, 以鋸鋸之.《氾勝之書》

種苴麻法: 止取實者, 種斑黑麻子【注 斑黑者, 饒實. 崔寔曰: "麻苴, 子黑, 又實而重. 搗治作燭, 不作麻"】.

耕須再遍. 一畝用子三升, 種法如大麻同.

三⑧月種子爲上時, 四月初⑨爲中時, 五月初爲下時. 大率二尺留一科【注 穊則不成】. 鋤常令淨【注 荒則少實】.

45 《齊民要術》卷2〈種麻子〉第9(《齊民要術校釋》, 124쪽);《農政全書》卷36〈蠶桑廣類〉"麻"(《農政全書校注》, 995쪽).
46 저마의……않는다 : 이 구절은 현재 남아 있는 《사민월령(四民月令)》에서는 원문이 확인되지 않는다.
⑧ 三 : 저본에는 "二".《齊民要術·種麻子》·《農政全書·蠶桑廣類·麻》에 근거하여 수정.
⑨ 初 :《齊民要術·種麻子》에는 없음.

이제 꽃가루가 날리면, 삼 수그루를 뽑아 제거한다【주 만약 아직 꽃가루가 날리지 않았는데 삼 수그루를 제거하면 저마가 열매를 맺지 못한다】.

일반적으로 오곡을 심은 밭이 길에 가까이 있으면, 육축(六畜, 가축의 총칭)이 침범하는 일이 많이 있다. 이런 곳에는 참깨[胡麻]나 삼씨[麻子]를 파종해야한다【주 참깨는 육축이 먹지 않는다. 발아한 삼씨는 머리 부분이 뜯어 먹히면 그루가 더 크게 자란다. 이 두 열매를 수확하면 좋은 등불을 밝히는 데에 충분히 쓸 만하다】.

콩밭에 삼씨를 섞어 파종하는 일은 절대로 하지말라【주 두 작물 모두 잎이 빽빽하게 자라서 서로 햇볕을 가림으로 인해 양쪽이 손해를 입으므로 함께 수확이 줄어든다】.

6월 중에는 삼씨를 심은 그루 사이에 순무[蕪菁]씨를 흩어 뿌리고 김을 매서, 순무뿌리를 수확할 수있다.《제민요술》[47]

旣放勃, 拔去雄【注 若未放勃, 去雄者, 則不成子實】.

凡五穀地畔近道者, 多爲六畜所犯, 宜種胡麻、麻子【注 胡麻, 六畜不食. 麻子, 齧頭則科大. 收此二實, 足供美燭之費也】.

愼勿於大豆地中雜種麻子【注 扇地兩損而收幷薄】.

六月中, 可於麻子地間散蕪菁子而鋤之, 擬收其根.《齊民要術》

47 《齊民要術》卷2〈種麻子〉第9(《齊民要術校釋》, 123~124쪽) ;《農政全書》卷36〈蠶桑廣類〉 "麻"(《農政全書校注》, 995쪽).

2. 모시[苧麻, 저마] 재배

藝苧麻

1) 모시

【모시초목조수충어소(毛詩草木鳥獸蟲魚疏)】[1][2] 모시는, 한 그루에 수십 개의 줄기가 있다. 묵은 뿌리가 땅속에 있어 봄이 되면 저절로 싹이 나므로 따로 심을 필요가 없다. 형(荊)[3]과 양(楊)[4] 일대에서는 해마다 3번 벤다. 껍질을 벗긴 다음 물에 삶아 실을 삼는다.[5]

【詩草木疏】 苧, 一科數十莖. 宿根在地, 至春自生, 不須別種. 荊、楊間, 歲三刈. 剝皮, 煮之用緝.

【도경본초(圖經本草)】[6] 모시싹은 8~9척 높이로 자란다. 잎은 닥나무잎처럼 생겼다. 앞면은 청색이나, 뒷면은 흰색이며 잔털이 있다. 그 뿌리는 황백색이고, 가벼우면서 속이 비어 있다.

【圖經本草】 苗高八九尺, 葉如楮葉, 面靑背白, 有短毛. 其根黃白而輕虛.

---

1 모시초목조수충어소(毛詩草木鳥獸蟲魚疏):중국의 삼국 시대 오(吳)나라의 학자 육기(陸璣, ?~?)의 저서. 초본식물(草本植物) 80종, 목본식물(木本植物) 34종, 조류(鳥類) 23종, 수류(獸類) 9종, 어류(魚類) 10종, 충류(蟲類) 18종 등에 대한 명칭과 지방에 따라 달리 부르는 이름, 모양과 생태가 자세히 기록되어 있다.

2 《毛詩草木鳥獸蟲魚疏》卷上〈可以漚紵〉(《文淵閣四庫全書》70, 7쪽);《農政全書》卷36〈蠶桑廣類〉"麻"(《農政全書校注》, 991쪽).

3 형(荊):중국 호남성(湖南省)과 호북성(湖北省) 일대의 옛 지명.

4 양(楊):중국 강서성(江西省) 일대의 옛 지명.

5 삼는다:삼이나 모시 등의 섬유를 가늘게 갈라 그 끝을 맞대고 비벼 꼬아 잇는 동작.

6 《圖經本草》卷9〈草部〉"下品之下" '苧根'(《本草圖經》, 287쪽);《本草綱目》卷15〈草部〉"苧麻", 978쪽;《農政全書》, 위와 같은 곳.

|보시[苧]에는 2종류가 있다. 하나는 '자마(紫麻, 자주모시)'라 하고, 하나는 '백저(白苧, 흰색모시)'라 한다. 본래 남방의 식물이다.

王氏農書 苧有二種: 一曰 "紫麻", 一曰"白苧". 本南 方之物也.

본초강목 9 모시[苧]는 집모시[家苧]이다. 또 산모시[山 苧]와 들모시[野苧]가 있다. 자저(紫苧)는 잎의 앞면이 자주색이다. 백저(白苧)는 잎의 앞면이 청색이고, 그 뒷면은 모두 백색이다. 그 씨는 다갈색(茶褐色)이다.

本草綱目 苧, 家苧也. 又 有山苧、野苧也. 有紫苧, 葉面紫; 白苧, 葉面靑, 其 背皆白. 其子茶褐色.

농정전서 10 《시경》에서는 '구저[漚紵, 저(紵)를 담그다]'11를 말했고, 《시전(詩傳)》12에서는 '저의(紵衣)13'라 불렀 다. 이로 볼 때 중원(중국)에 저(紵)14가 있은 지는 오 래되었다.

農政全書 《詩》言"漚紵", 《傳》稱"紵衣". 中土之有紵 舊矣.

그러나 가사협(賈思勰)은 오대(五代)의 북쪽 지역의 농업을 소개한 《제민요술》에서 모시[苧] 심는 법을 말하지 않았다. 이것으로 오대(五代) 이전의 이른바 '저(紵, 모시)'와 '시(枲, 모시)'라는 것이 아마도 모두 저

而賈思勰不言種苧之法, 是知五代以前, 所謂"紵"、 所謂"枲"者, 殆皆苴麻之 屬, 而今所謂"苧"者, 特南

---

7 왕정농서(王禎農書): 중국 원(元)나라의 농학자 왕정(王禎, ?~?)이 지은 농서(農書). 수리 도구 및 농기구 를 비롯한 농사 관련 연장과 시설들의 그림이 상세하게 수록되어 있다.

8 《王禎農書》〈百穀譜〉10 "雜類" '苧麻', 159쪽;《農政全書》, 위와 같은 곳.

9 《本草綱目》卷15〈草部〉"苧麻", 978쪽;《農政全書》, 위와 같은 곳.

10 《農政全書》卷36〈蠶桑廣類〉"麻"(《農政全書校注》, 991~992쪽).

11 구저[漚紵, 저(紵)를 담그다]:《시경》"동문지지(東門之池)"에 "동쪽 문에 있는 연못은 저(紵)를 담글 수 있 네(東門之池, 可以漚紵)."라는 구절이 있다.《毛詩正義》卷7〈陳風〉"東門之池"《十三經注疏整理本》4, 521쪽).

12 시전(詩傳): 중국 전한(前漢)의 경학자 모장(毛萇, ?~?)이 저술한 《시경(詩經)》 주석서. '모전(毛傳)'·'모 시(毛詩)'이라고도 한다. 당(唐)나라의 경학자 공영달(孔穎達, 574~648)이 모장의 《모전》을 근거로 하고, 후한(後漢) 말기의 경학자 정현(鄭玄, 127~200)의 주석인 "전(箋)"과 자신의 주석인 "소(疏)"를 추가하여, 《모시정의(毛詩正義)》40권을 편찬했다.

13 저의(紵衣):《시전(詩傳)》에서는 '구저(漚紵)'에 대한 주석에서, "저(紵)는 삼의 종류이다(紵, 麻屬)."라 했 다.《詩傳大全》卷7〈東門之池〉(《文淵閣四庫全書》78, 524쪽).

14 저(紵): 모시풀의 일종.

마(苴麻)에 속하는 종류였고, 지금 이른바 '저(苧)'라는 것은 단지 남쪽 지역에만 있었음을 알 수 있다.

육기(陸璣)[15]가 《모시초목조수충어소》에서 처음으로 저(苧)라는 명칭을 적었다. 그러다 송(宋)나라에 이르러 장우석(掌禹錫)[16]이 "남쪽 지역에서는 모시를 삼아서 베를 만든다."[17]라 했다. 이 말은 북쪽 지방에는 저(苧)가 없음을 드러내고 있다. 그러나 《시경》을 해석하는 사람들이 육기가 말한 '저(苧)'는 《시경》에서 말한 '저(紵)'가 아님을 아직 알지 못하고 있다】

方有之.

陸璣始著其名, 至宋 掌禹錫云: "南方績以爲布", 顯是北方所無. 而釋《詩》者, 尚未知陸所謂"苧", 非《詩》所謂"紵"[1]也】

모시(《본초강목》)

모시(국립수목원)

모시(《고금도서집성》)

15 육기(陸璣) : ?~?. 중국 삼국 시대 오(吳)나라의 학자. 자는 원각(元恪). 중국 고대에 비교적 이른 시기에 생물학을 연구한 사람 중 한 명이다. 《모시(毛詩)》에서 언급한 동식물의 명칭을 전문적으로 풀이하고, 고금의 이명(異名)에 대하여 상세히 고증하여 《모시초목조수충어소(毛詩草木鳥獸蟲魚疏)》 2권을 편찬했다.

16 장우석(掌禹錫) : 992~1068. 중국 송(宋)나라의 본초학자. 인종(仁宗) 가우(嘉祐, 1056~1063) 연간에 기존의 본초서를 증보하여 《가우보주본초(嘉禹補注本草)》를 저술했다.

17 남쪽……만든다 : 장우석이 처음으로 말한 전거는 확인되지 않는다.

[1] 紵 : 저본에는 "苧". 《農政全書·蠶桑廣類·麻》에 근거하여 수정.

2) 재배하기

【안】 알맞은 토양, 파종 시기, 종자, 옮겨심기, 물 대기와 북주기, 베기와 실잇기 등의 여러 법이 아울러 함께 보인다】

모시 파종했다가 옮겨 심는 법: 3~4월에 파종하면, 처음에는 모래가 얇게 깔린 땅이 가장 좋고, 모래와 흙이 잘 섞인 땅이 그 다음이다. 원포(園圃, 과수원이나 채소밭) 안에 심는데, 만약 원포가 없다면 물가나 우물이 가까운 장소에 심어도 된다.

먼저 흙을 1~2번 파낸 뒤에 휴전(畦田, 두렁밭)을 만든다. 이때 휴전의 너비는 0.5보(步)[18], 길이는 4보로 한다. 다시 1번 흙을 파서, 발로 가볍게 밟거나 혹은 가래[枕]의 등으로 약간 토닥거려 흙을 실하게 다진다. 그렇게 하지 않으면 흙에 물이 스며들 때 흙의 윗부분에 빈틈이 생겨 뜨게 된다. 다시 써레[杷, 파][19]【포(蒲)와 파(巴)의 반절이다]로 땅을 평평하게 고른다.

하룻밤 지나고 나서 휴전에 물을 댄다. 다음날 아침에 가는 이빨이 달린 써레로 가볍게 흙을 써레질하여 일으켰다가, 다시 땅을 평평하게 써레질한다. 때에 맞게 축축하고 기름진 휴전의 흙 0.5승과 씨앗 0.1승을 서로 잘 섞어서 고르게 뿌린다. 씨앗 0.1승으로는 6~7휴전에 파종할 수 있다. 씨앗뿌리

種蒔

【案】土宜、時候、種子、移栽、澆壅、刈緝諸法, 幷同見】

栽種苧麻法: 三四月種子者, 初用沙薄地爲上, 兩和地爲次. 園圃內種之, 如無園者, 瀕河近井處亦得.

先倒劚土一二徧, 然後作畦, 闊半步, 長四步. 再劚一徧, 用脚浮躎, 或杴背浮按稍實. 不然, 著水虛懸. 再杷【蒲巴反】平.

隔宿, 用水飮畦. 明朝, 細齒杷浮糠起土, 再杷平. 隨時用濕潤畦土半升、子粒一合, 相和均撒. 子一合, 可種六七畦. 撒畢, 不用覆土. 覆土則不出. 于畦內,

---

[18] 보(步): 이 기사의 출처인 《농상집요》에서는 5척을 1보로 삼았다.
[19] 써레[杷]: 논이나 밭의 흙을 고르게 만드는 연장. 파종한 후에 흙을 덮을 때나 곡식을 모으거나 할 때에도 사용한다. 《임원경제지 본리지》 권10 〈그림으로 보는 농사 연장 (상)〉 참조.

기가 끝나면 흙을 덮지 않는다. 흙을 덮으면 싹이 나오지 않는다. 아주 가는 나뭇가지 3~4개로 휴전 안의 파종한 곳을 가볍게 휘저어 주면서 평평하게 만들면 된다.

用極細梢杖三四根, 撥剌令平可.

휴전에 2~3척 높이의 시렁[棚]을 설치해 놓고, 그 위에 가는 발[箔]로 덮어 가린다. 5~6월 중 햇볕이 뜨거울 때는, 발 위에 이엉을 더해서 겹쳐 덮는다. 오로지 그늘을 치밀하게 만들어야 모종이 햇볕에 말라 죽지 않게 된다.

畦搭二三尺高棚, 上用細箔遮蓋. 五六月內炎熱時, 箔上加苫重蓋. 惟要陰密, 不致曬死.

다만 땅의 표면이 약간 건조하면 시렁 위에서 부엌빗자루를 대고 그 위에서 물을 가늘게 뿌려서 시렁 아래의 땅이 늘 축축하게 되도록 만들어야 한다【이런 방식으로 물을 주지 않으면 씨앗에서 아직 싹이 나오지 않았거나 싹이 땅을 뚫고 나올 힘이 약할 때 물을 갑자기 많이 주게 되는 결과를 막지 못하기 때문이다】. 날씨가 흐릴 때 및 이른 아침과 저녁에는 덮었던 발을 걷는다.

但地皮稍乾, 用炊帚細灑水于棚上, 常令其下濕潤【緣子未生芽, 或苗出力弱, 而不禁注水陡澆故也】. 遇天陰及早夜, 撤去覆箔.

10일이 지난 뒤에 싹이 나온다. 풀이 생기면 곧 뽑는다. 싹이 손가락 3개의 너비 정도로 올라오면 굳이 시렁을 쓸 필요가 없다. 만약 땅이 약간 건조해지면 미량의 물로 가볍게 물을 댄다. 싹이 약 0.3척 정도로 자라면 이전보다 조금 더 왕성한 땅을 골라서 따로 휴전을 만들어 옮겨 심는다.

至十日後苗出, 有草卽拔. 苗高三指, 不須用棚. 如地稍乾, 用微水輕澆. 約長三寸, 卻擇比前稍壯地, 別作畦移栽.

옮겨 심을 때에는 하루 전날 밤 먼저 싹이 자랄 휴전에 물을 댄다. 이튿날 아침에도 비어 있는 휴전에 물을 댄다. 모시의 싹은 칼날이 있는 도구로 뿌리에 붙어 있는 흙과 함께 파내어 휴전 안으로 옮겨

臨移時, 隔宿, 先將有苗畦澆過. 明早, 亦將做下空畦澆過. 將苧麻苗, 用刀器帶土撅出, 轉移在內,

심는다. 서로 0.4척 띄워서 1그루씩 심는다. 힘써서 자주 김을 매야 하고, 3~5일에 1번씩 물을 대야 한다. 이처럼 관리하면 모시가 잘 보호받을 것이다. 20일 뒤부터는 10일 또는 보름에 1번씩 물을 댄다.

10월 이후에는 소·나귀·말의 생똥을 밭에 1척 두께로 덮는다. 가을갈이로 잘 삶은 비옥한 흙을 미리 고른 다음 또 잔 거름을 뿌리고 나서 이듬해 봄이 시작할 때 옮겨 심는다. 땅의 기운이 이미 움직였을 때가 가장 좋은 시기이고, 모시싹이 트려 하는 때가 무난한 시기이며, 모시싹이 자라는 때가 너무 늦은 시기이다.

옮겨 심는 법은 다음과 같다. 열을 이루도록 구덩이를 파고, 사방 주위에 서로 1.5척 거리를 띄운다. 휴전에서 키운 모시싹을 파내서 구덩이 속에 옮겨 심는다. 구덩이 속에서 흙으로 싹을 북돋운 다음 물을 가득 준다. 만약 여름이나 가을에 옮겨 심을 때는 비가 와서 땅이 축축한 즈음에 해야 한다.

뿌리를 나눌 때는 흙이 붙은 채로 가까운 땅속에 옮겨 심어야 역시 좋다. 오래된 묵은 뿌리를【농정전서 묵은 뿌리는 별과 달을 보는 것을 금한다】옮겨 심을 때는, 뿌리를 칼이나 도끼로 손가락 3~4개의 너비 정도로 절단한다.

옮겨 심을 때는 열을 이루도록 하고, 구덩이를 만들 때는 사방 각각 1.5척 간격이 되도록 띄운다. 구덩이마다 2~3뿌리를 눕혀서 심는다. 이때 그루들은

相離四寸一栽. 務要頻鋤, 三五日一澆. 如此將護, 二十日之後, 十日、半月一澆.

至十月後, 牛、驢、馬生糞, 蓋厚一尺. 預選秋耕擺熟肥土, 更用細糞糞過, 來年春首移栽. 地氣已動爲上時, 芽動爲中時, 苗長爲下時.

栽法: 掘區成行, 方圍相去一尺五寸. 將畦中科苗移出, 栽于區內. 擁土區中, 以水漊之. 若夏秋移栽, 須趁雨水地濕.

分根連土, 於側近地內分栽亦可. 其移栽年深宿根【農政全書 宿根忌見星月】[2]者, 移時用刀、斧將根截斷, 長可三四指.

栽時成行, 作區, 方圍各離一尺五寸. 每區臥栽三二根, 棋盤相對.

---

[2] 宿根【宿根忌見星月】: 저본에는 "亦可【宿根忌見星月】".《農政全書·蠶桑廣類·麻》에 근거하여 수정.

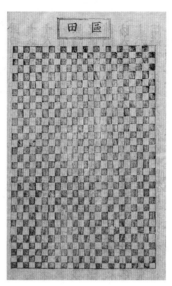

구전의 모양(《왕정농서》)

바둑판의 격자에서 서로 마주하는 모양이 되도록
심는다.[20]

　흙을 다 북돋운 뒤에 물을 준다. 3~5일을 기다
렸다가 다시 물을 준다. 싹이 자라면 부지런히 김을
매고, 날이 가물면 물을 준다. 만약 멀리 옮겨 심는
다면, 반드시 잘라 낸 묵은 뿌리를 원래의 흙과 함
께 부들로 싸서 묶고 겉은 다시 멍석으로 잘 싸고 덮
어 바람과 햇볕이 통하지 않게 해야 한다. 그러면 비
록 몇백 리 떨어진 곳에 옮겨 심더라도 산다. 재배하
는 법은 앞의 방법과 같다.

　심고 나서 첫해에 약 1척 정도 자라면, 낫으로

擁土畢, 然後下水. 候三五
日復澆. 苗高勤鋤, 旱則
澆之. 若地遠移栽者, 須
根科少帶元土, 蒲包封裹,
外復用席包掩合, 勿透風
日. 雖數百里外, 栽之亦
活. 栽培法如前.

初年長約一尺, 便割一鎌,

---

20 이때……심는다:이 모양은 《왕정농서》의 그림과 같다. 검정색 또는 흰색 부분에만 구덩이를 파서 심는다.

1차례 베어 낸다. 이 모시는 실을 만드는 용도로 쓰지 못하기 때문이다. 또다시 자라기를 기다렸다가 베어낸 것은 실을 삼는 용도로 쓴다. 10월이 되어 이미 베어낸 그루터기에 나귀똥이나 말똥을 두텁게 1척 정도 덮으면 얼어 죽을 지경이 되지는 않는다. 【농정전서】 이와 같이 두텁게 덮으면, 옮겨 심어도 겨울을 날 수 있으니, 이것이 중원(중국)에서 심을 수 있는 이유이다. 북쪽 지역과 같은 경우는 겨울을 날지 여부를 알 수 없다. 나의 고향은 북극고도(北極高度)²¹ 30도 위아래 되는 지역²²이라, 대개 0.1~0.2척만 덮으면 된다】

다음해 2월 초에는 써레[杷]로 똥거름을 걷어 내어 싹이 나오게 한다. 이후에는 매년 이와 같은 방식으로 한다【휘묻이[壓條]로 번식시키려면 뽕나무 휘묻이법처럼 해서 옮겨 심어도 좋다】.

3년차에는 뿌리는 뿌리끼리, 새로 자란 그루는 그루끼리 빽빽하게 엉켜 번식한다. 만약 옮겨 심지 않는다면 결코 점점 왕성하게 자라지 못할 것이다. 따라서 곧 본래 그루의 주위에 빽빽하게 자라는 새로운 그루를, 앞서 말한 법에 따라 다시 나누어 옮겨 심어야 한다.

해마다 3번씩 모시를 낫으로 벨 수 있다. 모시를

麻未堪用. 再候長成, 所割卽堪績用. 至十月, 卽將割過根楂, 用驢·馬糞蓋厚一尺, 不致凍死.

【農政全書】如此蓋厚, 則栽得過冬, 所以中土得種. 若北方, 未知可否. 吾鄉極高三十度上下地方, 蓋厚一二寸卽得矣】

至二月初, 杷去糞, 令苗出. 以後歲歲如此【壓條滋法移栽胤③, 如桑亦可】.

第三年, 根科交胤④稠密, 不移, 必漸不旺. 卽將本科周圍稠密新科, 再依前法分栽.

每歲可割三鎌. 每割時, 須

---

21 북극고도(北極高度) : 북쪽 하늘의 지평선에서부터 북극의 높이. 북위. 북극성이 관찰지점에서의 북극고도를 측정하는 기준점이다.
22 나의……지역 : 이 글의 저자 서광계의 출생지인 중국의 상해(上海) 지역은 북위(북극고도) 약 30도 전후 지역에 해당된다.
③ 胤 : 저본에는 "茂". 《農桑輯要·播種·苧麻》에 근거하여 수정.
④ 胤 : 저본에는 "結". 《農桑輯要·播種·苧麻》에 근거하여 수정.

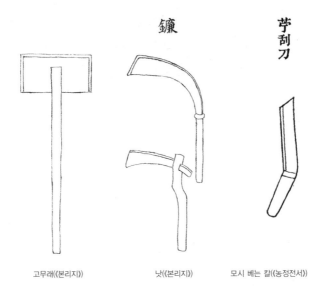

鎌 苧刮刀

고무래(《본리지》)   낫(《본리지》)   모시 베는 칼(《농정전서》)

베어 낼 때마다, 뿌리 곁에 작은 싹이 약 0.05척 정도 자라야, 크게 자란 모시를 곧 벨 수 있게 된다. 크게 자란 모시를 베어 낸 다음, 그 작은 싹이 무성하게 자라면 2번째로 모시를 베어 낸다.

만약 작은 싹이 지나치게 높이 자랐는데도 크게 자란 모시를 베지 않으면, 작은 싹은 왕성하게 자라지 못할 뿐만 아니라 이미 다 성장한 모시에게도 손상을 준다.

대략 5월 초에 처음 낫으로 베고, 6월 중순에 다시 1번 낫으로 베고, 8월 중순에 다시 1번 낫으로 벤다. 다만 중간 2번째에 낫으로 베어 낸 놈이 빠르게 자라고, 모시 역시 가장 좋다.

모시를 베어 냈을 때 곧장 죽도(竹刀, 대나무칼)나 쇠칼로 가지 끝부터 쪼갠 다음 손으로 껍질을 벗겨 낸다. 그리고 칼로 그 하얀 속[瓤, 줄기 부분의 섬유층]을

根傍小芽出土, 約高五分, 其大麻, 卽爲可割. 大麻旣割, 其小芽榮長, 便是下次再割麻也.
若小芽過高, 大麻不割, 不唯小芽不旺, 又損已成之麻.

大約五月初一鎌, 六月半一鎌, 八月半一鎌. 唯中間一鎌長疾, 麻亦最好.

刈倒時, 隨卽用竹刀或鐵刀, 從梢分批開, 用手剝下皮, 卽以刀刮其白瓤, 其浮

긁어 내면, 그 위에 뜬 준피(皴皮, 껍질의 주름 부분)는 저절로 제거된다. 벗겨 낸 태모시[23]는 작은 다발로 묶어 지붕 위에 걸어 두어서 밤에는 이슬을 맞게 하고 낮에는 햇볕을 쏘인다.

上皴皮自去. 縛作小氈搭於房上, 夜露晝曝.

이와 같은 방식으로 5~7일 놓아 두어서 그 모시가 자연히 깨끗하면서 하얗게 된 뒤에 거둔다. 만약 흐리거나 비가 오는 날이라면, 건물 안의 바람이 드나드는 곳에 걸어 두어 바람을 쐬게[涼]【량(涼)은 거성(去聲)이다[24]】 한다. 비를 맞아 검게 물들까 걱정되기 때문이다. 원 사농사 《농상집요》[25]

如此五七日, 其麻自然潔白, 然後收之. 若值陰雨, 卽於屋底風道內搭涼【去聲】. 恐經雨黑漬故也. 元司農司《農桑輯要》

모시는 처음에 파종할 때만 씨앗을 쓴다. 한번 파종한 뒤에는 묵은 뿌리에서 저절로 싹이 난다. 몇 년이 지난 후에 뿌리는 대부분 뭉쳐 엉킨다. 그러면 곧 나누어 옮겨 심어야 한다.

苧, 初種用子, 一種之後, 宿根自生. 數年之後, 根多糾結, 卽須分栽耳.

종자가 없는 경우, 역시 휘묻이로 뽕나무 옮겨 심는 법과 같은 방법으로 한다. 이렇게 하면 쉽게 성장하여, 신속하게 효과를 얻는다. 그러나 뿌리를 취할 곳이 없고, 멀리서 가져오기 어려우면, 파종하는 법을 써야 한다.

無種子者, 亦如壓條栽桑, 趣易成, 速效而已. 然無根處取, 遠致爲難, 卽宜用種子之法.

일반적으로 싹이 0.2~0.3척 길이로 성장하면, 거름에 물을 반반씩 섞어서 싹에 대준다. 모시를 자른 후에 바로 물을 주되, 물은 반드시 밤이나 흐린

凡苗長數寸, 卽用糞和半水澆之. 割後旋澆, 澆必以夜或陰天; 日下澆苧, 有鏽

---

23 겉껍질을 제거한 속껍질.
24 량(涼)은 거성(去聲)이다 : 량(涼)이 거성(去聲)일 때는 '량(晾)'의 의미이다. 《농상집요교주》, 78쪽 참조.
25 《農桑輯要》 卷2 〈播種〉 "苧麻"(《農桑輯要校注》, 50~52쪽) ; 《農政全書》 卷36 〈蠶桑廣類〉 "麻"(《農政全書校注》, 992~994쪽).

날씨에 주어야 한다. 해가 있을 때 모시에 물을 주
면, 쇠가 녹슨 모양 같은 얼룩이 생긴다. 또 돼지똥
거름은 가장 금한다.《농정전서》[26]

癜. 又最忌豬糞.《農政全
書》

금년에 휘묻이를 하면, 내년에는 쓸 수 있는 모
시가 된다. 어떤 이는 "달마다 옮겨 심을 수 있다."라
했다.《농정전서》[27]

今年壓條, 來年成苧. 或云
"月月可栽". 同上

모시가 이미 번성해 있을 때는, 그 주위에서 새로
난 그루를 파내서, 법대로 옮겨심기를 하면 본래 그
루가 무성하게 자란다. 새로 옮겨 심은 모시 역시 또
한 많이 자란다.

苧己盛時, 宜于周圍掘取
新科, 如法移栽, 則本科長
茂. 新栽又多.

또는 대밭[園]을 바꾸어서 대나무를 심는 법대로
한다. 이는 4~5년 뒤에 뿌리와 그루가 가장 번성한
모시를 하나의 휴전에서 다른 휴전으로 옮겨 심는 것
이다.

或如代園種竹法, 于四五
年後, 將根科最盛者, 間一
畦移栽一畦.

뿌리를 잘라 나누어 심거나, 또는 휘묻이를 하
여 번식하게 한다. 이 휴전이 이미 번성해지면 또
저 휴전의 흙을 파내어 이쪽 휴전에서 했듯이 다시
밭을 바꾸어 심으면, 영원토록 번성할 것이다.《군
방보》[28]

截根分栽, 或壓條滋生,
此畦旣盛. 又掘彼畦, 如
此更代, 滋植無窮.《群芳
譜》

모시를 재배할 때에는 씨뿌리기[撒子]와 포기나누

苧麻種植, 有撒子、分頭兩

---

26 《農政全書》卷36〈蠶桑廣類〉"麻"(《農政全書校注》, 996쪽).
27 《農政全書》, 위와 같은 곳.
28 《二如亭群芳譜》〈利部〉第2〈桑麻葛譜〉"苧"(《四庫全書存目叢書補編》80, 514쪽).

기[分頭] 2가지 방법이 있다【지군(池郡)²⁹에서는 매년 풀로 만든 거름으로 포기를 휘묻이한다. 그러면 그 뿌리는 흙을 따라서 높게 자란다. 광남(廣南, 광동성 일대)의 청마(靑麻, 푸른 모시)는 씨를 밭에 뿌리면 매우 무성해진다】. 매년 2번 베는 모시도 있고, 3번 베는 모시도 있다. 《천공개물》³⁰

한로(寒露, 양력 10월 8·9일경) 후에 씨를 거두어서 볕에 쬐어 말린 다음 여기에 축축한 모래를 고르게 뒤섞어 광주리 안에 담는다. 그리고 풀로 덮어 두어 씨가 얼어서 손상되지 않도록 한다.

다음해 2~3월이 되면 기름진 땅에 종자를 뿌린 다음 누에똥으로 북주고 풀로 덮는다. 싹이 자란 지 2년 뒤에 옮겨 심을 수 있다. 이때는 재와 겨를 흙에 섞어 심는다.

6월 중에 뿌리가 붉어지는 것이 보이면 벤다. 벤 다음에 누에똥·깻묵·겨·거름으로 북준다.

8월 사이에 다시 벤다. 10월 이후에 또 말똥이나 겨와 쭉정이 따위를 그 뿌리에 북주면 얼어서 손상되는 일을 피할 수 있다. 《증보산림경제》³¹

法【池郡每歲以草糞壓頭, 其根隨土而高. 廣南靑麻, 撒子種田, 茂甚】. 每歲有兩刈者, 有三刈者. 《天工開物》

寒露後, 收子曬乾, 以濕沙拌均, 盛於筐內, 用草蓋之, 毋致凍損.

候來歲二三月, 肥地撒種, 用蠶沙壅之, 以草蓋. 候苗長二年後, 可移栽, 用灰、糠和土植之.

六月中視根赤, 便刈. 刈後, 以蠶沙或麻秔、穀殼、肥糞壅之.

八月間再刈. 十月以後, 又以馬糞、糠粃之屬壅根, 可免凍損. 《增補山林經濟》

---

29 지군(池郡) : 중국 안휘성(安徽省) 지주시(池州市) 일대의 옛 지명.
30 《天工開物》卷2 〈夏服〉, 100쪽.
31 《增補山林經濟》卷2 〈治農〉 "苧麻"(《農書》3, 129~130쪽).

3) 종자 거두기

모시종자 거두는 법: 모시씨를 거두어 종자로 삼으려면 한 번도 베지 않은 모시를 써야 좋다. 9월 상강(霜降, 양력 10월 23·24일경) 이후, 씨를 거두어 햇볕에 쬐어 말린 다음 여기에 축축한 모래흙을 고르게 뒤섞어 광주리 안에 담고 풀로 덮어 둔다. 만약 씨가 얼어 손상되면 싹이 나지 않는다.

2번째 벤 모시나 3번째 벤 모시의 씨는 모두 성장하지 못하니, 종자로 삼기에 적당하지 않다. 파종할 때는 물에 담가 시험해 본 다음 가라앉은 씨를 골라서 쓴다. 《사농필용》[32]

모시 뿌리는 별과 달 보는 것을 금한다. 그러므로 집의 실내에 거두어 보관한다. 만약 노지(露地, 노출된 곳)라면 이엉[苫]으로 덮어야 한다. 별과 달을 보게 했다면, 야생모시[野苧]로 변한다. 《군방보》[33]

收種

收苧麻種法:收苧作種, 須頭苧者佳. 九月霜降後, 收子曬乾, 以濕沙土拌均, 盛筐內, 用草蓋覆. 若凍損則不生.

二苧、三苧子皆不成, 不堪作種. 種時以水試之, 取沈者用.《土農必用》

苧根忌見星月, 堂屋內收藏. 若露地, 須用苫蓋. 使見星月, 卽變野苧.《群芳譜》

---

32 출전 확인 안 됨;《欽定授時通考》卷78 〈桑餘〉"麻"(《文淵閣四庫全書》732, 1110쪽).
33 《二如亭群芳譜》〈利部〉第2 〈桑麻葛譜〉"苧"(《四庫全書存目叢書補編》80, 514쪽).

4) 쓰임새

이 모시는 1년에 3번 벤다. 1묘마다 모시 30근을 얻으며, 아무리 적어도 20근 이하로 떨어지지는 않는다. 모시를 잘 삼는 사람은 모시껍질 1근에서 1근의 실을 삼을 수 있다.

가는 모시실의 경우라면, 어떤 것은 1근의 실로 1필의 베를 짠다. 그 다음 등급은 1.5근의 실로 1필을 짠다. 그 다음 등급은 2근이나 3근의 실로 1필을 짠다. 이중에서 부드러우면서도 질기며 깨끗하고 흰 모시베는 보통의 삼베와 비교할 때, 가격이 1~2배 높다.

그렇다면 이 모시는 옮겨심기가 잘 되기만 하면 묵은 뿌리를 저절로 만들어 내는 풀이다. 그러므로 잠시 동안의 수고로 매우 오래도록 이득을 얻을 수 있겠다. 원 사농사《농상집요》[34]

첫 번째 모시는 거칠고 굳세어서, 거친 베를 만들기에 적당하다. 두번째 모시는 약간 부드러우면서도 가늘다. 오직 세번째 모시가 매우 좋아서, 고운 베를 만들기에 적당하다【안 이 설은 위에서 말한 '중간 두번째에 낫으로 베어 준 놈이 빠르게 자라고, 모시 역시 가장 좋다.'[35]는 문장과 서로 모순된다】.《사농필용》[36]

功用

此麻一歲三割, 每畝得麻三十斤, 少不下二十斤. 善績者, 麻皮一斤得績一斤.

細者, 有一斤織布一疋; 次, 一斤半一疋; 又次, 二斤、三斤一疋. 其布柔韌潔白, 比之常布, 價高一二倍.

然則此麻, 但栽植有成, 便自宿根, 可謂暫勞永利矣. 元司農司《農桑輯要》

首苧粗勁, 堪爲粗布. 二苧稍柔細, 惟三苧甚佳, 堪爲細布【案 此說, 與上"中間一鎌長疾, 麻亦最好"之文, 相矛盾】.《士農必用》

---

34 《農桑輯要》卷2〈播種〉 "苧麻"(《農桑輯要校注》, 53쪽);《農政全書》卷36〈蠶桑廣類〉 "麻"(《農政全書校注》, 994~995쪽).

35 중간……좋다: 위 '2) 재배하기'의 첫 기사에 나온다.

36 출전 확인 안 됨;《欽定授時通考》卷78〈桑餘〉 "麻"(《文淵閣四庫全書》732, 1110쪽).

3. 어저귀[檾麻, 경마] 재배

藝檾麻

1) 어저귀

檾麻

【이아익(爾雅翼)】[1][2] 어저귀[檾]는 높이가 4~5척, 또는 5~6척이다. 잎은 모시잎과 비슷하지만 그보다 더 얇다. 열매는 삼씨와 같다.

때로는 '경(檾)'으로 쓰기도 하고, '경(蕡)'으로 쓰기도 한다. 파종할 때 반드시 경(頃)[3]을 이어서 하므로, '경(蕡)'이라 한 것이다.

《주례(周禮)》〈천관총재(天官家宰)〉 "전시(典枲)"[4]에

【爾雅翼】檾高四五尺或五六尺, 葉似苧而薄, 實如大麻子.
或作"茼", 或作"蕡". 種必連頃, 故謂之"蕡"也.

《周禮·典枲》"麻草", 注

어저귀[檾麻](《고금도서집성》)

어저귀(국립수목원)

어저귀꽃

---

1 이아익(爾雅翼) : 중국 송나라의 경학자 나원(羅願, 1136~1184)이 편찬한 《이아》 주석서. 초(草)·목(木)·조(鳥)·수(獸)·충(蟲)·어(魚)의 6류(類)로 분류하여 《이아》에 나오는 물명(物名)을 해설한 책이다.

2 《爾雅翼》卷8〈釋草〉"檾"(《文淵閣四庫全書》222, 323쪽);《農政全書》卷36〈蠶桑廣類〉"麻"(《農政全書校注》, 992쪽).

3 경(頃) : 밭의 넓이 단위로, 1경은 100묘(畝)이다.

4 전시(典枲) : 중국 주(周)나라 관직명의 하나. 면직물과 삼베 및 모시 등으로 만든 물건을 수급하고 관리했다.

I. 삼베류 길쌈[麻績, 마적]   47

어저귀씨

어저귀속씨

는 "시(枲)는 마초(麻草, 삼의 일종)이다."라 했고, 주석
에는 "갈경(葛藲, 어저귀)이다."라 했다.[5]

"葛藲也".

본초강목[6] 경(藚)은 곧 지금의 백마(白麻)이다. 대부
분 저지대 습한 땅에서 난다. 6~7월 누런 꽃을 피
운다. 맺힌 열매는 맷돌반쪽모양 같고, 톱니가 있
다. 열매의 어린 것은 푸르고 늙은 것은 검다. 속
씨는 납작하면서 검고, 모양은 해바라기[黃葵]씨와
같다】

本草綱目 藚, 卽今白麻,
多生卑濕地. 六七月開黃
花. 結實如半磨形, 有齒,
嫩靑老黑. 中子扁黑, 狀如
黃葵】

---

5 주례(周禮)⋯⋯했다:《周禮注疏》卷1〈天官冢宰〉1(《十三經注疏 整理本》7, 25쪽);《農政全書》卷36〈蠶
   桑廣類〉"麻"(《農政全書校注》, 992쪽).
6 《本草綱目》卷15〈草部〉"藚麻", 979쪽;《農政全書》, 위와 같은 곳.

2) 알맞은 토양

땅이 비옥하고 습해야 좋다. 《농정전서》[7]

3) 파종 시기

이르면 4월에 파종한다. 늦으면 6월에 해도 된다. 《농정전서》[8]

4) 관리하기

배게 자란 곳의 어저귀는 베어 제거하면 잘 자란다. 《농정전서》[9]

5) 거두기

어저귀는 9월과 10월에 거두어야 한다. 그늘에서 말리면 좋다. 《당본초》[10]

6) 쓰임새

어저귀는 줄기가 가벼우면서 속은 비어 있다. 북쪽 지방 사람들은 그 껍질을 취해 베의 재료로 삼는다. 줄기를 유황(硫黃)에 담가서 등불의 심지를 만들면 불이 매우 빠르게 붙는다. 그 어린 씨는 어린아이도 먹는다. 《본초강목》[11]

土宜

地宜肥濕.《農政全書》

時候

早者四月種, 遲者六月亦可.《農政全書》

修蒔

繁密處芟去則長.《農政全書》

收採

檾麻, 宜九月、十月採. 陰乾爲佳.《唐本草》

功用

苘麻, 其莖輕虛, 北人取皮作麻. 以莖蘸硫黃作焠燈, 引火甚速. 其嫩子, 小兒亦食之.《本草綱目》

7　《農政全書》卷36〈蠶桑廣類〉"麻"《農政全書校注》, 997쪽).
8　《農政全書》, 위와 같은 곳.
9　《農政全書》, 위와 같은 곳.
10　출전 확인 안 됨;《農政全書》, 위와 같은 곳.
11　《本草綱目》卷15〈草部〉"苘麻", 979쪽;《農政全書》卷36〈蠶桑廣類〉"麻"《農政全書校注》, 992쪽).

4. 칡 거두기

採葛

1) 칡

葛

칡은 일명 '황근(黃斤)', '녹곽(鹿藿)', 계제'(鷄齊)'이다.

一名"黃斤", 一名"鹿藿", 一名"鷄齊".

【농정전서 [1] 야생 칡도 있고, 집에서 재배한 칡도 있다. 봄에 길게 자란 싹이 덩굴로 뻗어 나가면, 줄기가 늘어난 채로 가공하여 베를 만들 수 있다.

뿌리 바깥은 자주색이고 안은 흰색이다. 뿌리의

【農政全書】 有野生, 有家種. 春長苗引藤蔓, 延治之可作布.

根外紫內白, 大如臂, 長者

칡뿌리[葛根]《본초강목》

칡[葛]《고금도서집성》

칡열매 깍지

---

1 《農政全書》卷36〈蠶桑廣類〉 "麻" '附葛'(《農政全書校注》, 998쪽).

칡(임원경제연구소)

굵기는 팔뚝과 같다. 긴 칡은 길이가 5~6척이다. 잎은 단풍잎처럼 3갈래로 뾰족하다.

7월에 꽃이 피고, 줄줄이 이삭을 맺는다. 열매깍지는 작은 누런콩[黃豆]과 같다. 7~8월에 거둔다】

五六尺. 葉有三尖如楓葉.

七月着花, 纍纍成穗. 莢如小黃豆, 七八月採之】

2) 거두기

칡 거두는 법: 여름에 칡이 다 성장했을 때, 줄기가 어리면서 짤막한 놈은 남겨 둔다. 10척 전후로 자란 놈은 뿌리째 거두는데, 그것을 '두갈(頭葛)'이라 한다.

너무 길게 자란 경우, 뿌리 가까이에 하얀 점이 있는 놈은 쓰기에 적당하지 않다. 하얀 점이 없는 놈은 7~8척 단위로 잘라 쓸 수 있다. 그것을 '이갈(二葛)'이라 한다. 《농정전서》[2]

收採

採葛法: 夏月葛成, 嫩而短者留之; 一丈上下者, 連根取, 謂之"頭葛".

如太長者, 近根有白點者不堪用. 無白點者, 可截七八尺, 謂之"二葛". 《農政全書》

---

2 《農政全書》, 위와 같은 곳.

칡뿌리(갈근)(국립수목원)

칡꽃(갈화)(국립수목원)

3) 부가사항

칡뿌리는 단양일(端陽日, 5월 5일 단오)에 캔다. 칡뿌리를 쪼개서 햇볕에 말린 다음 벌레나 뱀에 물린 상처에 붙인다. 평상시에 칡뿌리를 캐서 찌거나 가루를 만들어 먹어도 좋다.《농정전서》[3]

칡꽃을 따서, 햇볕에 말린 후에 데쳐 먹는다.《농정전서》[4]

附餘

葛根, 端陽日採. 破之曬乾, 敷蟲蛇傷. 平時採之, 亦可蒸, 及作粉食.《農政全書》

葛花採之, 曬乾, 煠食. 同上

---

3 《農政全書》, 위와 같은 곳.
4 《農政全書》, 위와 같은 곳.

5. 길쌈(방직)

紡織

1) 삼을 물에 담가 두었다 삼실 삼기

漚績

삼 거두는 법[1]: 이삭이 패고 삼꽃가루가 재처럼 뿌옇게 날릴 때 삼그루를 뽑아 낸다. 하지가 20여일 지난 다음에 삼[枲, 시][2]을 물에 담가 두면 삼이 견사와 같이 부드러워진다. 《범승지서》[3]

穭麻之法: 穗勃勃①如灰, 拔之. 夏至後二十日漚枲, 枲和如絲.《氾勝之書》

삼꽃가루가 재처럼 뿌옇게 날리면 바로 벤다【주 삼을 벨지 뽑을지는 각 고장의 법을 따른다. 이삭이 아직 패지 않은 삼을 거두면 껍질이 여물지 않으며, 활짝 팼는데 거두지 않으면 삼껍질(피삼)이 거무스레 해진다】.

勃如灰便刈【注 刈、拔, 各隨鄕法. 未勃者收, 皮不成, 放勃不收卽驪②】.

삼의 단[𥟖, 견]【주 고(古)와 전(典)의 반절로, 작은 묶음이다】은 작아야 하고, 펴 놓을 때는[稦, 보]【주 보(普)와 호(胡)의 반절이다】 얇아야 한다【주 쉽게 건

𥟖【注 古典反, 小束也】欲小, 稦【注 普胡反】欲薄【注 爲其易乾】, 一宿輒

---

1 삼을……법:삼을 거두고 손질하는 방법은《삼척의 삼베문화》(이한길, 민속원, 2010) 참조. 삼 베기, 삼 모리기와 찌기, 삼대 물에 적시기 등의 순서이고, 각각의 과정은 더 상세하게 세분되어 실려 있다.

2 삼[枲, 시]:실을 뽑기 위해 심는 삼. 수삼에는 꽃이 피고 암삼에는 꽃이 피지 않는다. 중국 후한(後漢)의 최식(崔寔, 약 103~약 170)은《이아(爾雅)》의 주에서 "수삼은 씨가 없고 기름지고 결이 잘 난다. 일명 '시(枲)'라 한다(牡麻無實, 好肥理. 一名爲枲也)."라 했다.

3 출전 확인 안 됨;《齊民要術》卷2〈種麻〉第8《齊民要術校釋》, 119쪽).

① 勃勃:《氾勝之書·本文》에는 "勃".

② 驪:저본에는 "曬".《齊民要術·種麻》에 근거하여 수정.

조시키기 위해서이다). 펴 놓고 하룻밤이 지나면 바로 뒤집어 준다【주 서리나 이슬을 맞으면 껍질이 누렇게 된다】. 수확은 깔끔하게 해야 한다【주 잎이 달려 있는 삼대는 쉽게 문드러지기 때문이다】.

물에 담글 때는 맑은 물을 써야 하고, 담가서 생삼을 익히는 정도는 적당해야 한다【주 탁한 물을 쓰면 삼이 검어지고, 물이 부족하면 삼이 물러진다. 생삼이면 껍질 벗겨내기가 어렵고, 삼이 너무 익어 문드러지면 장력이 없어진다. 따뜻한 샘물은 얼지 않으므로 겨울에 이런 샘물에 담근 삼이 가장 부드러우면서도 질기다】.《제민요술》[4]

翻之【注 得霜露則皮黃也】. 穫欲淨【注 有葉者易[3]爛】.

漚欲淸水, 生熟合宜【注 濁水則麻黑, 水少則麻脆[4]. 生則難剝, 太爛則不任挽[5]. 暖泉不冰凍, 冬日漚者, 最爲柔韌也】.《齊民要術》

삼을 재배하는 고장 중에 물이 없는 곳과 같은 경우는 땅을 파서 못을 만들거나 벽돌[磚石]을 쌓고 그 안에 물을 저장해 삼대를 담가 둘 곳을 만들어야 한다.

대체로 북쪽 지방에서 삼대를 손질하는 방식은 삼대를 베자마자 바로 단으로 묶어 못 안에 눕혀 두는 식이다. 물은 온도를 적당히 맞춰야 하고 삼 또한 익은 정도가 적절해야 한다. 그러므로 반드시 사람의 몸으로 그 온도를 재서 기준 온도를 얻어야 한다. 그러면 삼껍질이 깨끗하고 희며 부드러우면서도 질겨져서 고운 베를 짤 수 있다.

藝麻之鄕, 如無水處則當掘地成池, 或礱以磚石, 蓄水於內, 用作漚所.

大凡北方治麻, 刈倒卽葉之, 臥置池內. 水要寒煖得宜, 麻亦生熟有節, 須人體測得法, 則麻皮潔白柔韌, 可績細布.

---

4 《齊民要術》卷2〈種麻〉第8(《齊民要術校釋》, 118쪽).

[3] 易:《齊民要術·種麻》에는 "喜".

[4] 脆 : 저본에는 "晩",《齊民要術·種麻》에 근거하여 수정.

[5] 不任挽:《齊民要術·種麻》에는 "不任".

반면 남쪽 지방에서는 단지 삼을 뿌리째 뽑아 두 었다가 쓸 때가 되면 그때그때 물에 담가 바로 껍질 을 벗긴다. 그러니 삼대에서 얇게 벗겨 낸 누런 속껍 질이 거칠고 두꺼워서 가늘게 이어 실 삼는 일을 감 당할 수 없다.

비록 남쪽 지방과 북쪽 지방의 방식이 오히려 같 지 않지만 북쪽 지방에서 삼을 베자마자 바로 연못 에 담그는 방법이 가장 좋은 법이라 할 수 있다.《왕 정농서》[5]

삼대를 담글 때 물이 부족하면 삼이 물러지고, 생삼이면 껍질 벗겨내기가 어렵다. 얼지 않은 따뜻 한 샘물에다 겨울에 삼대를 담가 두면 더욱 부드러 우면서도 질기다. 삼대 1근마다 삼껍질 4냥씩을 얻 을 수 있다.《색경》[6]

6~7월 사이 삼대에 하얀 수지[白膩, 수액]가 나오 면 바로 베어야 좋다. 생삼은 물에 살짝 담가 두고, 들판 가운데의 만마(蔓麻)[7]【곧 너삼[苦參]이다】를 많 이 가져다 싸서 덮어 놓는다. 하루가 지나면 삼대가

南方但連根拔麻, 遇用則 旋浸旋剝. 其麻片黃皮粗 厚, 不任細績.

雖南北習尙不同, 然北方 隨刈卽漚於池, 可爲上法. 《王氏農書》

水少[6]則麻脆, 生[7]則難 剝, 暖泉不凍者, 冬月漚麻 尤柔靭. 每一斤, 可取皮四 兩.《穡經》

六七月間, 麻稭上生白膩, 可卽刈之. 生麻微漬水, 多取野·中蔓麻【卽苦參】裹 罨[8]. 一晝夜卽熟, 過時則

---

5 《王禎農書》〈農器圖譜〉20 "麻苧門" '漚池', 421쪽 ;《農政全書》卷36〈蠶桑廣類〉 "麻" '漚池'(《農政全書校 注》, 994쪽).

6 《穡經》卷上〈麻〉(《農書》1, 326쪽). "每一斤, 可取皮四兩." 부분이 《색경》에는 보이지 않는다.

7 만마(蔓麻):쌍떡잎식물 장미목 콩과의 여러해살이풀. 너삼. 줄기는 곧게 가지를 치며 1m 안팎의 높이로 자라고, 줄기와 잎의 표면에 작은 털이 나 있다. 고삼(苦蔘) 또는 고골(苦骨), 야괴(野槐)라고 한다. 한약재 로도 쓰이고 줄기나 잎을 달여 그 즙을 살충제로도 썼다.

[6] 少:저본에는 "小". 위의 본문에 붙어 있는 주석 내용과 《穡經·麻》에 근거하여 수정.

[7] 生:저본에는 "水生".《穡經·麻》에 근거하여 수정.

[8] 罨:《增補山林經濟·治農·大麻》에는 "之".

너삼

익는다. 꺼낼 시기를 놓치면 너무 익어 문드러진다. 爛. 《增補山林經濟》
《증보산림경제》[8]

【안 이상은 삼을 물에 담가 삼는 법이다】 【案 已上大麻漚緝之法】

모시에서 껍질을 벗긴 다음 봄·여름·가을의 따뜻할 때 모시껍질을 째서[分] 삼는[績] 과정은 보통의 법과 같다. 만약 겨울에 실을 삼으려면 따뜻한 물에 축축하게 적셔야 모시껍질 째기가 쉽다. 그렇게 하지 않으면 모시껍질이 마르고 굳어 째기가 어렵다.

苧麻旣剝皮, 春夏秋溫暖時, 分績與常法同. 若於冬月, 用溫水潤濕, 易爲分擘也. 不然, 乾硬難分.

째 놓은 실 삼기를 끝내면 실을 사려서 실굿[纓子]을 만들고 물이 담긴 항아리 안에 하룻밤 담가 둔다. 물레[紡車, 방차]로 실 잣기[9]를 끝낸 다음에 뽕나무장작재 내린 물 안에 담가 두었다가 하룻밤이 지

其績旣成, 纏作纓子, 於水甕內浸一宿. 紡車紡訖, 用桑柴灰淋下水內浸, 一宿撈出. 每纏五兩, 可用一[9]

---

8 《增補山林經濟》卷2〈治農〉"大麻"(《農書》3, 128~129쪽).
9 물레[紡車, 방차]로 실 잣기 : 실에 꼬임을 주거나 실을 물레 가락에 내리는 과정.
[9] 一 : 저본에는 없음. 《農桑輯要·播種·苧麻》·《農政全書·蠶桑廣類·麻》에 근거하여 보충. 단, 《農政全書·蠶桑廣類·麻》에는 '一'이 '盞' 앞에 있음.

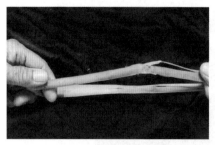

왼손 검지로 머리쪽 방향의 뒷면 껍질을 우선 분리한다(《한산모시 짜기》, 56쪽)

왼손은 모시껍질을 잡아 장력을 유지하고, 오른손은 모시칼로 겉껍질을 벗겨 낸다(《한산모시 짜기》, 59쪽)

속대에서 분리된 껍질(《한산모시 짜기》, 57쪽)

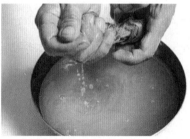

태모시(겉껍질 벗긴 속껍질)를 불리고 주물러 부드럽게 한다(《한산모시 짜기》, 68쪽)

풀어낸 태모시를 윗니나 아랫니에 걸어 짼다(《한산모시 짜기》, 75쪽)

나면 건져 낸다. 이때 모시굿[繀][10] 5냥당 깨끗한 물 한 잔을 쓰는 게 좋고, 고운 석회를 골고루 섞은 다음 그릇(항아리) 안에 넣고 하룻밤을 재워 두는 것이다.

이튿날에 석회를 걸러 제거한 다음 기장짚 태운 재 내린 물에 삶으면 실이 자연히 하얗고 부드러워진다. 이를 햇볕에 말렸다가 다시 맑은 물에 한 번 더 삶는다. 그런 뒤에 다른 물을 사용해 흔들고 씻어 매우 깨끗하게 한다. 햇볕에 말린 다음 모시굿을

淨水盞, 細石灰拌均, 置於器內, 停放一宿.

至來日, 擇去石灰, 却用黍稭灰淋水煮過, 自然白頓. 曬乾, 再用淸水煮一度. 別用水擺拔極淨, 曬乾, 逗成繀. 鋪經緯[10]織造, 與

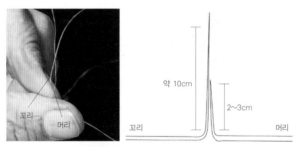

엄지와 검지로 모시올의 꼬리와 머리를 잡는다(모시 삼기1, 《한산모시 짜기》, 99쪽)

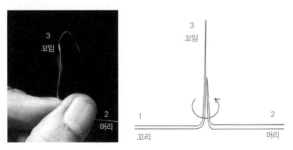

엄지와 검지로 잡은 두 가닥의 모시올을 합사한다(모시 삼기2, 《한산모시 짜기》, 100쪽)

---

10 모시굿[繀]:모시실을 이어 둥그렇고 성기게 사려놓은 실타래.
[10] 緯:《農桑輯要·播種·苧麻》·《農政全書·蠶桑廣類·麻》에는 "胤".

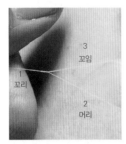
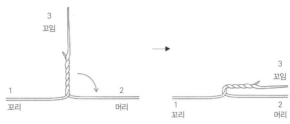

손으로 1차 합사한 모시올을 머리 방향 쪽으로 넘겨 주면서 오른쪽 무릎 위에 실을 올린다(모시 삼기3, 《한산모시 짜기》, 100쪽)

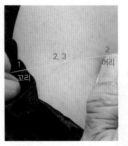

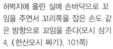

허벅지에 올린 실에 손바닥으로 꼬임을 주면서 꼬리쪽을 잡은 손도 같은 방향으로 꼬임을 준다(모시 삼기 4, 《한산모시 짜기》, 101쪽)

무릎 위에서 2차 합사 완료 후 실이 이어진 부분에 침을 발라 고정한다(모시 삼기5, 《한산모시 짜기》)

만든다. 날실[經, 세로 방향으로 놓이는 실]과 씨실[緯, 날실에 가로로 짜이는 실]로 펼쳐 직조하는 작업은 보통의 방법과 같다. 원 사농사《농상집요》[11]

常法同. 元司農司《農桑輯要》

모시껍질로 만든 실을 자을 때, 능숙한 사람이 발로 밟는 물레[脚車, 각차]를 쓰면 여자 장인 1명이 이를 쓰지 않는 장인 3명과 맞먹는다. 모시껍질을 갈라 째는 작업은 하루 종일 째더라도 단지 3~5수

紡苧絲, 能者用脚車, 一女工併敵三工. 惟破折時, 窮日之功[11]只得三五銖重.

---

11 《農桑輯要》卷2〈播種〉"苧麻"(《農桑輯要譯註》, 52~53쪽);《農政全書》卷36〈蠶桑廣類〉"麻"'大麻'(《農政全書校注》, 994쪽).
[11] 功:《天工開物·乃服·夏服》에는 "力".

(銖)[12]의 중량을 얻는 데 불과하다.

모시를 짜는 직기는 무명[棉]을 짜는 직기[13]와 같다.《천공개물》[14]

【안 이상은 모시를 물에 담가 삼는 법이다】

織苧器具與織棉者同.《天工開物》

【案 已上苧麻漚績之法】

어저귀[檾麻]는 삼과 같은 시기에 익는다. 어저귀를 베어 작은 묶음을 만들고 연못 안에 담가 두면 푸른 껍질이 문드러져 없어진다. 담갔던 어저귀를 건져 껍질을 벗기면 눈과 같이 깨끗하면서 희고 물에 잘 견디며 문드러지지 않는다.

어저귀로 모피(毯被)[15]나 두레박줄[汲綆]과 소코뚜레줄[牛索]을 만들 수 있다. 덕석[牛衣, 소의 방한용 덮개]이나 비옷[雨衣]·짚신[草履] 등의 도구를 만들기도 한다.《왕정농서》[16]

檾麻與黃麻同時熟. 刈作小束, 池內漚之, 爛去靑皮. 取其麻片, 潔白如雪, 耐水不爛.

可織爲毯被及作汲綆牛索, 或作牛衣、雨衣、草履等具.《王氏農書》

담요로 쓰는 면모포(국립제주박물관)

소코뚜레줄(국립민속박물관)

---

12 수(銖):1냥(1필)의 1/24. 24수가 1냥이 되고, 16냥이 1근이 된다. 중국 고대의 중량 단위로, 각 시대마다 실제 중량은 조금씩 다르다.
13 무명[棉]을 짜는 직기:《전공지》권5 〈그림으로 보는 길쌈〉참조.
14 《天工開物》〈乃服〉"夏服", 100쪽.
15 모피(毯被):덮개나 깔개로 사용되는 거적 종류 추정된다.
16 《王禎農書》〈百穀譜〉10 "苧麻"'檾', 162쪽;《農政全書》卷36 〈蠶桑廣類〉"麻"'檾麻(《農政全書校注》, 997~998쪽).

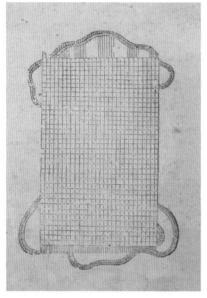
덕석(우의, 《왕정농서》)

폭포(曝布)(《왜한삼재도회》)

어저귀[苘麻]로 베를 짜면 촉감이 매우 거칠다. 가장 거친 베는 상복(喪服)을 만드는 데 쓴다.

【안】 우리나라에는 경포[苘布, 어저귀로 짠 베]가 없다. 중국의 방법을 따라 거친 베를 짜서 삼의 부족함을 해결해야 한다.

苘麻成布甚麤, 最麤者以充喪服.

【案】 我東無苘布, 宜倣中國法, 織作麤布, 以濟大麻之匱.

화한삼재도회 [17] 이 경포(苘布)는 일명 '폭포(曝布)'이다. 삶아서 햇빛에 말리면 깨끗하고 하얘지기 때문에 이름 붙여진 것이다. 어저귀로 짠 베는 곱고 질긴

和漢三才圖會 苘布一名 "曝[12]布", 煮曬潔白故名. 以苘織布, 細經經如絹[13]】

---

17 《和漢三才圖會》卷27〈衣服〉"曝布"(《倭漢三才圖會》3, 482쪽).

[12] 曝 : 저본에는 "曬". 《和漢三才圖會·衣服·曝布》에 근거하여 수정.

[13] 煮曬潔白故名……細經如絹 : 《화한삼재도회》 "煮之春曬數回, 潔白如雪"으로 되어 있다. 오사카본·연세대본에는 《화한삼재도회》의 이 내용이 없다.

점이 견(絹)과 같다】《천공개물》[18]

【안 이상은 어저귀를 물에 담가 삼는 법이다】

칡 마전하는 법: 칡을 거둔 뒤에 바로 그 덩굴을 당겨 그물처럼 얽는다. 이를 센 불에 삶아 문드러질 정도로 푹 익힌다. 이어 손톱으로 벗겨 보아 삼처럼 하얗고, 점성이 없으면서, 푸른 기가 돌면 바로 칡껍질을 벗겨 낸다.

먼데서 흘러오는 강의 가에서 칡껍질을 방망이로 두들기며 깨끗이 씻은 다음 바람에 말린다. 이슬에 젖도록 하룻밤 두면 더욱 하얘진다. 그늘진 곳에 두고 햇볕 쬐기를 금한다. 실을 자아서 베를 짠다.《왕정농서》[19]

【안 이상은 칡을 마전하여 베로 만드는 법이다】

《天工開物》

【案 已上纃麻漚績之法】

練葛法: 採後, 即挽成網, 緊火煮爛熟. 指甲剝看, 麻白不粘靑, 即剝下.

長流水邊, 捶洗淨, 風乾. 露一宿尤白. 安陰處, 忌日色. 紡之以織.《王氏農書》

【案 已上練葛作布法】

18 《天工開物》卷上〈乃服〉"夏服", 101쪽.
19 출전 확인 안 됨;《農政全書》卷36〈蠶桑廣類〉"麻" '葛'(《農政全書校注》, 998쪽).《농정전서》의 오기로 보임.

2) 첨사룡(詹士龍)[20]의 베 짜는 법

모시(毛絁, 苧麻)[21] 짜는 법: 균일하게 하얀 모시를 골라 물에 적셨다가 올을 째서 만든다. 올의 굵기는 임의대로 한다. 그때그때 실 삼기를 하면서 바로 실올을 꼰다. 본래 민간에서는 아낙의 허벅지 위에서 모시실가닥을 연결하고 꼬아[22] 한 개의 모시굿을 만들어 사려 둔다. 그러므로 굳이 물레가 필요하지 않다【안 우리나라에서는 삼껍질실을 삼을 때 모두 허벅지 위에서 꼬아 삼실굿을 만든다】.

또한 실을 익혀 물에 담가서는 안 된다. 다만 생실을 날실로 고정하는 경우에는 바디[23]에 모시실꿰기를 일반적인 방법대로 한다.[24] 묽은 풀에 고운 콩가루를 타서 이를 모시실에 솔질한 다음 다시 기름물로 솔질한다.[25]

날씨가 다습할 때 바람이 통하지 않는 곳이나

詹雲卿造布法

毛絁布法: 揀一色白苧麻, 水潤, 分成縷, 粗細任意, 旋緝旋搓. 本俗於腿上搓作繀, 逗成鋪, 不必車紡【案 我東緝麻, 皆於腿上搓作繀】.

亦勿熟漚, 只經生繀, 論帖穿苧如常法. 以發過稀糊, 調細豆麵刷過, 更用油水刷之.

於天氣濕潤時, 不透風處

---

20 첨사룡(詹士龍): 1261~1313. 중국 원(元)나라 관리. 자는 운경(雲卿). 대덕(大德) 4년에 강남행대감찰어사(江南行臺監察御史)에 제수되었고, 광서도첨사(廣西道僉事)까지 올랐다.

21 모시(毛絁): 고려 시대 모시의 명칭인 모시(毛施)와 같은 말이다.

22 허벅지……꼬아: 모시올의 꼬리에 모시올의 머리를 잇대어 비벼서 합친 다음 무릎에 누이고 손바닥과 엄지를 모시올을 쓸어 주듯이 비벼 잇는 과정이다.

23 바디: 날실가닥을 끼워 고르고 북의 통로를 만들어 주는 역할을 하는 도구. 가늘고 얇은 대오리를 참빗살같이 촘촘히 세워 대오리 양끝의 앞뒤로 막대를 대고 단단하게 실로 얽어 만든다. 나무로 된 바디집에 넣어 사용하는데, 살의 틈마다 날실을 꿰어서 사용한다. 바딧살의 수효에 따라 베의 샛수[升數]가 결정된다.

24 바디에……한다: 모싯대껍질을 이빨로 가늘게 쪼개는 '모시째기' 작업이 끝나면 아낙네의 허벅지 위에서 침을 묻힌 모시가닥을 서로 덧대어 이어붙이는 작업을 반복한다. 이 과정에서 얻은 실뭉음을 '모시굿'이라 한다. 모시 한 필을 만드는 데 10개의 모시굿이 들어간다. 이 모시굿 10개의 실을 '조슬대'라는 틀의 구멍 10개에 모두 끼운다. 이를 '날기'라고 한다. 날기를 마친 다음 개새대(모시굿 한 개씩을 구분하기 위해 끼우는 대), 참새대(날실 중 잉아올과 사올을 구분하기 위해 날실에 끼우는 대), 뒷대(바디 뒤쪽의 사올과 잉아올 사이에 끼워 풀이 묻지 않게 하고, 날실의 올을 고르는 대), 바디, 사침대(바디에 실을 끼운 뒤 참새대를 빼고 바디 뒤쪽에 끼워 잉아올과 사올을 구분해 주는 대), 걸막대(날실의 맨 끝에 걸어서 도투마리에 고정해 주는 대) 순서로 가지런히 배치해 두고 실을 끼운다.

25 묽은……솔질한다: 모시실에 풀 먹여 도투마리라는 틀에 매는 과정을 '모시매기'라 한다.

바디에 모시올 꿰기(문화재청)

바디장이(김준근의 《기산풍속도》, 국립민속박물관)

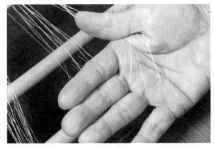

잉아올과 사올 두올씩 나눈 5쌍의 실을 왼손에서 오른손으로 옮겨 순서를 확인한다(바디에 실 끼우기1, 《한산모시 짜기》, 144쪽)

왼손으로 바디집을 벌리고 잉아올 한 올과 사올 한 올을 같은 바디 한 집에 끼운다. 같은 방법으로 사침 순서에 따라 바디에 날실을 모두 통과시킨다(바디에 실 끼우기2, 《한산모시 짜기》, 144쪽)

바디 뒤에 위치한 앞쪽 사침대를 빼내는 방향 및 과정(《한산모시 짜기》, 149쪽)

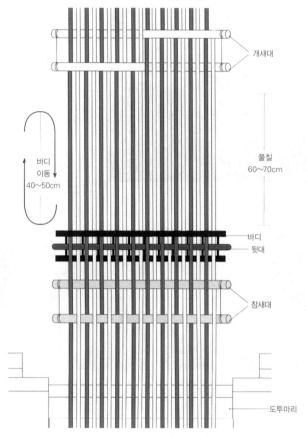

개새대

풀칠
60~70cm

바디
이동
40~50cm

바디
뒷대

참새대

도투마리

모시 매기 마치고 날실에 풀 바른 뒤 바디 이동하는 모습((한산모시 짜기), 169쪽)

움집[26] 안에서 땅에 물을 뿌려 축축하게 한 다음 짜면 좋다. 만약 바람이 불고 날씨가 매우 건조하면 실올이 마르고 약해져 짜기가 힘들어진다. 따라서 매번 베를 짜려 할 때 반드시 먼저 째어 놓은 모시

或地窖子中, 灑地令濕, 經織爲佳. 若風日高燥, 則纑縷乾脆難織. 每織必先以油水潤苧, 及潤纑.

---

26 움집:땅을 파서 가운데 기둥을 세우고, 비바람을 막기 위해 이엉을 덮어 만든 집. 삼베를 짜는 일 외에 씨앗이나 음식을 저장하는 용도로도 쓰였다. 문화재청 움집 사진을 보면 꼭 지하에만 만든 것은 아닌 듯하다.

도투마리(국립민속박물관)

모시 짜는 움집(문화재청)

실을 기름물로 축축하게 해 놓고 모시굿까지 축축하
게 해 놓아야 한다.

길쌈하여 생모시베를 만든 다음에 좋은 잿물[27] 속에 베를 잠기도록 담근다. 이를 햇볕을 쬐어 말린 다음 다시 담갔다 다시 말린다. 이와 같은 작업을 2일간 한다. 이때 베를 주무르거나 꼬면 안 된다. 다시 잿물에 담가 베가 축축해지면 마른 재 속에 넣고 잿물이 골고루 스며들도록 한나절[兩時, 4시간] 정도로 오래 둔다.

이어서 뜨거운 잿물 속에 넣어 축축해지도록 담근 다음 시루에서 찌되, 중간불에 2~3일 찐다. 이 과정에서 베를 자주 뒤집으면서 살피되, 재의 성질과 불의 세기를 잘 알아서 맞춰야 한다. 그 다음에는 깨끗한 물로 베를 빨아 씻는다.

날이 맑은 날 2~3번 물에 적셨다가 시렁에 널

經織成生布, 於好灰水中浸蘸, 曬乾, 再蘸再曬. 如此二日, 不得揉搓. 再蘸濕了, 於乾灰內周徧滲溫兩時久.

納於熱灰水內, 浸濕, 於甑中蒸之, 文武火養二三日. 頻頻翻覰, 要識灰性及火候緊慢. 次用淨水澣濯.

天晴再三帶水搭曬如前.

---

27 좋은 잿물 : 잿물의 표면이 부글부글 끓어 거품이 일어나고 색상은 노란색이나 갈색 정도이며 손으로 만졌을 때 미끈거려 농도가 알맞은 잿물을 말하는 것으로 추정된다. 국립문화재연구소, 《중요무형문화재 제 87호 명주짜기》, 2002, 화산문화, 233쪽 ; 국립문화재연구소, 《중요무형문화재 제 28호 나주 샛골나이》, 2003, 국립문화재연구소, 237쪽 참조. 좋은 잿물을 얻는 것이 표백의 관건이다.

어 볕에 말리기를 앞과 같이 한다. 이 작업의 횟수
는 상관없이 오직 베가 깨끗하고 하얘질 때까지 한
다. 재는 반드시 좋은 품질의 흰 재를 써야 한다. 그
런 재는 명아주[落藜, 낙려][28]·뽕나무장작[桑柴]·콩대
등을 태운 재이다. 여기에다 탄회(炭灰, 숯 태운 재)[29]를
조금 넣으면 효과가 빼어나다. 《왕정농서》[30]

不計次數, 惟以潔白爲度.
灰須上等白者, 落藜、桑柴、
豆稭等灰, 入少許炭灰妙.
《王氏農書》

철륵(鐵勒)[31]에서 베 짜는 법: 골라 놓은 여러 모
시품을 물에 적셔 실올로 째 두었다가 필요하면 그
때그때 짼 삼을 연결하여 삼는다. 길쌈하는 모든 과
정은 앞의 법대로 한다. 그런 다음 베를 물에 삶아
내는 과정도 그렇게 한다.

이에 앞서 생모싯대를 2.5척 길이로 자른 다음 끊
어지지 않도록 햇볕에 말리고서 찐다. 습할 때 껍질
을 벗겨 내면서 거친 겉껍질을 제거하는 과정은 일
반적인 법대로 한다. 속껍질을 물에 적셔 째 두었다
가 실을 연결하여 삼기는 앞의 방법과 같이 한다.
《왕정농서》[32]

鐵勒布法: 將揀下雜色苧
麻, 水潤分縷, 隨緝隨搓,
經織皆如前法. 水煮過
便是.

先將生苧麻, 折作二尺五
寸長, 不斷, 曬乾蒸過, 帶
濕剝下, 去粗皮, 如常法.
水潤, 緝搓, 如前. 同上.

---

28 명아주[落藜, 낙려]: 쌍떡잎식물 중심자목 명아주과의 한해살이풀. 회채(灰菜). 연할 때 나물로 먹고 열을
내리고 살충효과가 있어 약으로 쓰였다. 약재로는 려(藜)라 한다.
29 탄회(炭灰, 숯 태운 재): 나무숯을 태워 얻은 재로 추정된다. 골회(骨灰)는 뼈를 태운 재인 것에 근거하여
판단하였다.
30 《王禎農書》〈農器圖譜〉20 "麻紵門" '布機', 427~428쪽 ; 《農政全書》卷36 〈蠶桑廣類〉 "麻"《農政全書校
注》, 1004쪽).
31 철륵(鐵勒): 중국 수(隋)·당(唐) 시대 돌궐(突厥) 이외의 투르크(Turuk)계 여러 부족을 일컫던 말. 한대(漢
代)에는 정령(丁零), 북위(北魏) 때에는 칙륵(勅勒)이나 철륵(鐵勒)으로도 불렸다. 이는 '투르크'를 음역한
명칭이다.
32 《王禎農書》〈農器圖譜〉20 "麻紵門" '布機', 428쪽 ; 《農政全書》卷36 〈蠶桑廣類〉 "麻"《農政全書校注》, 1004쪽).

삼칼(잎을 쳐낼 때 사용. 국립민속박물관)

철려(鐵黎)[33]에서 삼베 짜는 법: 여러 성숙한 화마 (火麻)[34]를 축축할 때 2.5척 길이로 잘라 이를 햇볕에 말린 다음 거두어 둔다. 써야 할 때 그때마다 나무 시루에 쪄 내어 젖어 있을 때 껍질을 벗겨 내 햇볕에 말린다.

목비자(木椑子)[35] 2개 사이에 화마껍질을 끼우고 위에서 아래 방향(순방향)으로 몇 차례 훑어 내린다. 이를 삼껍질의 성질이 꽤 부드러워져 실 삼기에 적당할 때까지 한다. 이어서 실을 물에 적셔 삼고 물레에 돌려 실타래를 만든다. 생실로 베를 짠 다음 물에 삶는 과정은 앞의 법대로 한다. 《왕정농서》[36]

이상의 법으로 짜는 베의 빼어난 점은 오직 삼을

麻鐵黎布法: 將雜色老火麻, 帶濕折作二尺五寸長, 曬乾, 收之. 欲用時, 旋於木甑中蒸過, 趁濕剥下, 曬乾.

以木椑子兩箇夾麻, 順歷數次, 至麻性頗軟堪緝爲度. 水潤緝績, 紡作纑, 生織成布, 水煮便是. 同上.

右布妙處, 惟在不搓揉了

---

33 철려(鐵黎): 말갈(靺鞨)의 부족 이름. 철리(鐵利). 원래 흑수말갈(黑水靺鞨)에 속했다가 뒤에 발해(渤海)에 복속되었고 발해가 멸망하자 이곳 백성들이 나라를 세우고 이름을 철리국이라 했다. 철리(鐵離), 철려(鐵驪)라고도 한다.《단국대 한한대사전》) 려(黎)는 리(利), 리(離), 려(驪)의 차음으로 추정한다.

34 화마(火麻): 삼과에 딸린 여러해살이풀. 열매는 민들레와 비슷하지만 더 둥글고, 3~5월에 씨를 뿌려 심는다. 씨는 먹기도 하고, 약재·기름·사료·거름으로 쓰이며, 껍질은 옷감, 그물이나 밧줄을 만드는 데 쓴다.

35 목비자(木椑子): 손에 쥐고 삼껍질을 긁어 내려 부드럽게 하는, 둥글고 짧은 나무막대로 추정된다. 삼껍질을 긁는 삼칼과 유사한 용도일 것이다. 이한길의《삼척의 삼베문화》(삼척시립박물관, 2010, 92쪽)에서는 삼을 삼기 위해 쩬 삼의 끝을 가늘고 부드럽게 하려고 톱으로 긁어 누른 다음 훑는 과정을 '토픈다'라고 표현했다. 삼껍질을 토플 때 쓰는 도구일 것이다.

36 《王禎農書》, 위와 같은 곳;《農政全書》卷36〈蠶桑廣類〉"麻"(《農政全書校注》, 1004쪽~1005쪽).

비비고 주무르지 않고 삼의 뻣뻣한 성질을 부드럽게 한다는 데 있다. 이를 위해 베를 좋은 잿물에 담갔다가 건져서 햇볕을 쬐어 깨끗하고 하얗게 만들 따름이다. 비록 담갔다 건져서 햇볕을 쬐는 과정이 꽤 번거롭다고 하지만 실을 감고 익혀 실타래로 만드는 등의 많은 공정 역시 줄여 주니, 참으로 좋은 법이다.

이 두 가지 법은 모두 행대감찰어사(行臺監察御史)[37] 첨사룡(詹士龍)이 전한 내용과 함께 붙어 있다. 《왕정농서》[38]

麻之骨力, 好灰水蘸曬, 布子潔白而已. 雖日蘸曬頗煩, 而省纏縈熟繐等工亦多, 眞良法也.

竝系行臺監察御史詹雲卿所傳. 同上.

---

37 행대감찰어사(行臺監察御史) : 임금의 명으로 지방에 파견되어 불법적인 일을 규찰하는 어사대의 어사. 행대어사.
38 《王禎農書》〈農器圖譜〉20 "麻紵門" '布機', 428쪽 ;《農政全書》卷36〈蠶桑廣類〉"麻"(《農政全書校注》, 1004쪽). 본문의 "竝系行臺監察御史詹雲卿所傳"은《農政全書》에만 보이는 것으로 보아《農政全書》와 상호참조하면서 옮겨 적은 것으로 보인다.

3) 우리나라의 베 짜는 법

우리나라의 남쪽 지방과 북쪽 지방에서는 모두 삼을 재배하여 실을 삼고 짤 줄 안다. 그러나 남쪽 지방에서 나는 베는 대체로 거칠어서 북쪽 지방의 베보다 품질이 뒤떨어진다. 좋은 베는 모두 함경도에서 난다. 함경도에서도 북쪽으로 갈수록 베가 더욱 좋다. 회령(會寧)[39]·종성(鍾城)[40] 등 지역에서 나는

東布織法

我國南北知藝麻績織, 而南產大抵麤劣. 其佳者, 皆出關北, 愈北愈佳. 會寧、鍾城等地產者, 往往有輕細如穀, 爲京貴之服.

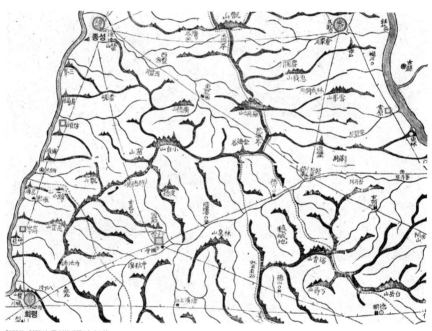

함경도 회령과 종성(《대동여지도》)

---

39 회령(會寧):함경북도 회령시 일대. 실제로 우리나라 향토 민요인 베틀가의 "양덕(陽德, 평안북도 소재)·맹산(孟山, 평안남도 소재)의 중세포(中細布), 길주(吉州, 함경북도 소재)·명천(明川, 함경북도 소재 고을)의 세북포(細北布)……회령(會寧, 함경북도 소재)·종성(鍾城, 함경북도 소재)의 산북포(山北布)로다."는 구절은 우리나라 북쪽 지역의 베가 얼마나 유명했는지를 보여준다. 회령과 종성은 같은 함경북도의 길주나 명천보다 훨씬 북쪽이고, 우리나라의 최북단 지역이다.

40 종성(鍾城):함경북도 종성군(鍾城郡) 일대. 만주(滿洲)의 간도(間島, 현재 길림성 동남부 지역)와 맞닿아 있는 국경 도시이다.

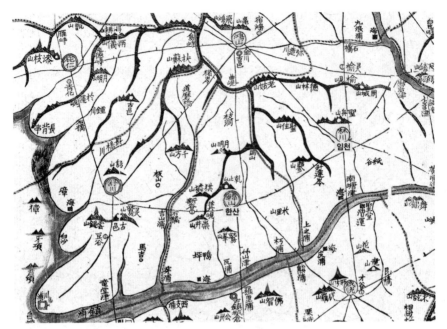

충청도 한산과 임천(《대동여지도》)

베는 종종 가볍고 곱기가 곡(穀)[41]과 같아서 서울의
부귀한 사람들이 입는 옷이 되었다.

북쪽 지방은 땅이 기름지고 물이 깊어 움집을 만
들기에 가장 적합하다. 그러므로 심북(深北, 함경도의
별칭) 지역의 좋은 베는 모두 움집에서 실을 삼고 길
쌈한다고 한다.

모시는 호서(湖西, 충청도)의 한산(韓山)[42]과 임천(林

北方土厚水深, 最宜穿窖.
故深北佳布, 皆就土窖內
緝績云.

苧布則產湖西 韓山、林川

---

41 곡(穀): 꼬임을 많이 준 실을 사용해 평직으로 제직한 다음 마전한 직물. 직물의 표면이 평평하지 않고 오
 글오글하며, 표면에 미세하고 균일하지 않은 무늬[皺紋]가 생긴다. 추사(縐紗)라고도 한다. 심연옥, 《한국
 직물오천년》, 고대직물연구소, 2006, 71쪽 참조. 여기서는 깁(비단)의 뜻으로 쓰였다.
42 한산(韓山): 충청남도 서천군 한산면 일대. 예로부터 한산은 고운 세모시(올수가 10세 이상인 모시)가 유명
 했다. 현재에도 매년 6월에 한산모시문화제가 열린다.

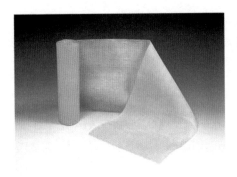

생모시(한산모시, 문화재청)

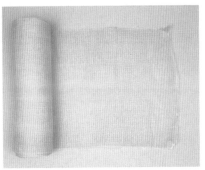

황모시(국립민속박물관)

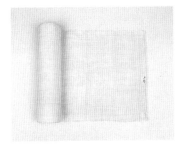

영남 안동포(국립민속박물관)

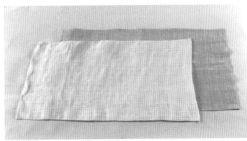

반저모시(국립제주박물관)

川)43 등의 지역에서 나는 모시로 그 실을 삼는 방법
이 첨사룡의 모시(毛絁) 짜는 법과 거의 비슷하다. 또
반저모시[斑紋]44로 짠 직물이 있으니, 이를 '유문저
포(有紋苧布)45'라 한다. 또 '황저포(黃苧布, 황색으로 염색
한 모시)'는 영남에서 생산된다. 이 모시는 고운 올과

等地績法, 與詹雲卿毛絁
布法相似. 或有織成斑紋
者, 曰"有紋苧布". 又有黃
苧布, 産嶺南, 細縷鮮澤,
爲豪貴夏服. 蓋緝葛而成

---

43 임천(林川) : 충청남도 부여시 남부 일대. 임천과 한산은 지리적으로 매우 가깝다.

44 반저모시[斑紋] : 마전을 약하게 하거나 반절만 마전하여 원래의 갈색 올들이 드문드문 살아남은 모시. 혹은
마전을 조금만 하고 치자 물을 엷게 들여 고운 색이 나게 한 모시를 반저(半貯)라고도 한다.

45 유문저포(有紋苧布) : 무늬 넣어 짠 모시. 《고려사》에 세저포(細苧布, 보통 10새 이상)와 문저포를 제직
하여 원나라에 보냈다는 기록이 있다. 이는 고려의 특산품이었다고 한다. 이와 함께 치자·지황·소목·
자초·홍화 등의 식물성 염료로 염색한 황저포·홍저포도 있었다. 《한국복식문화사전》, 미술문화, 1998,
160~161쪽 참조. 고려시대 문저포의 형태는 알 수 없다. 다만 문직기로 짠 무늬가 아니고 실에 꼬임을 많
이 주어 표면에 추문이 있었을 것으로 추정된다.

선명한 광택이 있어서 부유하고 권세 있는 사람의
여름옷을 만드는 데 쓰인다. 대개는 모시 대신 칡을
삼아 여름옷을 만든다고 한다. 《경솔지》⁴⁶

云.《鵬蟀志》

가짜 견포(繭布)⁴⁷ 만드는 법【만가휘요(萬家彙要)⁴⁸⁴⁹
목화씨[棉子]를 진하게 끓인 다음 그 즙에 모시베를
삶아 내면 바로 견포(繭布)가 된다】

造假繭布法【萬家彙要 棉
子濃煎，煮布出，卽爲繭
布⑭】

---

46 출전 확인 안 됨.

47 견포(繭布) : 누에고치에서 뽑은 견사로 짠 견직물이 아니고, 목화씨에서 우러나오는 기름성분 때문에 견사로
    짠 천이 아니어도 비단처럼 부드러운 베가 된다는 뜻으로 추정된다. 《전공지》 권3 〈길쌈〉 "면 길쌈" '우리나라
    길쌈법' 참조. 다만 "면 길쌈"은 목화씨를 끓인 물에 면을 삶아 부드럽게 하는 내용이고, 여기는 모시베를 삶
    아 견직물처럼 부드럽게 할 수 있음을 말하기 위해《만가휘요》의 내용을 인용해 놓은 것이다.

48 만가휘요(萬家彙要) : 미상. 《임원경제지 유예지》 권4 〈그림(화전)〉 "채색"(풍석 서유구 지음, 임원경제연
    구소 옮김, 《임원경제지 유예지》 2, 풍석문화재단, 2017, 245~246쪽), 《임원경제지 섬용지》 권4 〈공업총
    정리〉 "옥과 돌 가공", "금속 가공"(풍석 서유구 지음, 임원경제연구소 옮김, 《임원경제지 섬용지》 3, 풍석
    문화재단, 2017, 256쪽, 302~303쪽)에도 이 책의 내용이 인용되어 있는 것으로 보아 유서(類書)류의 책으
    로 보인다.

49 출전 확인 안 됨. 이 부분 전체가 오사카본·연세대본에 없음.

⑭ 萬家彙要……卽爲繭布 : 오사카본·연세대본에는 없음.

- II -

목화 길쌈[棉績, 면적]

棉績

1. 목화[木棉, 목면] 재배

種木棉

1) 목화[木棉, 목면][1]

일명 '고패(古貝)', '고종(古終)'이다.

【본초강목[2] 목화에는 다음의 2가지 종류가 있다. 나무와 비슷한 목화를 '고패(古貝)'라 하고, 풀과 비슷한 목화를 '고종(古終)'이라 한다. 간혹 '길패(吉貝)'

木棉

一名"古貝", 一名"古終".

【本草綱目】 木緜有二種：似木者名"古貝", 似草者名"古終". 或作"吉貝"者, 乃

발에서 재배 중인 목화

목화(《화한삼재도회》)

---

1 목화[木棉, 목면]：아욱과 목화속 식물 가운데 섬유를 뽑는 식물(학명 Gossypium hirsutum). 대부분의 원산지는 열대지방이지만, 섬유작물로서 온대 지방에서도 널리 재배하고 있다. 보통 한해살이풀이지만 작은 관목 형태도 있다. 열매는 삭과(蒴果, 열매 속이 여러 칸으로 나뉘어 종자가 칸 속에 든 형태)로, 달걀 모양이며 끝이 뾰족하다. 삭과가 성숙하면 긴 솜털이 달린 씨가 나오며, 털은 모아서 솜을 만들고 씨로는 기름을 짠다. 목면(木綿)·면화(綿花)·초면(草綿)이라고도 한다.
2 《本草綱目》 卷36 〈木部〉 "木綿", 2134쪽.

나무 목화의 열매

나무 목화의 꽃

라 쓰는 표현은 고패(古貝)가 와전된 글자이다. 범서(梵書)[3]에서는 '섬파(睒婆)'라 하고, 또 '가라파겁(迦羅婆劫)'이라 한다.

대개 교주(交州)[4]와 광주(廣州)[5] 지역의 목화는 나무의 크기가 아름드리만 하다. 그 가지는 오동나무 가지와 비슷하고, 그 잎의 크기는 호두나무잎과 같다. 가을이 오면 꽃이 핀다. 그 색은 산다화(山茶花, 동백꽃)처럼 붉다. 황색 꽃술이 있고, 꽃잎은 매우 두꺼우며, 씨방이 몹시 풍성하기 때문에 빼곡하게 서로 나란히 붙어 있다.

열매를 맺으면 크기가 주먹만 하다. 열매 속에는 흰 솜[白綿][6]이 들어 있으며, 흰 솜 속에는 씨가 들어

古貝之訛也. 梵書謂之"睒 ① 婆", 又曰"迦羅婆劫".

蓋交 ②、廣木綿, 樹大如抱. 其枝似桐, 其葉大如胡桃葉. 入秋開花, 紅如山茶花, 黃蕊, 花片極厚, 爲房甚繁, 逼 ③ 側相比.

結實大如拳, 實中有白綿, 綿中有子. 今人謂之"斑枝

---

3 범서(梵書) : 고대 인도의 산스크리트어를 적는 데 쓰였던 브라흐미 문자인 범자(梵字)로 기록(記錄)된 글. 주로 불경을 가리킨다.
4 교주(交州) : 지금의 베트남·라오스·캄보디아에 해당하는 인도차이나 반도의 옛 지명. 주변국인 임읍국(林邑國)과 대립했다. 이 지역의 나라들을 흔히 남방(南方)이라 했다.
5 광주(廣州) : 중국 광서성(廣西省)의 성도(省都). 화남(華南) 지방 최대의 무역도시.
6 흰 솜[白綿] : 열매 속에 씨를 감싸고 있는 털.
① 睒 : 저본에는 "啖". 《本草綱目·木部·木綿》에 근거하여 수정.
② 交 : 저본에는 "支". 오사카본·연세대본·《本草綱目·木部·木綿》에 근거하여 수정.
③ 逼 : 저본에는 "短". 《本草綱目·木部·木綿》에 근거하여 수정.

목화나무의 전체모습

있다. 지금 사람들은 이 흰 솜을 '반지화(斑枝花)'라 하며, 와전되어 '반지화(攀枝花)'라고도 한다.

이연수(李延壽)[7]의 《남사(南史)》[8]에서 말한 "임읍국 (林邑國)[9]에서 고패(古貝)의 꽃이 난다. 그 속에는 거위 털과 같은 솜이 있어서, 그 실마리를 뽑아 베[布]를 짠다."[10]와 장발(張勃)[11]의 《오록(吳錄)》[12]에서 말한 "교 주(交州)와 영창(永昌)[13]의 목면(木綿, 목화)은 나무 높이 가 지붕을 넘는다. 10여 년에 걸쳐 바꿔 심지 않는 목

花", 訛爲"攀枝花".

李延壽《南史》所謂"林邑 諸[4]國出古貝花, 中如鵝 毳, 抽其緒, 紡爲布"、張 勃《吳錄》所謂"交州、永昌 木綿樹高過屋, 有十餘年 不換者, 實大如杯, 花中綿

---

7 이연수(李延壽) : ?~?. 7세기 중반 활동. 중국 당나라의 학자. 남북조 시대 각 국가의 사서(史書)를 정선(精 選)하여 《남사(南史)》와 《북사(北史)》를 편찬했다.

8 남사(南史) : 이연수가 편찬한 역사서. 기전체로 지어졌으며, 송(宋), 남제(南齊), 양(梁), 진(陳) 등 남북조 시대 남조의 네 왕조의 역사를 기술한, 중국 25사 가운데 하나이다.

9 임읍국(林邑國) : 베트남의 남부 지역에 있던 고대 국가. 염읍국(臨邑國)이라고도 한다.

10 임읍국(林邑國)에서……짠다 : 《南史》 卷78 〈列傳〉 "夷貊" (《文淵閣四庫全書》 265, 1111쪽).

11 장발(張勃) : ?~?. 4세기 활동. 중국 남북조 시대의 학자. 남북조 시대의 진(晉)나라 사람으로, 《오록(吳 錄)》 30권과 《오지기(吳地記)》 1권을 저술했다.

12 오록(吳錄) : 장발(張勃)이 삼국 시대 오(吳)나라 지역(양자강 동쪽에 위치한 회계군 일대)의 풍산과 풍물을 기록한 지리지(地理志). 30권으로 이루어져 있다. 《장발오지리지(張勃吳地理志)》라고도 한다.

13 영창(永昌) : 중국 감숙성(甘肅省) 영창현(永昌縣) 일대.

[4] 諸 : 저본에는 "□". 《本草綱目·木部·木綿》에 근거하여 보충.

화도 있다. 열매[14]는 크기가 잔[杯]만 하며, 꽃 속의 털
은 부드럽고 희어서 따뜻한 솜과 담요를 만들 수 있
다."[15]는 말은, 모두 나무와 비슷한 목화를 가리킨
것이다.

강남(江南)[16]이나 회북(淮北)[17] 지방에 재배하는 목
화는 4월에 씨를 심으면 줄기가 덩굴처럼 약하다.
높은 줄기는 4~5척이고, 잎은 단풍나무잎처럼 3갈
래의 뾰족한 갈라짐이 있다. 가을이 오면 황색 꽃을
피운다. 꽃은 접시꽃과 모양이 같지만 그보다 크기
가 작다. 또한 홍자색을 띠는 꽃도 있다.

열매를 맺으면 크기가 복숭아만 하다. 그 속에는
흰 솜이 있다. 솜 속에는 씨가 있으며, 그 크기는 오
동나무씨만 하다. 또한 자색을 띠는 목화가 있다. 8월
에 딴다. 이를 '면화(綿花)'라 한다.

이연수(李延壽)의 《남사(南史)》에서 말한 "고창국(高
昌國)[18]의 어떤 풀은 열매가 누에고치와 같고, 열매
속의 실로 가느다란 무명실[細繼]을 만든다. 이풀을
'백첩(白疊)'이라 한다. 이를 가져다가 포[帛]를 만들면
매우 부드럽고 희다."[19]와 심회원(沈懷遠)[20]의 《남월지

軟白, 可爲縕絮及毛布"者,
皆指似木之木綿也.

江南、淮北所種木綿, 四月
下種, 莖弱如蔓, 高者四五
尺, 葉有三尖如楓葉, 入秋
開花黃色, 如葵花而小, 亦
有紅紫者.

結實大如桃, 中有白綿, 綿
中有子, 大如梧子. 亦有紫
綿者, 八月採捇, 謂之"綿
花".

李延壽《南史》所謂"高昌國
有草, 實如繭, 中絲爲細
繼, 名曰'白疊'. 取以爲帛,
甚軟白"、沈懷遠《南越志》
所謂"桂州出古終藤, 結實

---

14 열매 : 아직 피지 않은 목화의 열매는 '다래'라한다.
15 교주(交州)와……있다 : 출전 확인 안 됨 ;《玉函山房輯佚書》卷123〈子編〉(北京大圖書館本, 4쪽).
16 강남(江南) : 중국의 양자강 남쪽에 있는 지방으로, 강소성(江蘇省)·안휘성(安徽省) 남부 및 절강성(浙江
  省) 일대.
17 회북(淮北) : 중국 안휘성(安徽省) 북부 일대.
18 고창국(高昌國) : 타클라마칸 사막의 북동쪽, 지금의 토로번(吐魯番) 동쪽에 인접해 있던 고대 국가.
19 고창국(高昌國)의……희다 :《南史》卷79〈列傳〉"夷貃"《文淵閣四庫全書》265, 1132쪽).
20 심회원(沈懷遠) : ?~?. 5세기 초반 활동. 중국 남조(南朝) 송(宋)나라의 관리이자 학자.《남월지(南越志)》
  와《회문문집(懷文文集)》을 편찬했다.

(南越志)》21에서 말한 "계주(桂州)22에서 고종등(古終縢)이 난다. 열매를 맺으면 안의 솜이 마치 거위의 털처럼 부드럽다. 씨는 옥구슬[珠珣]과 같다. 목화씨를 처리하여 빼내면 실이나 솜처럼 짤 수 있다. 이를 물들여서 반포(斑布)23를 만든다."24는 말은, 모두 풀과 비슷한 목화를 가리킨 것이다.

如鵝毳. 核如珠珣, 治出其核, 紡如絲綿, 染爲斑⑤布"者, 皆指似草之木綿也.

이 목화종자는 남번(南番)25에서 나와, 송나라 말기에 비로소 강남(江南) 지역에 들어왔다. 지금은 강북(江北)26 지역과 중주(中州)27에까지 두루 퍼졌다. 누에를 기르지 않아도 방적을 할 수 있고, 모시를 재배하지 않아도 베를 만들 수 있다. 이로움을 천하에 입혔으니, 그 이익이 매우 크도다.

此種出南番, 宋末始入江南, 今則徧及江北與中州. 不蠶而績, 不麻而布, 利被天下, 其益大哉.

또 《남월지》에 "남조(南詔)28의 여러 오랑캐들은 누에를 기르지 않는다. 오직 바라나무열매[婆羅木子, 목화열매의 일종]29 속의 흰 솜을 거두었다가 꼬아서 실을 만들고, 이를 짜서 폭(幅)을 만든다. 이를 '바라농

又《南越志》言 : "南詔諸蠻不養蠶, 惟收婆羅木子中白絮, 紉爲絲, 織爲幅, 名'婆羅籠段'."

---

21 남월지(南越志) : 지금의 중국 광동성(廣東省)과 광서성(廣西省) 일대인 남월(南越) 지역에 대한 지리서. 총 8권이다. 그러나 지금은 일실되었고, 《설부(說郛)》와 《한당지리서초(漢唐地理書鈔)》 등의 서적에 편집되어 전해진다.

22 계주(桂州) : 지금의 중국 광서성(廣西省) 북부에 위치한 계림(桂林) 일대.

23 반포(斑布) : 물들인 포.

24 계주(桂州)에서……만든다 : 출전 확인 안 됨 ;《廣群芳譜》卷12 〈桑麻譜〉 "木棉花", 284쪽.

25 남번(南番) : 중국에서 남방(南方)이라 부르는, 복건성(福建省)·광동성(廣東省) 일대를 통칭하는 말.

26 강북(江北) : 중국의 양자강 북쪽 지역으로, 호북성(湖北省)·안휘성(安徽省)·산서성(山西省) 일대.

27 중주(中州) : 지금의 중국 하남성(河南省) 일대의 옛 지명.

28 남조(南詔) : 7세기 무렵 지금의 중국 운남성(雲南省) 일대에서 티베트·미얀마어를 사용하는 계통의 민족이 세운 나라.

29 바라나무열매[婆羅木子, 목화열매의 일종] : 바라나무[婆羅樹]는 보리수의 다른 명칭. 석가모니가 보리수 아래에서 깨달음을 얻었다고 하여 불교도들이 성수(聖樹)라 여긴다.

⑤ 斑 : 저본에는 "班".《本草綱目·木部·木綿》에 근거하여 수정.

단(婆羅籠段)'이라 한다."[30]라 했다.

축목(祝穆)[31]의 《방여지(方輿志)》[32]에 "평면(平緬)[33]에는 바라나무[婆羅樹]가 난다. 큰 것은 높이가 30~50척이고, 다래가 맺히면 솜털이 있다. 솜털을 꼬아서 백전두라면(白氎兜羅綿)[34]을 짠다."[35]라 했다. 이 또한 반지화(斑枝花, 목화솜)와 같은 종류로, 지역에 따라 부르는 이름이 같지 않을 뿐이다.

祝穆《方輿志》言: "平緬出婆羅樹, 大者高三五丈, 結子有綿, 紉綿織爲白氎兜羅綿." 此亦斑枝花之類, 名方稱呼不同耳.

農政全書 길패(吉貝)라는 이름은 유독 《남사(南史)》에서만 밝혔다.[37] 이름이 지금까지 서로 전해지지만 그 의미는 알지 못한다. 아마도 다른 나라의 방언인 듯하다.

農政全書 吉貝之名, 獨昉于《南史》. 相傳至今, 不知其義, 意是海外方言也.

소설가(小說家)[38]가 말하는 목화는, 베를 만드는 것으로, '성(城)', '문욕(文縟)', '오린(烏驎)', '반포(班布)', '백첩(白氎)', '백설(白緤)', '굴현(屈眴)'이라 한 이름들이 모두 이것이다.

小說家所謂木綿, 其所爲布, 曰"城", 曰"文縟", 曰"烏驎", 曰"班布", 曰"白氎", "白緤", 曰"屈眴"者, 皆此.

그러므로 이는 초본(草本) 식물[39]이다. 하지만 《오

故是草本, 而《吳錄》稱木

---

30 남조(南詔)의……한다:《農政全書》卷35〈蠶桑廣類〉"木棉"《農政全書校注》, 960쪽).

31 축목(祝穆):?~?. 12세기 활동. 중국 송나라의 학자. 저서로, 《방여지(方輿志)》와 《사문유취(事文類聚)》가 있다.

32 방여지(方輿志):축목(祝穆)이 저술한 지리서. 전집(前集) 43권, 후집(後集) 7권, 속집(續集) 20권, 습유(拾遺) 1권 등 모두 71권으로 구성되어 있다. 《방여승람(方輿勝覽)》이라고도 한다.

33 평면(平緬):지금의 중국 운남성(雲南省) 농천현(隴川縣) 일대.

34 백전두라면(白氎兜羅綿):흰 솜으로 만든, 무늬가 새겨진 비단.

35 평면(平緬)에는……짠다:출전 확인 안 됨;《佩文韻府》卷22〈五歌韻〉"兜羅"《文淵閣四庫全書》1015, 45쪽).

36 《農政全書》卷35〈蠶桑廣類〉"木棉"《農政全書校注》, 960쪽).

37 길패(吉貝)라는……밝혔다:앞에서 인용한 《남사》에는 고패(古貝)라고 적혀 있다.

38 소설가(小說家):신변잡기를 비롯한 기술적인 내용을 기록하는 사람들.

39 초본(草本) 식물:지상부(地上部)가 부드럽고 물기가 많아 목질(木質)을 이루지 않는 식물을 통틀어 이르는 말. 줄기가 풀로 되어 있으며, 줄기를 포함한 지상부가 1년 또는 2년마다 고사하는 특징이 있다.

록(吳錄)》에서 목면(木綿)이라 칭한 이유는 남중(南中)40) 지역은 기후가 따뜻하여 씨를 한 번 심은 뒤에 꽃이 피고 열매를 맺기까지 몇 년을 기다려야 하기 때문에 목본(木本) 식물41)인 목부용(木芙蓉)42)과 상당히 비슷하여, 중원(중국)에서 한 해 1번 씨를 심는 작물과는 같지 않기 때문이다. 그러므로 위에서, "10여 년에 걸쳐 바꿔 심지 않는다."라 한 이유는 목화가 목본 식물이 아님을 밝히기 위함이다.

綿者, 南中地煖, 一種後, 開花結實以數歲計, 頗似木芙蓉, 不若中土之歲一下種也. 故曰"十餘年不換", 明非木本矣.

길패(吉貝)를 목면이라 부른 사례는, 곧 《서경(書經)》〈우공(禹貢)〉에서 말한 훼복(卉服)43)을 이 잠면(蠶綿, 누에솜)과 구별되는 점을 취했을 뿐이다. 민(閩)44)이나 광주(廣州) 지역에서 목면이라 부르지 않는 이유는, 그 지역 사람들이 반지화(攀枝花)라 부르는 말이 목면이기 때문이다.

吉貝之稱木, 卽《禹貢》之言卉, 取別于蠶綿耳. 閩、廣不稱木綿者, 彼中稱攀枝花爲木綿也.

반지화 가운데에서 침구[裍褥]를 만든다. 반지화는, 비록 부드럽고 매끄럽지만, 질기지 않고 끊어져 끌어당길 수 없다. 그러니 반지화로 어찌 베를 만들 수 있겠는가? 혹자는 목면이 바로 이것이라 짐작하

攀枝花中作裍褥, 雖柔滑而不靭, 絶不能牽引, 豈堪作布? 或疑木綿是此, 謂可爲布, 而其法不傳, 非也.

---

40 남중(南中):지금의 중국 운남성(雲南省) 귀주(貴州) 일대.
41 목본(木本) 식물:줄기와 뿌리에서 비대 성장에 의해 다량의 목부를 이루고, 그 세포벽의 대부분이 목화하여 강고해지는 식물. 겨울철이 있는 기후대에서는 해가 바뀌어도 지상부가 살아 남아 다시 자라는 특징이 있다.
42 목부용(木芙蓉):무궁화과(無窮花科)에 딸린 갈잎 떨기나무. 초가을에 잎겨드랑이에서 꽃꼭지가 나와 흰빛 또는 연붉은색의 꽃잎 5장이 핀다.
43 훼복(卉服):《서경(書經)》卷6〈우공(禹貢)〉(《十三經注疏整理本》2, 175쪽). 《서경(書經)》〈우공(禹貢)〉편에 "도이(島夷)족은 훼복을 입는다(島夷卉服)"라 했다. 공영달(孔穎達, 574~648)은 이에 대해 정의(正義)에서 "훼(卉)는 풀이다. 일반적으로 온갖 풀을 훼(卉)라 한다. 훼복은 바로 풀을 짜서 만들어 입는 갈월(葛越)이다. 갈월은 남쪽 지방에서 짜서 만드는 포(布)의 이름으로, 갈포를 이용하여 만든다(釋草云卉, 凡百草一名卉. 知卉服是草服葛越也. 葛越, 南方布名, 用葛爲之)."라 했다.
44 민(閩):중국 남부 복건성(福建省) 일대의 별칭.

여 반지화로 베를 만들 수 있다고 했다. 그러나 반지
화로 베를 만드는 법이 전해지지 않으니, 이 짐작은
잘못이다.

《오록》에서 말한 목면 역시 바로 길패(吉貝)이다.
혹자는 《방여지》에서 나무 높이가 수십 척이라 말
한 점을 의심한다.[45] 그러나 이는 당연히 반지화(攀
枝花)이니, 반지화의 높이가 100여 척에 이른다는 점
을 알지 못하기 때문이다. 남쪽 지방의 길패(吉貝)는
몇 년이 지나도 시들지 않기 때문에 그 높이가 몇십
척 정도가 되더라도 이상할 것이 없다.

대개 《남사》에서 말한 임읍국(林邑國)의 길패(吉貝)
와 《오록》에서 말한 영창(永昌)의 목면은 모두 초본
식물의 목면(목화)을 가리킨다. 베를 만들 수 있으면
짐작컨대 곧 바라나무이다. 그러나 이 바라나무는
반지화(斑枝花)와는 전혀 비슷하지 않다】

《吳錄》所言木綿, 亦卽是吉
貝. 或疑其云樹高丈, 當是
攀枝, 不知攀枝高十數[6]
丈. 南方吉貝, 數年不凋,
其高丈許, 亦不足怪.

蓋《南史》所謂林邑吉貝、
《吳錄》所謂永昌木綿, 皆指
草本之木綿. 可爲布, 意卽
婆羅木. 然與斑枝花, 絶不
類】

---

45 혹자는……의심한다 : 앞서 《본초강목(本草綱目)》에서 "교주(交州)와 영창(永昌)의 목면(木綿, 목화)은 나
  무 높이가 지붕을 넘는다(交州、永昌木綿樹高過屋)."라 했고, 《옥함산방집일서(玉函山房輯佚書)》(북경대
  도서관본(北京大圖書館本)에도 이를 언급한 바 있다.
[6] 十數 : 저본에는 "數十". 《農政全書·蠶桑廣類·木棉》에 근거하여 수정.

2) 알맞은 토양

조물주가 만물을 생성시키는 이치는 존재하지 않는 곳이 없다. 모시는 본래 남방(南方, 중국 남단의 복건성·광동성 일대의 총칭)의 작물이며, 목화 또한 서역(西域)[46]에서 나는 작물이다. 근세 이래로 모시는 하남(河南)[47] 지역에서 재배하고, 목화는 섬우(陝右)[48]에서 심는다. 그럼에도 무성하게 자라나고 번성하기는 중원의 본토(本土) 작물과 다름이 없다.

그러나 오래 전부터 이어진 논의에서는 작물 재배의 이런 현상을 대부분 풍토(風土)가 알맞지 않아서이다[風土不宜]고 풀이한다. 이는 대개 중국의 작물 가운데, 다른 지역에서 나온 것이 하나가 아님을 알지 못하기 때문이다.

옛날의 사례로 말해보면, 호두나 수박은 바로 유사(流沙)[49]와 총령(蔥嶺)[50]의 밖에서 나던 작물이 아니었던가? 지금의 사례로 말해보면, 감자(甘蔗)[51]와 명아(茗芽)[52]는 바로 장가(牂柯)[53]와 공(邛)[54], 작(筰)[55]의

土宜

造物發生之理, 無乎不在. 苧麻, 本南方之物, 木棉亦西域所産. 近歲以來, 苧麻藝于河南, 木綿種於陝右, 滋茂繁盛, 與本土無異.

悠悠之論, 率以風土不宜爲解. 蓋不知中國之物出于異方者非一.

以古言之, 胡桃、西瓜, 是不産于流沙、蔥嶺之外乎? 以今言之, 甘蔗、茗芽, 是不産于牂柯、邛、筰之表

---

46 서역(西域) : 좁은 의미로는 중국 본토에서 가장 서쪽에 위치한 지금 중국의 신장위구르자치구 일대를 뜻하며, 넓은 의미로는 중앙아시아, 서부 아시아, 인도를 총칭한다.

47 하남(河南) : 지금의 중국 하남성(河南省) 일대.

48 섬우(陝右) : 지금의 중국 섬서성(陝西省) 일대.

49 유사(流沙) : 지금의 중국 남서부에 위치한 티베트 자치구 일대.

50 총령(蔥嶺) : 중앙 아시아 남동쪽에 있는 고원으로 이루어진 산맥. 중앙아시아, 타지키스탄을 중심으로 중국·인도·파키스탄·아프가니스탄에 이르며, 히말라야 산맥 북서쪽으로, 해발은 3500~4500m이다.

51 감자(甘蔗) : 사탕수수의 줄기.

52 명아(茗芽) : 차(茶)를 우리는 차나무의 새싹.

53 장가(牂柯) : 중국 한(漢)나라 때의 장가국(牂柯國)으로, 지금의 중국 귀주성(貴州省) 서북부 귀양시(貴陽市) 일대.

54 공(邛) : 지금의 중국 사천성(泗川省) 서창현(西昌縣) 일대.

55 작(筰) : 지금의 중국 사천성(泗川省) 한원현(漢源縣) 일대.

지역에서 나는 작물이 아니었던가? 그러나 이 작물들은 모두 중국의 진귀한 작물로 이용되고 있다. 그럼에도 어찌 유독 모시와 목화에 대해서만 풍토가 알맞지 않다고 핑계 대고 의심을 하는가?

비록 그렇지만, 작물이 잘 자라지 않는 데에 풍토를 구실삼아 심고 기르기를 부지런히 하지 않는 사람들이 있다. 그렇지 않으면 심고 기르기는 비록 부지런히 하지만, 올바른 법을 터득하지 못한 사람들도 있다.

진실로 심는 방법을 터득하여 훗날 공들인 효과가 이루어지면, 무더위가 다가왔을 때 올이 성근 모시옷[纖絺]을 입고, 한겨울에는 곱고 촘촘한 솜옷을 입을 수 있다. 그런 뒤에야 어느 작물이라도 도움 되지 않음이 없음을 알게 될 것이다. 원(元) 사농사(司農司)《농상집요》[56]

목화씨는, 본래 중국 남쪽 해안의 여러 나라에서 났다. 훗날 중국 복건(福建)[57] 지역의 여러 현(縣)에 모두 목화가 있게 되었다. 근래에는 강동(江東)[58]과 섬우(陝右)에도 많이 심는데, 무성하게 자라고 번성하여 본래 났던 남쪽 해안과 차이가 없다. 심기만 하면 목화가 가져다 주는 이익을 매우 많이 본다.

오래 전부터 이어진 논의에서는 대부분 풍토(風

乎? 然皆爲中國珍用. 奚獨至於麻、棉而疑之?

雖然, 託之風土, 種藝之不謹者有之; 抑種藝雖謹, 不得其法者有之.

苟得種植之方, 他日功效有成, 當暑而被纖絺之衣, 盛冬而襲麗密之服, 然後知其不爲無補矣. 元司農司《農桑輯要》

其種, 本南海諸國所産. 後福建諸縣皆有, 近江東、陝右亦多種, 滋茂繁盛, 與本土無異. 種之則深荷其利.

悠悠之論, 率以風土不宜

---

56 《農桑輯要》卷2〈播種〉"論苧麻木棉"(《農桑輯要校注》, 55~56쪽).
57 복건(福建):지금의 중국 복건성(福建省) 일대.
58 강동(江東):중국 양자강(揚子江) 동쪽 이남 일대.

土)가 알맞지 않기 때문이라고 말을 한다. 그러나 《농상집요》에 다음과 같이 말했다. "비록 작물이 잘 자라지 않는 데에 풍토(風土)를 구실삼아 심고 기르기를 부지런히 하지 않는 사람들이 있다. 반면 심고 기르기는 비록 부지런히 하지만, 올바른 법을 터득하지 못한 사람들도 있다."[59] 이 말이 믿을 만하다.

【농정전서[60] 《농상집요》는 원나라 초기에 지은 책이다. 당시에는 곧잘 "목화는 섬우(陝右) 지방에 심는 작물로, 그 밖의 주(州)나 군(郡)에서는 대부분 토지(土地)가 목화 재배에 알맞지 않기 때문이라고 풀이한다."[61]라 했다. 오직 《농상집요》를 지은 맹기(孟祺)[62], 묘호겸(苗好謙)[63], 창사문(暢師文)[64]과 《왕정농서》를 지은 왕정(王禎) 등의 학자들만 그 주장을 비판하고 물리칠 수 있었다.

그렇지만 당시 사람들 가운데 과연 몇 사람이나 풍토가 맞지 않다는 이 주장에 대해 시시비비를 따졌는지는 모른다. 지금에 이르러서 온 나라 대부분의 사람들이 이 이로움을 높이 받들고 있으니, 비로소 몇 군자(君子)들이 나를 속이지 않았음을 믿을 수

爲說.《農桑輯要》云:"雖託之風土, 種藝不謹者有之;種藝雖謹, 不得其法者有之."信哉言也

【農政全書《農桑輯要》作于元初, 當時便云:"木綿種于陝右, 其他州郡, 多以土地不宜爲解."獨孟祺、苗好謙、暢師文、王禎之屬能排貶其說.

抑不知當時之人, 果以數子爲是耶否耶. 至于今率土仰其利, 始信數君子 非欺我者也】《王氏農[7]書》

59 비록……있다:《農桑輯要》卷2〈播種〉"論苧麻木棉"(《農桑輯要校注》, 185쪽).

60 《農政全書》卷35〈蠶桑廣類〉"木棉"(《農政全書校注》, 963쪽).

61 목화는……풀이한다:《農桑輯要》卷2〈播種〉"論苧麻木棉"(《農桑輯要校注》, 184쪽).

62 맹기(孟祺):1230~1281. 중국 원나라 초기의 관리이자 농학자. 한림수국사(翰林修國史)·한림승직랑(翰林承直郎) 등의 관직을 역임했으며, 《농상집요》를 편찬했다.

63 묘호겸(苗好謙):?~?. 13세기 후반 활동. 중국 원나라의 관리이자 농학자. 저서로《재상도설(栽桑圖說)》과《농상집요》가 있다.

64 창사문(暢師文):?~?. 13세기 후반 활동. 중국 원나라의 관리이자 학자. 한림학사(翰林學士)를 역임했다. 《성종실록(成宗實錄)》을 편수했으며, 《농상집요》를 편찬했다.

[7] 農:저본에는 "全".《王禎農書》에 근거하여 수정.

있겠다】《왕정농서》[65]

목화를 심는 토양은 백사토(白沙土, 흰 모래가 섞인 흙)가 가장 좋고, 모래와 흙을 섞은 흙[兩和土]이 그 다음이다. 목화는 지대가 높고 건조함을 좋아하고, 지대가 낮고 습함을 싫어한다. 《군방보》[66]

목화의 본성은 모래가 섞인 건조한 땅에 알맞다. 《농가집성(農家集成)》[67][68]

빛깔이 붉은 점토[赤埴]에 모래와 자갈이 섞여 있는 토양이 가장 좋다. 《성호사설》[69]

우리나라 역사책에 다음과 같이 말했다. "고려 정언(正言)[70] 문익점(文益漸)[71]은 원나라에 사신을 다녀올 때 목화씨를 얻어 그의 장인인 정천익(鄭天益)[72]에게 보내어 심게 했다. 처음에는 목화를 재배하여 기르는 방법을 알지 못해 심어 놓은 목화가 거의 말라

種花之地, 以白沙土爲上, 兩和土次之. 喜高亢, 惡下濕. 《群芳譜》

性宜雜沙燥田. 《農家集成》

赤埴而和沙礫者最良. 《星湖僿說》

東史云 : "高麗 正言 文益漸奉使如元, 得木棉種, 歸屬其舅鄭天益種之. 初不曉培養之術, 幾槁止一莖在, 比三年, 遂大繁衍." 此吾東

65 《農政全書》, 위와 같은 곳.

66 《二如亭群芳譜》〈利部〉第2〈棉譜〉"棉"(《四庫全書存目叢書補編》80, 521쪽).

67 농가집성(農家集成) : 조선 후기의 문신 신속(申洬, 1600~1661)이 편찬한 농서(1655년). 목판본 1책이다.

68 《農家集成》〈種木花法〉(《農書》1, 170쪽).

69 《星湖僿說》卷10〈人事門〉"種綿法"(《韓國文集叢刊》120, 43쪽).

70 정언(正言) : 고려 시대 중서문하성의 종6품 관직. 주로 간쟁(諫爭)과 봉박(封駁)을 담당했다.

71 문익점(文益漸) : 1329~1398. 고려 시대의 문신. 자는 일신(日新), 호는 삼우당(三憂堂)이며, 강성현(江城縣, 경상남도 산청) 출신이다. 공민왕(恭愍王, 1351~1374 재위) 때에 원나라에 서장관(書狀官)으로 갔다가 돌아오면서 목화씨를 들여왔다. 장인 정천익(鄭天益)과 함께 목화 재배에 성공하여, 목화의 보급에 크게 기여했다.

72 정천익(鄭天益) : ?~?. 문익점의 장인. 사위 문익점이 원나라에 서장관으로 갔다가 귀국하면서 몰래 가져온 목화씨를 심어 3년간의 노력 끝에 재배법을 터득하여 씨를 널리 보급했다. 또 씨를 뽑는 씨아[取子車]와 실을 뽑는 물레[繅絲車]를 고안하여 목화를 직조의 원료로 쓰는 법을 열어 놓았다.

죽고 1그루만 남았다. 3년이 지나자 마침내 크게 번
성했다."[73] 이것이 우리나라 목화 재배의 시작이다.

당시에는 목화를 중국에서 들여온 지 오래되지
않았기 때문에, 목화 재배에 반드시 풍토가 알맞지
않다고 의심했다. 그러나 다행히 문익점과 같은 호
사가(好事家)를 얻어 종자를 전하며 널리 목화를 퍼트
렸다. 지금에 이르러 온 나라 사람들이 목화로 만든
옷을 입고, 팔역(八域)[74]으로 거의 퍼졌다. 그러므로
작물을 재배할 때 풍토는 구애받을 조건이 아니라
는 점을 더욱 믿을 만하다.

다만 지대가 낮고 습한 곳이나 토질이 가볍고 들
떠 푸석하고 무른 흙을 금한다. 이런 곳에서는 대부
분 열매를 맺지 않으며, 열매를 맺더라도 열매가 쉽
게 떨어지고 만다. 진실로 모래가 희고 단단한 땅에
자갈이 많이 섞여, 빗물이 쉽게 마르는 곳을 골라
심으면 동서남북 어느 방향이든 재배하기에 알맞지
않은 곳이 없다. 오직 북방의 지대가 높고 추운 주
(州)나 군(郡), 4월에도 서리가 많이 내리는 곳에 심어
서는 안 될 뿐이다.《경솔지》[75]

種棉之始也.

當時木棉入中國, 未久必以
風土不宜爲疑, 而幸得好
事如文江城者傳殖, 至今,
衣被一國, 殆遍八域, 益信
風土之不足爲拘矣.

但忌汙下卑濕之地、輕虛
鬆膩之土, 多不結實, 實亦
易落. 苟擇沙白强土, 多雜
石礫, 雨水易晞處, 種之,
東西南北無適不宜. 惟北
路高寒州郡, 四月繁霜處,
不可種耳.《鶹蟀志》

---

73 고려……번성했다 :《高麗史》卷111 〈列傳〉 卷24 "諸臣" '文益漸'(국사편찬위원회 한국사데이터DB, 67책,
  95쪽).
74 팔역(八域) : 조선 시대의 지방 행정 구역인 8도(道)를 이르는 말. 일명 팔도(八道)라 한다.
75 출전 확인 안 됨.

3) 파종 시기

목화는 곡우(穀雨, 양력 4월 20·21일경) 전후로 심는다. 그러면 입추(立秋, 양력 8월 8·9일경) 때에는 수확하는 대로 거두어들인다. 《왕정농서》[76]

파종하는 시기는 청명(清明, 양력 4월 5·6일경)과 곡우의 절기에 있다. 서리가 다 그친 뒤이기 때문이다. 장오전(張五典)[77]《종면법(種棉法)[78]》[79]

목화를 파종할 때는 시기를 늦춰서는 안 된다. 시기를 늦추면 가을에 날씨가 추울 때 수확하게 된다. 파종 시기가 빠르면 열매가 대부분 실하게 여물지 않는다. 곧 여물더라도 열매의 크기가 아주 크지는 않으며, 꽃이 무르고 솜털이 없다. 장오전《종면법》[80]

일반적으로 목화를 심는 시기는 빠르면 좋다. 다만 목화를 일찍 심었다가 추위를 만나면 새싹이 나오다가 대부분 죽는다.

지금 터득한 법 한 가지: 늦겨울이나 초봄에 처음 밭을 간 뒤에, 두둑에 보리 몇 승(升)을 심는다. 목화 심을 시기가 되면 한 번 더 밭을 갈되, 보리의 새싹

時候

木棉, 穀雨前後種之, 立秋時, 隨穫隨收.《王氏農書》

種之時, 在清明、穀雨節, 以霜氣既止也. 張五典《種棉法》

種不宜晚, 晚則秋寒. 早則桃多不成實, 即成亦不甚大, 而花軟無絨. 同上

凡種植, 以早爲良. 但早種遇寒, 苗出多死.

今得一法 : 於舊冬或新春, 初耕後, 畝下大麥種數升. 臨種棉, 轉耕, 幷麥苗稚

---

76 《王禎農書》集10〈百穀譜〉"雜類" '木棉', 160쪽.
77 장오전(張五典) : 1555~1626. 중국 명나라의 관리이자 학자. 자는 화충(和衷), 호는 해홍(海虹)이다. 호부강서사주사(戶部江西司主事)·병부상서(兵部尙書)를 역임했으며, 《태산도리기(泰山道裏記)를 저술했다.
78 종면법(種棉法) : 장오전(張五典)이 목화 재배방법에 대해 서술한 책. 총 3권이다.
79 출전 확인 안 됨;《農政全書》卷35〈蠶桑廣類〉"木棉"(《農政全書校注》, 964쪽).
80 《農政全書》, 위와 같은 곳.

을 흙과 함께 뒤엎어서 보리의 뿌리가 흙에 있게 한다. 목화의 뿌리가 보리뿌리를 만나면 추위를 두려워하지 않게 된다. 보리는 사계절의 조화로움을 겸하여 그 본성이 추위를 잘 견디기 때문이다. 이 법을 사용하면 다른 밭보다 보름에서 10일 먼저 심을 수 있다.《농정전서》[81]

覆之, 麥根在土, 棉根遇之, 卽不畏寒. 麥兼四氣之和, 性故能寒也. 用此法, 可先他田半月十日種.《農政全書》

지금 사람들 가운데 보리를 심을 때 목화를 섞어심는 사람들은 대부분 목화의 파종 시기가 늦을까 걱정한다. 그러나 이에 대해 또한 다음의 한 가지 법이 있다. 늦겨울에 갈아 삶은 땅에 미리 보리를 혈종(穴種, 구멍에 파종하기)한다. 다가오는 봄에 보리를 심은 두둑에 보리 심은 곳을 피해 목화를 혈종한다. 다만 보리를 혈종할 수 있었다면 목화를 혈종하지 않고 만종(漫種, 흩어 뿌림)해도 보리를 수확할 수 있다.《농정전서》[82]

今人種麥雜棉者, 多苦遲, 亦有一法 : 預于舊冬耕熟地, 穴種麥. 來春, 就于麥隴中, 穴種棉. 但能穴種麥, 卽漫種棉, 亦可刈麥. 同上

주사(柱史)[83]가 상소(上疏)로 올린, 목화 재배하는 법에는 3가지가 있다.[84] 첫째는 '희(稀, 듬성듬성 심기)', 둘째는 '비(肥, 흙 비옥하게 하기)', 셋째는 '조(早, 일찍 파종하기)'이다. 희(稀)와 비(肥)는 내가 이미 앞에서 갖추어

柱史所疏種花法有三 : 一曰"稀", 二曰"肥", 三曰"早". 稀與肥, 余旣備論之.

---

81 《農政全書》卷35〈蠶桑廣類〉"木棉"(《農政全書校注》, 967쪽).

82 《農政全書》, 위와 같은 곳.

83 주사(柱史):중국 주(周)나라의 관명. 주하사(柱下史)라고도 한다. 여기서는〈길패소(吉貝疏)〉를 쓴,《농정전서》의 저자 서광계 자신을 낮추어 표현한 듯하다.

84 주사(柱史)가……있다 : 이 상소문은〈길패소(吉貝疏)〉로, 뒤의 '9) 요점 4가지' 항목에 그 일단을 확인할 수 있다.

논했다.[85]

여기서는 조(早)에 대한 언급만을 논하여 보겠다. 우리 고향[鄕][86]을 살펴보면 북극출지(北極出地, 북위)가 30도(度)이고, 제남(濟南)[87]은 북극출지가 36도여서, 춥고 더운 기후가 현격하게 다르다.

주사(柱史)의 "목화를 심는 고을[邑]이 양신(陽信)[88]이라면 모두 청명(淸明)에 목화를 심고, 곡우(穀雨)를 넘기지 말아야 한다."라는 말은 우리 고향은 청명 이전에 목화를 심어야 한다는 사실을 의심할 것이 없다는 뜻이 다만 이때는 서리가 아직 그치지 않은 시기라서 목화 새싹이 흙을 뚫고 나왔을 때 서리에 맞으면 시들어 버린다.

지금은 청명 5일 이전이 목화를 심기에 가장 좋은 시기이고, 그로부터 5일 뒤가 무난한 시기이고, 곡우(穀雨)가 가장 좋지 않은 시기로 정해졌다. 그러므로 목화를 심을 때는 결코 곡우를 넘겨서는 안 된다.

이와 같이 목화를 일찍 심으면, 일찍 여물어 일찍 거둘 수 있다. 비록 태풍 피해를 당한 해를 만나더라도 뿌리 가까이가 실하여 목화 전체가 황폐해지는 지경에는 이르지 않는다. 우리 고향에서 예전에 목화를 일찍 심는다고 말한 시기는 입하(立夏, 양력 5월 5·6일경) 이전이고, 혹시라도 늦으면 소만(小滿, 양력 5

今特論所云早者：按吾鄕北極出地三十度，濟南三十六度，寒煖甚懸絕.

柱史言"其邑陽信, 俱于淸明種木綿, 無過穀雨"者. 則吾鄕當在淸明前無疑. 但此時霜信未絕, 苗出土, 經霜則萎.

今定于淸明前五日爲上時, 後五日爲中時, 穀雨爲下時. 決不宜過穀雨矣.

如此早種, 卽早實早收. 縱遇風潮之年, 亦有近根之實, 不至全荒也. 吾鄕向稱早種者, 在立夏前；遲或至小滿後. 詢其緣由, 皆不獲已.

---

85 희(稀)와……논했다 : 이는 《농정전서》에서 그렇다는 의미이다. 《전공지》에 해당하는 말이 아니다.

86 우리 고향[鄕] : 이 글 《농정전서》의 저자 서광계는 중국 상해 출신이다. 상해 지역은 위도가 30° 전후이다.

87 제남(濟南) : 중국 산동성(山東省)의 성도(省都). 태산(泰山)의 북쪽, 황하(黃河) 남쪽 기슭에 위치한다. 실제로 제남의 북위는 정확히 36°에 해당한다.

88 양신(陽信) : 중국 산동성(山東省) 빈주시(濱州市) 일대의 옛 지명.

월 20·21일경)이 지난 뒤이다. 고향 사람들에게 그 이
유를 물어보면 모두 부득이해서 그렇다고 다음과 같
은 이유를 든다.

① 맥류(밀·보리)를 아끼기 위함이다. 북쪽 지방의
넓은 땅에서는 맥류를 심는 밭이 전혀 없어서 목화
를 일찍 파종한다. 하지만 남쪽 지방인 우리 고향에
서는 맥류를 심고 목화를 그 사이에 섞어서 재배하
기 때문에 목화 파종하는 시기를 늦추지 않을 수 없
는 것이다.

이제는 목화를 심을 때 맥류를 아끼려 하지 말기
를 바란다. 반드시 농사를 짓지 않고 있는 밭에 맥
류를 심어야 한다. 맥류 심을 때 또한 혈종하면, 목
화를 일찍 심을 수 있다. 그런 뒤에 맥류를 거두면
남아 있는 목화에 두텁게 북돋아 이어서 바로 가꿀
수가 있다.

② 밭을 가는 데에 노동력을 더 들이지 않기 위
함이다. 북쪽 지방의 토지는 딱딱하고 굳은 데다 장
마가 오는 일도 적다. 그러므로 목화를 일찍 심더라
도 손해될 일이 없어서 하지(夏至)가 되자마자 이미
목화 열매를 얻는다. 반면에 우리 고향 남쪽 지방의
토지는 들뜨고 습하여 연초에 밭을 갈 때는 아무런
걱정이 없다. 그러나 3년이 지난 뒤에도 땅이 들뜨
기 때문에 다시 땅속에 벌레가 생긴다.

이런 이유로 목화를 일찍 심으면 더러는 장마를

其一, 爲惜麥. 北方之寬,
絕無麥底, 花得早種. 吾
鄉間種麥雜花者, 不得不
遲.

今請無惜麥, 必用荒田底.
卽種麥, 亦宜穴種, 可得早
種花, 後收麥, 旋以厚壅起
之也.

其一, 爲力不辦翻耕. 北土
堅强, 兼少梅雨, 故早種無
耗損, 纔⑧及夏至, 已得
結桃. 南土虛浮濕蒸, 翻
耕首年, 十全無患, 三年以
後, 土仍虛浮, 復生地蠶.

早種者, 或遇梅雨, 濯露其

---

⑧ 纔 : 저본에는 "裁".《農政全書·蠶桑廣類·木棉》에 근거하여 수정.

만났다가 그 뿌리가 드러나서 마침내 시드는 경우가 많다. 더러는 굼벵이를 만났다가 뿌리가 끊기고 잎사귀가 먹히니, 벌레 하나의 해로움으로 밭이 매우 황폐하게 된다.

이제는 밭을 몇 차례 갈기를 바란다. 곧바로 밭 가는 데에 노동력을 더 들이지 않더라도, 겨울에 밭에 물을 대고 봄에 밭갈이를 하여 밭을 단단하게 만듦으로써 벌레를 죽여야 한다. 또 밭을 가는 데에 노동력을 더 들이지 않더라도, 목화를 혈종해서 뿌리가 깊게 자리 잡아 드러나지 않게 한다면 목화가 죽을 일을 없게 할 수 있다.

다만 지금 사람들은 목화종자를 가릴 줄 몰라서 심었을 때에 쭉정이가 절반이고, 쭉정이가 아닌 것들 중에서도 약한 종자가 절반이다. 일반적으로 목화는 장마를 만나면 곧바로 죽는다. 또는 장마 중에 잡초가 무성해도 곧바로 죽는다. 모두 약한 종자를 심어 놓고는 목화를 일찍 파종한 탓만 한단 말인가?

대체로 목화는 일찍 심으면 반드시 옳고, 늦게 심으면 반드시 그르다. 우리들은 이러한 이치에 근거하여 방법을 헤아리고 구함으로써 목화를 일찍 심는 올바른 재배법을 도모해야 한다. 절대로 다른 사람들의 말에 넘어가지 말아서 목화를 늦게 심는 잘못을 막아야 한다. 《농정전서》[89]

매번 의론을 드러내는 사람들이 고집하는 말은

根, 遂多萎壞. 或遇地蠶, 斷根食葉, 一蟲之害, 赤地步武.

今請數翻耕. 卽不辦, 亦宜冬灌春耕, 以實其田, 殺其蟲. 又不辦, 亦宜穴種花, 令根深, 不至灌露, 可無死.

但今人不知擇種, 卽秕者半, 不秕之中羸者半. 凡遇梅雨輒死. 或梅中草盛, 輒死. 皆羸種, 而咎早種乎?

大抵棉花早種必是, 晚種必非. 吾輩宜據理商求, 而圖成早種之是; 勿執辭推諉, 以曲蓋晚種之非. 同上

每見議者, 執言: "此中棉

---

89 《農政全書》卷35〈蠶桑廣類〉"木棉"(《農政全書校注》, 973~974쪽).

다음과 같다. "이곳(상해 지역)의 목화는 일찍 심으면 대부분 죽는다. 반면에 입하(立夏) 전후로 심으면 죽지 않는다. 이는 추운 기후에 따른 결과이다."

그러나 산동(山東, 중국 산동성)이 이곳과는 위도 6° 위에 위치하여 더 추운 지역임에도, 그곳에서 청명(淸明)에 목화를 심더라도 도리어 죽지 않는 점을 보면, 그 이치는 밝히기가 어렵다. 목화가 죽은 까닭을 깊이 탐구해보면 추위를 막지 못했기 때문이다. 대체로 그 원인은 목화의 뿌리가 얕게 자리 잡은 데에 있다. 목화의 뿌리가 얕게 자리 잡는 원인에는 다시 다음 몇 가지 경우가 있다.

① 목화종자가 병들었기 때문이다. ② 만종(漫種)해서 낟알이 들떠 겉으로 드러났기 때문이다. ③ 너무 배게 심었기 때문이다. ④ 너무 메말랐기 때문이다.

종자가 병든 이유는 마치 태병(胎病, 선천적인 질병)과 같다. 또 흙을 적게 덮어 주었기 때문이다. 두 가지 경우에는 모두 뿌리가 자라날 힘이 없어진다. 밭에 만종하면 낟알이 들떠 겉으로 드러나서 뿌리가 흙으로 들어가지 않는다. 간격이 너무 배게 심으면 뿌리가 내릴 곳이 없어 뿌리가 멀리 뻗지 않는다. 뿌리가 멀리 뻗지 않으면 또한 깊이 뿌리 내리지 않는다. 그러므로 비가 목화의 뿌리를 씻겨 내고 바람과

花, 早種多死; 立夏前後種者, 卽不死. 此寒凍所致."

乃山東相去六度更寒, 淸明下種却不死, 其理難明也. 深求其故, 所以不禁寒凍者. 大抵在於⑨根淺. 根淺之緣, 復有數事.

一者, 種病; 二者, 漫種浮露; 三者, 太⑩密; 四者, 太瘦.

種病如胎病, 又⑪少壅, 兩者皆無力可生根. 漫種者, 子粒浮露, 根不入土. 密則無處行根, 根不遠, 不遠亦不深. 故雨濯其根, 風寒中其根, 多立死.

---

⑨ 於: 저본에는 "□".《農政全書·蠶桑廣類·木棉》에 근거하여 보충.
⑩ 太: 저본에는 "病".《農政全書·蠶桑廣類·木棉》에 근거하여 수정.
⑪ 胎病又: 저본에는 "□□□".《農政全書·蠶桑廣類·木棉》에 근거하여 보충.

추위가 목화의 뿌리를 치면 대부분 곧바로 죽는다.

일반적으로 나무를 심을 때는 반드시 나무의 뿌리를 단단하게 다져야 한다. 흙속에 만약 틈이 생겨, 바람이 나무의 뿌리에 들면, 또한 나무가 죽는다. 이것이 변하지 않는 이치이다.

凡種樹, 須築⑫實其根. 土若有罅, 風中其根亦死, 此恒理也.

이런 일을 범하면 대부분의 나무는 병들어, 그 목화의 시운이 죽어 가는 법 속에 놓이게 된다. 또 장마철에 1~2번 김매기를 하게 되면 흙은 더욱 들뜨게 된다. 이때 싸늘한 바람이 불고 추운 날씨에 비가 10일에서 15일 동안 내리면 새싹은 남아 있더라도 뿌리의 힘이 부족해진다. 그러므로 목화를 일찍 심었을 때 추위를 당하면 죽게 되고, 장마까지 닥치면 대부분 죽게 된다.

犯此多病, 時在死法中. 更梅時鋤却一再遍, 土尤虛浮. 凄風寒雨, 十日半月, 苗葉有餘, 根力不足. 故早種者中寒則死, 梅中尤多死.

그렇지만 늦게 심었을 때보다도 도리어 낫다. 늦게 심으면 뿌리와 새싹이 모두 어려서 잡초와 함께 자라나고, 장마철이 지나면 시기상 이미 한여름에 접어든다. 따라서 추위를 걱정하지는 않아서 온전하게 자랄 수는 있다. 그러나 이를 재배하는 농민의 생계가 어려워질 것이다.

反不若遲種者, 根苗俱稺, 與草同生, 過梅天已入盛夏, 不懼寒凍, 可得苟全也, 而生計薄矣.

사람에 비유하자면 온몸에 질병이 생겼음에도, 안개와 이슬 맞기를 금하지 않고, 늦게 일어나고 일찍 자서 길을 나설 기약이 없음과 같다. 어찌 병이 없는 사람이 바람에 머리빗고 비로 목욕하며, 뙤약볕에 100리를 달려 나가는 것과 같겠는가?

譬人, 通身是疾, 不禁霧露, 晏行早宿, 行路無幾. 何如不病者, 櫛風沐雨, 日中而趨百里乎?

---

⑫ 築 : 저본에는 "尋". 《農政全書·蠶桑廣類·木棉》에 근거하여 수정.

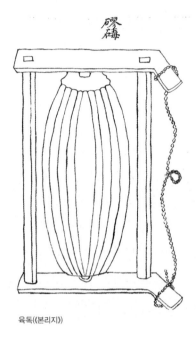

육독(《본리지》)

목화의 질병이 없기를 바란다면, 종자 잘 고르기가 첫째이고, 희(稀, 듬성듬성 심기)가 둘째이며, 흙을 두텁게 북주기가 셋째이다.

혈종할 때는 씨를 심은 뒤에, 한 손가락두께로 흙을 덮어 준 다음, 발로 밟아 다진다. 만종(漫種)할 때는 씨를 뿌린 뒤에 또한 한 손가락두께로 덮어 주고, 나무육독[木磟碡, 흙덩이를 부수는 농사 연장]으로 흙을 다진다.

만약 혈종하고서 다시 밭두둑을 만들어 주었다면 목화싹이 자라날 때 밭두둑의 잡초를 김매어 흙이 목화싹의 뿌리에 들러붙게 한다. 이것이 넷째이다.

欲求不病, 擇種, 一矣; 稀, 二矣; 厚壅, 三矣.

穴種者, 下種後, 覆土一指, 足踐實之. 漫種者, 下子後, 亦覆土厚一指, 木磟碡實之.

若能穴種, 復作畦壟者, 苗生, 耨壟草遺[13], 土附苗根也, 四矣.

---

[13] 遺 : 저본에는 "隤". 《農政全書 · 蠶桑廣類 · 木棉》에 근거하여 수정.

이 4가지 법은 모두 작물의 뿌리가 깊게 자리 잡게 하여 바람과 비를 잘 견디고, 또한 가뭄에도 잘 견디게 한다. 그렇다면 일찍 심는다고 한들 어찌 죽을까봐 염려하겠는가? 그 밖의 해충으로 인한 손상, 잡초[草]로 인한 열병은 사람의 일이 세심하지 못했기 때문이지, 추위와 관련된 사항이 아니다. 《농정전서》[90]

此四法者, 皆令根深, 能風雨, 亦且能旱, 卽早種何慮死? 其他蟲傷、草熱則人事不精, 非關寒凍. 同上

예로부터 전해지는, 목화 일찍 심는 다른 한 가지 법: 땅에 목화를 심으려 할 때는 먼저 땅을 갈아 보리를 심는다. 목화 심을 때 밭을 한 번 더 갈고, 보리의 새싹을 함께 뒤엎고서 써레질과 고무래질[耙蓋]을 한 뒤에 목화씨를 심는다. 여도(餘姚)[91]에서도 목화를 일찍 심는다. 이때 먼저 잠두(蠶豆)[92]를 심고 밭을 한 번 더 갈고 잠두 새싹을 뒤엎는다. 이상의 두 가지 법은 대략 같다. 이는 무슨 이치이겠는가?

舊傳早種一法: 擬種棉地, 先耕地, 種大麥, 轉耕, 幷麥苗稑覆之, 耙蓋下種. 餘姚亦早種棉, 却先種蠶豆, 轉耕, 稑覆之, 二法略同. 此是何理?

대개 이 모두는 땅을 들뜨게 하여 목화 새싹이 깊고 멀리까지 뿌리를 뻗을 수 있으면 추위를 잘 견딜 수 있고, 또 비바람과 가뭄도 잘 견딜 수 있다. 그러므로 이 또한 뿌리를 깊게 내리게 하려는 뜻일 뿐이다. 《농정전서》[93]

蓋皆令地虛, 苗得深遠行根, 便能寒, 且能風雨旱, 亦深根之義耳. 同上

---

90 《農政全書》卷35〈蠶桑廣類〉"木棉"(《農政全書校注》, 974쪽).
91 여도(餘姚) : 지금의 중국 절강성(浙江省) 할현급시(轄縣級市) 일대.
92 잠두(蠶豆) : 콩의 일종으로, 누에콩을 말한다. 깍지가 늙은 누에 모양과 같기 때문에 이와 같이 불렸다. 《본리지》권7〈곡식 이름 고찰〉"밭 곡식" '누에콩' 참조.
93 《農政全書》卷35〈蠶桑廣類〉"木棉"(《農政全書校注》, 975쪽).

목화는 곡우(穀雨) 절기나 입하(立夏) 전후에 씨를 심을 수 있다. 대개 일찍 심으면 일찍 여문다. 비록 가뭄이나 장마를 만나더라도 전부를 잃는 지경에는 이르지 않는다.

【안 만약 서광계(徐光啓)[94]가 말한 북극고도의 설로 우리나라에 기준을 잡아보면 경상도와 전라도 해안 인근의 주(州)나 군(郡)에서는 목화를 청명 전후로 심어야 한다. 충청도와 경기도 한강 이남 지역은 곡우 전후로 심어야 한다. 한강 이북 지역과 황해도, 평안도에서는 입하 전후로 심어야 한다】

혹자는 다만 밤나무잎이 막 나와 뻗으려는 시기에 목화를 심으면 효과가 매우 빼어나다고 했다. 《증보산림경제》[95]

木棉, 穀雨節或立夏前後, 可下種. 蓋早種者, 早實. 縱遇旱潦, 不至全失也.

【案 若以徐玄扈所言極高之說, 準之於我東, 則嶺、湖南近海州郡, 當在淸明前後; 湖西及京畿 漢南, 當在穀雨前後; 漢北及海西、關西, 當在立夏前後也】或言但視栗葉始生欲敷時, 種棉, 甚妙. 《增補山林經濟》

---

94 서광계(徐光啓) : 1562~1633. 중국 명나라 말기의 관리이자 학자. 농업과학 연구와 역법 개정에 힘써 《농정전서(農政全書)》·《측량법의(測量法義)》·《구고의(勾股義)》등을 편찬했다.
95 《增補山林經濟》 卷2 〈治農〉 "木綿花"(《農書》 3, 130쪽)에 일부만 확인 됨.

솜털이 붙어 있는 목화씨앗

4) 종자 고르기

심을 종자는, 갓 거둔 경우에는 실하지 않다. 서리가 내릴 시기가 다 되어 거둔 경우에도 사용할 수 없다. 오직 목화를 갓 거둔 시기와 서리가 내리는 시기 사이에 수확한 목화가 가장 좋다. 반드시 햇볕을 쪼여 말리고, 솜이 있는 채로 거두어야 한다. 파종할 때에는 다시 햇볕에 말리고 씨아(씨아기)[96]를 돌려 씨를 골라 곧바로 심는다.

【농정전서[97] 이는 겨울에 목화씨를 씨아에 돌려 거두어 저장하면 바람과 햇빛이 목화씨에 침범하여 기름기로 축축해질까 걱정되어서이다. 만약 씨가 물기나 습기를 머금으면 그대로 문드러지기 때문이다.

나는 노련한 농부[老農]에게 다음과 같은 말을 들었다. "목화종자는 반드시 겨울에 씨아를 돌려 고릅

擇種

所種之子, 初收者未實, 近霜者又不可用, 惟中間時月收者爲上. 須經日曬燥, 帶綿收貯. 臨種時再曬, 旋碾卽下.

【農政全書】 此慮冬月碾子收藏, 風日所侵, 恐致油渑. 若受水濕, 仍當鬱爛故也.

余聞老農云: "棉種, 必於冬月碾取. 謂碾必須曬.

---

96 씨아(씨아기) : 목화에서 씨를 배는 기구. 작업 현장에서는 '씨아기'라는 표현을 많이 쓴다. 아래 '2길쌈'에 자세히 보인다.
97 《農政全書》 卷35 〈蠶桑廣類〉 "木棉"(《農政全書校注》, 962쪽).

햇빛에 건조시킨 목화 씨앗(농촌진흥청)

니다. 이는 씨아를 돌리려면 반드시 씨를 햇볕에 말려야 한다는 뜻입니다. 가을과 겨울은 생기(生氣)를 거두는 계절이므로, 이 시기에 햇볕에 말리면 자라날 새싹을 상하게 하지 않습니다. 반면에 봄은 생의(生意, 자라나려는 의지)가 왕성한 계절이므로, 햇볕에 너무 말려서는 안 됩니다."

《왕정농서》 원문과 농부의 2가지 주장에는 모두 그럴 만한 이치가 있다.

이에 대한 나의 생각은 다음과 같다. 봄에 씨아를 돌리려면 가을에 목화를 거둘 때에 목화종자를 간단히 취한 다음 햇볕에 바싹 말려 놓고 건조한 장소에 놓아 둔다. 그러면 파종할 때에 씨를 햇볕에 대충 말리고 곧바로 씨아를 돌려도 해로움이 없게 된다.

한편 가을에 씨아를 돌릴 때에는 씨아를 돌려 목화종자를 빼낸 다음 풀로 감싸 놓고 건조한 장소에 놓아 둔다. 그러면 바람과 햇볕, 물기나 습기를 받지 않아서 씨가 문드러지지 않을 수 있다.

秋冬生氣收斂, 于時曬曝, 不傷萌芽 ; 春間生意茁發, 不宜大曬也."

二說, 皆有理.

余意 : 謂春碾者, 秋收時, 簡取種棉, 曝極乾, 置高燥處. 臨種時, 略曬卽碾, 當無害.

秋碾者, 碾下種, 用草裏置高燥處, 不受風日、水濕, 可無鬱浥.

다만 봄철에 목화를 바로 구매하여 씨아를 돌려 종자로 삼으면 안 된다. 이는 묵은 목화이거나 습기나 물기를 머금었을까 염려되기 때문이다.

만약 목화씨앗을 바로 구매하여 종자로 삼으면 더욱 안 된다. 이는 묵은 씨앗이거나 화기에 상했을까 염려되기 때문이다.

이제 창안한 법 하나를 소개하면 다음과 같다.

씨아를 겨울에 돌리든, 봄에 돌리든 따지지 않고, 목화종자를 직접 거두어 보관하든, 바로 구매한 것이든 따지지 않고, 다만 목화종자를 심을 때에 물에 반각(半刻, 약 7~8분)이 넘도록 불리고 물에 인다. 그러면 목화종자 중에 쭉정이·오래 묵은 종자·화기에 상한 종자·기름기가 배어 나온 종자·문드러진 종자가 모두 물 위로 떠오른다. 반면에 단단하고 실하여 손상되지 않은 종자는 반드시 가라앉는다. 가라앉은 종자는 심을 수가 있다.

일반적으로 목화씨는 과연 그 해에 거둔 것을 모두 반드시 물에 일어서 고른다. 물에 뜨는 종자는 쭉정이이다.

그러나 약한 종자 또한 물에 가라앉는다. 물에 가라앉은 종자를 손으로 살짝 비벼 본다. 그러면 약한 종자는 껍질이 부드럽고 속씨가 가득 차지 않았다. 단단하고 실한 종자라야 좋다. 더러는 균일하게 종자를 고르도록 하여 쓸데없이 종자를 소모한다고

惟春時旋買棉花碾作種,卽不可. 恐是陳棉, 或嘗受濕蒸[14]故.
若旋買棉核作種, 尤不可. 恐是陳核, 或經火焙故.

今意創一法:
不論冬碾、春碾、收藏、旋買, 但臨種時, 用水浥濕過半刻, 淘汰之. 其秕者、遠年者、火焙者、油者、鬱者, 皆浮; 其堅實不損者, 必沉. 沉者, 可種也.

凡木棉核, 果當年者, 皆須淘汰擇取. 浮者, 秕種也.

其羸種亦沉. 取其沉者微撚之. 羸者, 殼軟而仁不滿, 其堅實者乃佳. 或疑導擇損功, 此不足慮也.

의심하지만, 이는 걱정할 일이 아니다.

만약 민간에서 목화를 배게 파종하는 방법을 따라 밭 1묘(畝)당 목화씨 1두(斗)를 파종한다면 참으로 목화를 재배하는 법대로 결과를 내기 어렵다. 목화 그루 사이를 3척으로 띄워 심으면 1묘당 0.1두 이상의 양만으로도 충분하다】《왕정농서》[98]

若依世俗密種, 畝用子一斗, 誠難果如法. 科間三尺撮種之, 畝用子一升以外亦足矣】《王氏農書》

《농정전서》를 살펴보면, 중국의 목화 품종으로는 다음과 같은 여러 종이 있다.[99] 강화(江花)【초(楚) 지방에서 난다. 솜의 무게가 그다지 무겁지는 않아, 20근의 목화열매에서 5근의 목화솜을 얻는다.[100] 성질이 강하고 질기다】,

按《農政全書》, 中國棉品有江花【出楚中. 棉不甚重, 二十而得五, 性强緊】,

북화(北花)【산동성(山東省) 기보(畿輔)[101]에서 난다. 부드럽고 고와 길쌈에 알맞다. 솜의 무게가 조금 가벼워, 20근의 목화열매에서 4~5근의 목화솜을 얻는다】,

北花【出畿輔 山東. 柔細, 中紡織, 棉稍輕, 二十而得四或得五】,

절화(浙花)【여도(餘姚)에서 난다. 길쌈에 알맞다. 솜의 무게가 조금 무거워, 20근의 목화열매에서 7근의 목화솜을 얻는다】,

浙花【出餘姚. 中紡織, 棉稍重, 二十而得七】,

황체(黃蒂)【꽃받침[蒂]에 좁쌀크기만 한 황색이 있다. 솜의 무게가 무거워, 20근의 목화열매에서 9근의 목화솜을 얻는다. 성질이 조금 강하고 질기다】,

黃蒂【蒂有黃色如粟米大. 棉重, 二十而得九. 稍强緊】,

---

98 《王禎農書》集10〈百穀譜〉"雜類" '木棉', 161쪽.

99 《농정전서》를……있다 : 여기서부터 《농정전서》에 나오는 목화 품종을 소개했다. 내용이 한 문장에 해당하지만 너무 길어 가독성을 위해 단락을 구분했다. 원문도 이와 같다.

100 20근의……얻는다 : 원문의 "二十而得五"를 옮긴 것이다. 씨를 빼지 않은 목화솜 20근에서 씨를 뺀 뒤에는 순수한 목화솜을 5근 얻는다는 의미이다. 《농정전서교주》, 985쪽, 주19 참조.

101 기보(畿輔) : 중국 산동성(山東省)의 성도(省都)인 제남시(濟南市) 인근 일대.

청핵(靑核)【씨[核]가 청색을 띤다. 다른 목화종자보다 곱다. 20근의 목화열매에서 9근의 목화솜을 얻는다. 부드럽고 고와 길쌈에 알맞다】,

흑핵(黑核)【씨가 또한 잘고, 순흑색을 띤다. 솜의 무게가 무거워, 20근의 목화열매에서 9근의 목화솜을 얻는다. 부드럽고 고와 길쌈에 알맞다】,

관대의(寬大衣)【씨가 백색을 띠며 줄기가 가볍다. 솜의 무게가 무거워, 20근의 목화열매에서 9근의 목화솜을 얻는다. 부드럽고 고와 길쌈에 알맞다. 이상 4종의 목화(황체·청핵·흑핵·관대의)는 모두 종자로 삼을 만하다】,

자화(紫花)【가볍고 고우면서 씨가 크다. 솜의 무게가 가벼워서, 20근의 목화열매에서 4근의 목화솜을 얻는다. 자화로 짠 베로 옷을 만들면 상당히 소박하고 우아하다[102]】.

목화 재배의 시작은 모두 중국 남쪽 지방에서 해외의 여러 나라로 전해진 종자로부터이다. 우리 조선은 문익점으로부터 지금에 이르렀다. 단지 1종의 목화를 전하여 번식시킨 지가 이미 오래되었다. 그리하여 목화열매와 줄기가 빈약해져 땅이 기름지고 풍년이 들어도 20근의 목화열매에서 겨우 5근의 목화솜을 얻는다. 7~9근의 목화솜을 얻는 경우는 온 나라에 전혀 없다.

만약 해마다 청핵(靑核) 등의 목화 품종 3~4종을 사들이게 한다면 반드시 목화솜의 무게가 무거워져

靑核【核靑色, 細于他種, 二十而得九. 柔細, 中紡織】、

黑核【核亦細, 純黑色, 棉重, 二十而得九, 柔細, 中紡織】、

寬大衣【核白而穰浮. 棉重, 二十而得九, 柔細, 中紡織. 以上四種皆堪爲種】、

紫花【浮細而核大. 棉輕, 二十而得四. 其布以製衣, 頗朴雅】等諸種.

其始皆自南方海外諸國傳種者也. 我東則自文江城迄于今. 只一種傳植旣久, 花穰薄劣, 地肥年豐, 菫二十而得五. 其得七、得九者, 通國絕無.

苟於每歲, 使輈購來靑核等三四品, 必有棉重倍收

---

102 중국의……우아하다:《農政全書》卷35〈蠶桑廣類〉"木棉"(《農政全書校注》, 961쪽).

II. 목화 길쌈[棉績, 면적]　103

서 곱절을 수확하는 효과가 있을 것이다.

또 《화한삼재도회》를 살펴보면, "중국의 목화는 회백색이어서 깨끗하고 흰색인 일본의 목화보다 못하다."[103]라 했다.

이 책에서 일본의 목화 품종을 말한 내용에는 다음과 같은 여러 종이 있다.[104]

하수면(蝦手棉)【잎에는 단풍나무[蝦手樹]잎처럼 생긴 톱니모양이 있기 때문에 이와 같이 이름지었다. 꽃은 희고 열매는 크다. 솜은 깨끗하고 희다. 다만, 달리는 열매의 개수가 적어서 흠이다】,

신악면(神樂棉)【꽃에는 황색과 백색 2가지 색깔이 있다. 가지 또한 무당[神巫]이 지닌 방울처럼 올망졸망 모여 자라나기 때문에 이와 같이 이름지었다. 심으면 잘 번식한다】,

좌리면(佐利棉)【하주(河州)[105]에서 난다. 줄기와 잎은 적색을 띤다. 그 꽃은 아래쪽이 담홍색이며, 끝부분은 황색이다. 간혹 '적차(赤杈)'라 부르는 종자가 또한 이 종류이다. 실을 뽑을 때 많은 양을 뽑을 수 있어서 품등이 최상급이다. 다만 땅이 몹시 기름지지 않으면 무성하게 자라지 않는다】,

연초면(煙草棉)【잎이 청색을 띠고, 가지가 갈라지는 시기에 작은 잎이 난다. 그 모양이 연초(煙草, 담배)

之效也.

又按《和漢三才圖會》, 云: "中國棉, 灰白色, 不如倭棉之潔白也."

其言倭棉品類

則有蝦手棉【葉有刻齒如蝦手樹葉故名. 花白而桃大, 其棉潔白, 但欠桃少】、

神樂棉【花有黃、白二色, 杈亦攢生似神巫所持之鈴, 故名. 種之善蕃殖】、

佐利棉【出河州. 枝葉帶赤色, 其花本淡紅, 末黃色. 或名"赤杈"者, 亦此類也. 繰之能生殖, 品爲最上, 但地不極肥則不茂】、

煙草棉【葉靑而枝椏之際生小葉, 形如煙草芽故名.

---

103 중국의……못하다:《和漢三才圖會》卷94〈濕草類〉"草綿"(《倭漢三才圖會》11, 342쪽).

104 이……있다:여기서부터《화한삼재도회》에 나오는 목화 품종을 소개했다. 내용이 한 문장에 해당하지만 너무 길어 가독성을 위해 단락을 구분했다. 원문도 이와 같다.

105 하주(河州):일본 오사카부의 중부지역에 위치한 카와치(かわち) 인근 지역 일대의 옛 지명. 과거에는 이 지역을 카슈(河州, 하주)라 불렀다.

의 새싹과 같기 때문에 이와 같이 이름지었다. 열매
는 작아서 좋지 않다].[106]

　중국의 좋은 종자를 사들일 수가 없다면 대마도
(對馬島)에서 일본의 종자를 사들여 오더라도 반드시
조선의 목화종자보다는 나을 것이다.《경솔지》[107]

桃小而不佳】等諸種.

中州佳種, 如不可購, 則宜
從對馬島購來倭種, 必勝
於東種也.《鷓蟀志》

---

106 이……않다:《和漢三才圖會》卷94〈濕草類〉"草綿"(《倭漢三才圖會》11, 343~344쪽).
107 출전 확인 안 됨.

5) 파종과 가꾸기

목화 재배법:모래와 흙이 적절하게 반반 섞였으면서, 물기가 스며들지 않는 기름진 곳을 고른다. 1월에 땅의 기운이 풀릴 때 3번에 걸쳐 깊게 밭을 갈고, 써레질과 고무래질로 푹 삶은 뒤에 휴전[畦畛]을 만든다.

휴전마다 길이 8보(步), 너비 1보(步)로 하고, 휴전 안쪽의 너비 반 보(步)는 휴전의 목화 심는 곳[畦面]으로 만들고, 나머지 반 보는 휴전의 고랑[畦背]으로 만든다. 2번에 걸쳐 흙은 깊이 파내고, 써레를 이용

種藝

栽木棉法:擇兩和不下濕肥地, 於正月地氣透時, 深耕三遍, 擺蓋調熱, 然後作成畦畛.

每畦, 長八步, 闊一步, 內半步作畦面, 半步作畦背. 深劚二遍, 用耙摟平, 起出覆土, 於畦背上堆積.

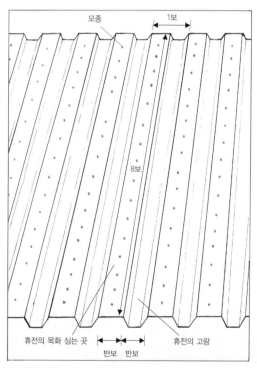

모종
1보
8보
휴전의 목화 심는 곳
반보 반보
휴전의 고랑

목화를 심는 휴전

하여 두둑을 평평하게 한다. 이때 남는 흙을 고랑에
쌓아 둔다.

곡우(穀雨) 전후로 날씨가 좋은 날을 골라 씨를 심
는다. 씨를 심기 하루 전에, 이미 만들어 둔 휴전에
3차례에 걸쳐 연달아 물을 준다. 물에 씻어 일은 종
자를 축축한 땅에 쌓아 두고, 질그릇으로 하룻밤
덮어 둔다. 다음날 꺼낸 다음 재를 약간 섞고 종자
가 엉기지 않게 분리시킨다. 물을 준 휴전에 간격이
적절하도록 살펴 가며 씨를 흩어 뿌린다.

앞서 미리 고랑에 쌓아 둔 흙으로 손가락하나만
한 두께로 씨를 덮는다. 이때 다시 물을 주어서는
안 된다. 6~7일이 지나 목화싹이 일제히 나올 즈음
에 날이 가물면 다시 물을 준다. 목화밭을 김매기할
때는 항상 깨끗하게 해야 한다.

모종이 배면 다른 곳으로 옮겨 심는다.

【 농정전서 108 맹기(孟祺)는 "모종이 배면 다른 곳
으로 옮겨 심는다."라 했다. 목화를 뿌리에 흙이 묻
은 채로 옮겨 심으면 모종과 흙이 한몸이 되어 실해
진다. 사람들은, 차(茶)와 목화는 옮겨 심으면 살지
못한다고 말한다. 그러나 이는 잘못이다. 옮겨 심어
서 살지 못하는 경우는 또한 목화가 약한 종자이거
나 간격이 너무 배게 났기 때문일 뿐이다.

안 "모종이 배면 다른 곳으로 옮겨 심는다."는 말
은 원나라 사농사의《농상집요》의 문장임에도 서광
계(徐光啓)는 맹기의 말이라고 잘못 적었다. 이는 아

至穀雨前後, 揀好天氣日
下種. 先一日, 將已成畦
畛, 連澆三次. 用水淘過子
粒, 堆於濕地上, 瓦盆覆
一夜. 次日取出, 用小灰搓
得伶俐, 看稀稠撒於澆過
畦內.

將元起取出覆土, 覆厚一
指, 再勿澆. 待六七日, 苗
出齊時, 旱則澆漑. 鋤治
常要潔淨.

稠則移栽.

【農政全書】孟祺言"稠則移
栽", 棉花帶土移栽, 一體
成實. 人言茶與棉移栽不
生, 妄也. 移栽不生, 亦羸
種、稠生故耳.

案 "稠則移栽", 卽元司農
司《農桑輯要》文而徐氏誤
作孟祺言. 蓋孟祺亦撰《農

108《農政全書》卷35〈蠶桑廣類〉"木棉"《農政全書校注》, 962쪽).

마도 맹기 또한 《농상집요》를 편찬했기 때문에 이와 같이 잘못 끌어온 것이다】

모종이 듬성듬성하면 굳이 옮겨 심지 않는다.

1보(步)마다 단지 두 모종만 남겨 놓는다. 모종 사이의 간격이 배면 열매를 맺지 않기 때문이다. 모종이 자라서 높이가 2척이 넘어가면, 정수리 부분의 끝눈을 떼어 낸다. 곁가지의 길이가 1.5척이 되면 또한 곁가지의 끝눈을 떼어 낸다.

【농정전서 109 "모종의 키가 2척이 넘어가면 정수리 부분의 끝눈을 떼어 낸다."라 한 이유는 곁에서 가지를 자라나게 하면 씨가 번성해지기 때문이다. "곁가지의 길이가 1.5척이 되면 또한 곁가지의 끝눈을 떼어 낸다."라 한 이유는 이웃 곁가지들끼리 얽힘으로써 서로 휘게 하여 꽃이나 열매를 상하게 해서는 안 되기 때문이다.

열매를 딸 때에는 새싹이 늦게 나왔는지 일찍 나왔는지를 살핀다. 새싹이 일찍 나온 경우에는 대서(大暑, 양력 7월 23·24일경) 전후로 열매를 딴다. 반면에 새싹이 늦게 나온 경우에는 입추(立秋, 양력 8월 8·9일경)에 딴다. 입추가 지난 뒤에는 생장의 추이가 일정해지니, 이때는 따지 말아야 한다. 열매를 따도 다시는 가지가 나지 않는다】

그러면 잎마다 빈틈이 생기지 않고, 꽃이 가득 피어 열매를 맺을 것이다. 원 사농사 《농상집요》110

桑輯要》. 故有此誤引也】

稀則不須.

每步只留兩苗, 稠則不結實. 苗長高二尺之上, 打去衝天心. 旁條長尺半, 亦打去心.

【農政全書 "苗高二尺, 打去衝天心"者, 令旁生枝, 則子繁也. "旁枝尺半, 亦打去心"者, 勿令交枝相揉, 傷花實也.

摘時, 視苗遲早. 早者, 大暑前後摘; 遲者, 立秋摘. 秋後勢定, 勿摘矣. 摘亦不復生枝】

葉葉不空, 開花結實. 元司農司《農桑輯要》

---

109 《農政全書》, 위와 같은 곳.
110 《農桑輯要》 卷2 〈播種〉 "木綿"(《農桑輯要校注》, 53쪽).

곡우(穀雨) 전후에, 먼저 목화종자를 잠시 물에 담가 걸러 냈다가, 재를 골고루 섞는다. 종자에서 싹이 트면 거름을 준 땅에 1척마다 구멍을 1개씩 낸다.

【농정전서 [111] "목화는 1보(步)마다 단지 두 모종만 남겨 놓는다."라 했으니, 3척마다 1그루를 심는다. 이는 오래전부터 전해오는 옛법이다. 이 방법대로 심으면 비나 가뭄에도 잘 견디며, 잘 자라서 수확이 많아진다. 《편민도찬》은 근래에 지어진 책으로, '1척마다 구멍 1개씩'이라 말한 대로 심으면 목화가 너무 조밀해진다. 이것이 근래에 목화를 너무 배게 심어서 수확량이 적어지게 된 근원이다】

이 구멍에 목화종자 5~7개를 심는다. 새싹이 나오면 간격이 너무 조밀한 것은 베어 버리고, 다만 왕성하게 자라는 싹 2~3그루를 남겨 둔다. 자주 김매기하고, 뾰족하게 솟아 나온 새싹을 그때그때 뽑아 내어, 너무 높게 자라지 않게 한다. 너무 높게 자라면 열매를 맺지 않는다. 《편민도찬》[112]

목화 심는 법: 더러는 생 땅[生地]에 거름을 준 다음 밭을 갈아 고무래질을 한 뒤에 심는다. 더러는 목화모종[花苗]에 김매기를 3번 하고, 높이 자라나면 뿌리마다 그 주변에 잘 삭은 거름[熟糞] 0.5승으로 북준다. 김매기는 6~7번 하여 잡초를 모두 제거하지

穀雨前後, 先將種子用水浸片時, 漉出, 以灰拌均. 候芽生, 於糞地上, 每一尺作一穴.

【農政全書 "木綿一步留兩苗", 三尺一株. 此相傳古法, 依此則能雨耐旱, 肥而多收. 《圖纂》作于近代, 云 "一尺一穴"者太密, 此邇來稠種少收之濫觴也】

種五、七粒. 待苗出時, 密者芟去, 止留旺者二三科. 頻鋤, 時常掐去苗尖, 勿令長太高, 若高則不結子. 《便民圖纂》

種法: 或生地用糞, 耕蓋後種. 或花苗到鋤三遍, 高聳, 每根苗邊, 用熟糞半升培植. 鋤非六七遍盡去草茸不可.

---

111 《農政全書》卷35 〈蠶桑廣類〉 "木棉"(《農政全書校注》, 963쪽).
112 《便民圖纂》卷3 〈耕獲類〉 "種綿花", 37쪽 ; 《農政全書》卷35 〈蠶桑廣類〉 "木棉"(《農政全書校注》, 963쪽).

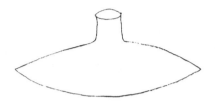

잔(劃)(《본리지》)

않으면 안 된다.

목화를 재배할 때의 그루 간격은 다음과 같다. 목화모종이 처음 싹터 끝에 떡잎 2장이 나왔을 때는 잔(劃)[113]으로 잡초만 제거하고 목화의 간격을 빽빽하게 두어 목화가 죽거나 상하는 일에 대비해야 한다. 다시 김매기를 할 때에도 조금 빽빽하게 두어야 한다.

세 번째 김매기를 할 때는 재배할 모종을 정하여 간격을 듬성듬성하게 해야지, 빽빽하게 두어서는 안 된다. 대략 목화모종 1그루마다 서로 0.8~0.9척이 떨어지게 하고, 결코 2그루를 나란히 해서는 안 된다.

목화모종에서 끝눈을 제거하기는 여름의 복날 중 맑은 날에 하되, 가장 더운 삼복(三伏, 초복·중복·말복)에 각각 한 차례씩 한다. 모종이 아직 길게 자라지 않는 경우가 있으면 수시로 잎눈을 제거한다.

種之疏密: 苗初頂兩葉時, 止劃去草顆, 宜密留以備死傷. 再鋤尙宜稍密.

三鋤則定苗顆, 宜疏不宜密. 大約每花苗一顆, 相距八九寸遠, 斷不可兩顆連並.

苗之去葉心, 在伏中晴日, 三伏各一次. 有苗未長大者, 隨時去之.

---

113 잔(劃) : 농사연장인 보습의 일종으로, 땅을 파서 잡초를 제거하기 위한 용도로 사용된다. 《본리지》 권10 〈그림으로 보는 농사연장〉(상) "갈이 연장과 삶이 연장" '잔(劃)'참조.

목화의 성질은 더운 기운을 꺼린다. 더우면 습기를 머금고 열기에 훈증되어 열매가 쉽게 떨어져 나간다.

花性忌燥, 燥則濕蒸而桃易脫落.

목화는 모종이 나란함을 꺼린다. 모종이 나란하면 곧게 위로 자라나서 곁가지가 없어지기 때문에, 중간 부분이나 아래 부분에 열매가 적게 달린다.

花忌苗並, 並則直起而無旁枝, 中下少桃.

끝눈 제거는 비가 오는 흐린 날에 해서는 안 된다. 비가 오는 흐린 날에 끝눈을 제거하면 줄기의 물길이 막혀 대부분 줄기의 물이 비게 된다. 이상은 북쪽 지방에서 목화를 심는 법이다.

去心不宜於雨暗日, 雨暗去心, 則灌聾而多空幹. 此北方種花法也.

북쪽 지방은 지대가 높고 기후가 추운 곳임에도 오히려 이와 같이 재배해야 한다. 하물며 남쪽 지방이나 중부 지방은 기후가 습하고 더우니, 어찌 북쪽 지방에서 목화를 재배하는 법을 행하지 않을 수 있겠는가? 장오전《종면법》[114]

北方地高寒, 尙宜若此. 況南中地濕燥, 何可不以北法行之? 張五典《種棉法》

목화밭은 가을갈이가 좋다. 또 써레질을 곱게 해서는 안 된다. 반드시 흙을 크게 일으켜 두어서 그대로 얼어붙게 해야 한다. 그러면 다음해에 언 땅이 녹으면서 토질[土脈]이 곱고 윤택해진다.

棉田, 秋耕爲良. 又不宜耙細, 須大墢岸起, 令其凝沍. 來年凍釋, 土脈細潤.

1월 초에 밭을 한 번 더 갈고【안 이는 남쪽 지방의 기후에 근거하여 한 말일 뿐이다. 북쪽 지방은 연초에도 여전히 땅이 얼어붙을까 근심하는 형편이니, 밭을 갈 수가 없다】, 2월 초에 다시 밭을 간다. 이렇게 2차례 밭을 갈 때는 반드시 써레질하고 고무

正月初轉耕【案 此據南方氣候言耳. 北方歲初, 尙患凍沍, 不可耕矣】, 二月初再轉. 此二轉, 必楞蓋令細.

---

114 출전 확인 안 됨;《農政全書》卷35〈蠶桑廣類〉"木棉"(《農政全書校注》, 964쪽).

래질을 해서 토질을 곱게 만들어 주어야 한다.

청명(淸明) 이전에 휴전을 만들 때 토질은 매우 곱게 해야 하고, 휴전의 밭두둑[畦]은 넓게 해야 하고, 도랑은 깊게 해야 한다. 이미 밭두둑을 만들었으면 목화를 심지 않은 맨땅에 김매기를 다시 3~4차례 한다. 비가 내린 뒤에 김을 매면 좋으니, 토질이 고와져서 풀이 잘 뽑히기 때문이다. 김매기는 맨땅에서 1번 하면 풀이 무성한 땅에서 2번 하는 김매기와 맞먹는다. 잡초를 제거할 때 새싹의 밑동에서부터 하기 때문이다. 《농정전서》[115]

淸明前作畦畛, 土欲絶細, 畦欲闊, 溝欲深. 旣作畦, 便于白地上鋤三四次. 雨後鋤爲良, 則土細而草除. 鋤白一當鋤靑二, 去草自其芽蘖故. 《農政全書》

목화를 심을 때 만종(漫種, 흩어뿌림)하면 심기는 쉽지만 김매기가 어렵다. 반면에 혈종(穴種, 구멍에 파종하기)하면 이와 반대로 심기는 어렵지만 김매기가 쉽다. 만종할 때는 종자를 배게 심어야 한다. 김매기를 할 때에는 남겨 둘 모종을 구별하여 말끔하게 베어 내서 간격을 매우 드물게 만든다. 반면에 혈종할 때는 구멍에 씨 4~5개를 심는다. 김매기를 할 때에는 모종을 간단히 구별하여 모종 일부를 제거하고 일부를 남겨 둔다.

種棉有漫種者, 易種難鋤, 穴種者反之. 漫種者, 下種宜密, 鋤時, 簡別而痛芟之令絶疏; 穴種者, 穴四五核, 鋤時, 簡別去留之.

구멍에 남겨 두는 개수는 2개를 넘어서는 안 된다. 2개를 남겨 두는 경우, 높이가 0.5~0.6척이 되면 흙덩이를 두 그루 사이에 두어 두 그루를 갈라 놓고 흙을 평평하게 나눈다. 그리하여 두 그루의 뿌리와 줄기가 서로 떨어져 자라면서 사방으로 가지가

留不得過二. 留二者, 高五六寸, 則以塊亞其中而平分之, 使根幹相去, 面面生枝, 終不如孤生者良.

---

115 《農政全書》卷35 〈蠶桑廣類〉 "木棉"(《農政全書校注》, 965쪽).

나게 한다. 하지만 이런 방식은 결국 구멍 1개에 모종 하나를 키우는 장점보다 못하다.

모종을 간단히 구별하는 법에 대해 노농(老農, 노련한 농부)이 말하기를 "1~2번에 걸쳐 김매기를 할 때는 큰 잎이 난 목화를 제거한다. 이 목화는 씨가 크고 솜이 적은 종자이기 때문이다. 3번째 김매기를 할 때는 작은 잎이 난 목화를 제거한다. 이 목화는 알맹이가 없거나 실하지 않은 종자이기 때문이다. 이 목화 중에 간혹 실하면서도 기름기가 생기거나 축축해져 병든 종자도 있다."라 했다. 다만 이는 종자를 섞어서 심는 경우를 말했을 뿐이다.

만약 위에서 언급한 흑핵(黑核) 등의 좋은 종자만을 정성껏 골라 심으면, 씨가 큰 종자나, 기타 종자가 섞일 일이 저절로 없어지니, 곧 온전히 작은 잎이 난 목화만 골라내면 된다. 《농정전서》[116]

목화밭을 김맬 때는 반드시 7번 이상해야 한다. 또 반드시 하지(夏至)가 되기 전에 김매기를 많이 해야 좋다. 속담에 "목화밭을 김맬 때는 매실이 누렇게 익을 무렵까지 하고, 호미끝이 땅속 0.3척 깊이로 파도록 해야 한다."라 했다. 《농정전서》[117]

목화밭을 김맬 때는, 작업이 반드시 몹시 세밀해야 한다. 옛날 어떤 사람이 김맬 일꾼을 고용하면

簡別之法，老農云："一二次，鋤去大葉者，此大核少棉種也．三鋤後，去小葉者，此秕不實種也．或實而油湆病種也．"第此爲雜種言耳．

若純用黑核等佳種，精擇之，自無大核雜種，卽全去小者．同上

鋤棉須七次以上，又須及夏至前多鋤爲佳．諺曰："鋤花要趁黃梅信，鋤頭落地長三寸．"同上

鋤棉者，功須極細密．昔有人傭力鋤者，密埋錢于苗

---

116 《農政全書》卷35〈蠶桑廣類〉"木棉"(《農政全書校注》, 966쪽).
117 《農政全書》卷35〈蠶桑廣類〉"木棉"(《農政全書校注》, 967쪽).

서 목화모종의 뿌리에 몰래 돈을 묻어 두었다. 그러자 김매는 일꾼들이 탐욕스레 돈을 찾느라 흙을 깊고 세밀하게 긁어내는 바람에 목화가 대풍년이었다. 《농정전서》[118]

목화종자를 납설수(臘雪水)[119]에 담가 주면, 벌레가 먹지 않고, 가뭄에도 잘 견딘다. 혹자는 뱀장어 삶은 즙에 담근다고 한다. 일반적으로 종자는 모두 그렇다. 목화를 심을 때는 반드시 땅이 실해야 한다. 만종할 때는 흙을 덮어 주고 나서 나무육독[木碌碡]을 굴려 흙을 단단하게 다진다. 반면에 혈종할 때는 흙을 덮어 준 뒤에 발로 밟아서 다진다. 《농정전서》[120]

해마다 목화 따기를 끝마치면 잔(剗)으로 목화짚을 잘라낸다. 이어서 밭 전체에 거름을 주고, 바로 밭을 깊게 갈아 따뜻한 기운이 흙 안으로 스며들게 한다.

【안】 가을갈이는 서둘러야 좋으니, 따뜻한 기운이 흙 안으로 스며들게 한다는 주장은 본래 《한씨직설(韓氏直說)》[121]에서 나왔다. 그러나 서광계(徐光啓)는

根. 鋤者貪覓錢, 深細爬梳, 棉則大熟. 同上

棉子用臘雪水浸過, 不蛀, 亦能旱. 或云鰻魚汁浸之. 凡種皆然. 種棉須土實, 漫種者, 旣覆土, 用木碌碡實之; 穴種者, 覆土後, 以足踐之. 同上

每年拾花畢, 卽剗去秸, 遍地土糞, 隨深耕之, 令陽和之氣掩入土內.

【案】秋耕宜早, 將陽和之氣掩在土中之說, 本出《韓氏直說 》, 而徐玄扈論之

---

118 《農政全書》, 위와 같은 곳.

119 납설수(臘雪水) : 12월 납일(臘日) 내린 눈이 녹은 물. 납일은 동지로부터 셋째 미일(未日)인데, 이날 내린 눈의 녹은 물을 정성껏 받아 독에 담아 두었다가, 옷이나 책, 재배하는 작물에 바르면 벌레가 좀먹는 일을 막을 수 있다고 믿었다. 또 환약을 빚을 때 쓰기도 했다.

120 《農政全書》 卷35 〈蠶桑廣類〉 "木棉"(《農政全書校注》, 966쪽).

121 《한씨직설(韓氏直說)》 : 편찬자 미상의 농서. 원나라 초기의 저작이다. 《농상집요》와 《왕정농서》가 모두 이 책의 내용을 인용했다. 《본리지》에는 출전이 《종시직설(種蒔直說)》이다. 《한씨직설》과 《종시직설》이 같은 책이라는 주장도 있고, 다른 책이라는 주장도 있으나, 서유구는 같은 책으로 보는 입장이다.

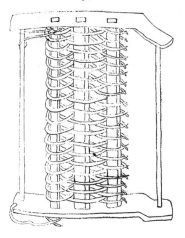

로(勞)(《본리지》)

이에 대해 "차갑거나 따뜻한 기운이 어떻게 오롯이 땅 속에 보관될 수 있겠는가?"라 논했다. 이 주장들은 《본리지(本利志)》에 자세히 보인다[122]

힘을 써서 밭갈이를 3번 한다. 이어서 로(勞)[123]로 평평하게 고르면 흙이 바람에 마르지 않는다【안 《농정전서》에서 이미 말한 "가을갈이는 써레질을 곱게 해서는 안 된다. 반드시 흙을 크게 일으켜 두어서 그대로 얼어붙게 해야 한다."는 주장이 옳다. 여기에서의 "로(勞)로 평평하게 고른다."는 말은 아마도 좋은 법이 아닌 듯하다】. 로(勞)를 쓰면 가을갈이

曰:"寒暖之氣, 豈能掩在地中乎?"其說詳見《本利志》】

有力耕三遍, 隨勞[15]平, 不致風乾【案《農政全書》所謂"秋耕不宜耙細, 須大墢岸起, 令其凝冱"者爲是. 此云"隨勞平"者, 恐非善法】. 如秋耕二遍.

---

122 이⋯⋯보인다:《본리지》 권8 〈농사의 5가지 재해 고찰〉 "벌레 피해" '메뚜기 없애는 법' 참조.
123 로(勞):써레의 일종으로, 이빨이 없다. 파의 가로대 사이를 나뭇가지로 엮어서 밭을 고른다. 주로 밭갈이와 써레질을 한 뒤에 씨를 뿌리기 좋은 땅을 만들기 위해 사용한다. 《본리지》 권10 〈그림으로 보는 농사 연장〉(상) "갈이 연장과 삶이 연장" '로' 참조.
15 勞:《群芳譜·木棉花》에는 "撈".

를 2번 한 효과와 같다.

1월에 땅의 기운이 풀릴 때, 혹 때맞추어 비가 내렸으면 다시 한 번 밭갈이를 한다. 만들어 둔 거름이 대략 많은 편이면 먼저 밭 전체에 거름을 준 뒤에 밭갈이를 하고, 거름이 적은 편이면 목화를 심은 곳을 따라가며 그곳에만 거름을 준다. 이것이 목화 재배의 개략이다. 《군방보》[124]

正月地氣透, 或時雨過, 再耕一遍, 大約糞多則先糞而後耕, 糞少則隨種而用糞, 此其槪也. 《群芳譜》

목화를 심는 법에는 다음과 같은 3가지가 있다. ① 흩어뿌리기[漫撒]는 씨앗을 많이 사용하고 김매기가 더욱 어렵다. 누차(耬車)로 뿌리기[耬耩]는 김매기는 쉽지만 씨앗을 또한 많이 사용한다. 오직 혈종(穴種)이 씨앗을 상당히 적게 쓴다. 다만 사람의 품이 많이 들어간다.

種法有三 : 漫撒者, 用種多, 更難耘. 耬耩者, 易鋤而用種亦多. 惟穴種者, 用種頗少, 但多費人工.

목화 심는 법: 이미 갈아서 잘 삶아 놓은 땅을 그대로 쟁기로 간다. 이어서 고랑 안에다 1척 간격을 두어 구멍 하나씩을 만든 다음 구멍에 물을 1~2사발 준다. 물이 땅으로 스며들면 씨앗 4~5알을 심고, 잘 삭은 거름 1사발로 손가락 1~2개 두께로 씨앗을 덮어 준 다음 발로 밟아 단단하게 다진다. 대략 1명은 씨앗을 잡고 2명은 거름을 든다.

法: 將耕過熟地, 仍用犁耕過, 就于溝內隔一尺作一穴, 澆水一二碗. 俟水入地下, 種四五粒, 熟糞一碗, 覆土一二指, 用脚踏實, 大約一人持種, 二人携糞.

만약 흩어 뿌리기나, 누차로 뿌릴 때는 반드시 돌로 만든 둔차(砘車)[125]로 단단하게 다져야 한다. 만약

若漫撒及耬耩者, 須用石砘砘實, 若虛浮則芽不能

---

124 《二如亭群芳譜》〈利部〉第2〈棉譜〉"棉"《四庫全書存目叢書補編》80, 522쪽).
125 둔차(砘車): 나무굴대에 맷돌로 바퀴를 만들어 땅을 다지는 농사 연장. 씨앗을 뿌린 곳을 씨앗과 흙이 밀착되게 눌러 주는 용도로 사용한다. 《본리지》권10〈그림으로 보는 농사 연장〉(상) "파종 연장과 김매기 연장" '둔차' 참조.

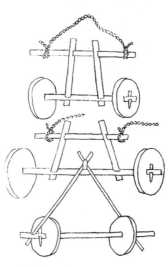

둔차(砘車)(《본리지》)

흙속에 틈이 생겨 들뜨면 싹이 나올 수가 없다. 싹이 나오더라도 쉽게 시든다. 《군방보》[126]

목화밭에 김매기를 할 때는 ① 잡초를 제거한다. ② 들뜬 흙이 모종의 뿌리에 들러붙게 한다. 그러면 뿌리가 땅속 깊이 들어간다. ③ 흙을 들뜨게 하여 뿌리와 싹이 멀리까지 뻗게 한다.

그러기 위해서는 작업이 반드시 세밀해야 한다. 김매기는 반드시 7번 이상해야 한다. 대체로 모종의 간격은 듬성듬성해야 하고, 김매기는 치밀하게 해야 한다. 이것이 목화 김맬 때에 가장 중요한 법이다.

出, 出亦易萎. 同上

鋤棉者, 一, 去草穢; 二, 令浮土附苗根, 則根入地深; 三, 令土虛浮, 根苗得遠行.

功須極細密, 鋤必七遍以上. 大抵苗宜稀, 鋤宜密, 此要訣也.

---

126 《二如亭群芳譜》, 위와 같은 곳.

처음에 떡잎 2장이 끝에 나왔을 때는 잔(剗)으로 잡초만 제거하고 싹의 간격을 배게 놓아 두어 목화가 상하여 죽는 일에 대비해야 한다. 다시 김매기를 할 때는 간격을 조금 배게 둔다. 세 번째로 김매기를 할 때는 최종으로 남길 목화모종을 정한다.

구멍 하나에는 굵직하고 왕성하게 자라난 모종 한 그루만 남겨 둔다. 결코 2그루를 나란히 남게 해서는 안 된다. 2그루가 나란하면 곧게 위로 자라나서 곁가지가 없어지므로 열매가 적게 달린다.

모종이 자란 뒤에는 줄기가 굵고 잎이 커서 모양이 특이한 종이 있다. 이를 '웅화(雄花)'127라 한다. 웅화는 크기가 크지만 열매를 맺지 않는다. 그러나 웅화 또한 없어서는 안 된다. 다른 모종 사이에 1~2그루를 남겨 두고, 너무 많으면 제거한다. 《군방보》128

모종의 높이가 0.7~0.8척이 되면【안 이 부분은 《농상집요》에서 "모종이 자라서 2척이 넘어가면"이라는 내용과는 같지 않다】, 정수리 부분의 끝눈을 떼어 낸다. 대략 끝눈 떼어 내기는 여름의 복날 중에 하되, 가장 더운 삼복(三伏, 초복·중복·말복)에 각각 한 차례씩 한다. 맑은 날이 좋다. 그러면 거의 왕성하게 자라서 곁가지가 나온다.

만약 가지가 아직 길게 자라지 않았으면 또 수시

初頂兩葉, 止剗去草, 宜密留以備傷. 再鋤, 宜稍密. 三鋤則定苗顆.

一穴止留粗旺者一株, 斷不可兩株幷留, 幷則直起而無旁枝, 桃少.

苗長後, 有幹粗葉大特異者, 名曰"雄花", 大而不結實, 然又不可無, 間留一二株, 多則去之. 同上

苗高七八寸16【案 此與《農桑輯要》"苗長二尺之上"之文不同】, 打去衝天心, 大約打心當在伏中, 三伏各打一次, 宜晴明日, 庶旺相而生旁枝.

如有未長大者, 又當隨時

---

127 웅화(雄花):암술은 없고 수술만 있는 목화로, 수술이 성숙하지만 암술은 퇴화하여 없다.
128 《二如亭群芳譜》〈利部〉第2〈棉譜〉"棉"《四庫全書存目叢書補編》80, 522쪽).
16 寸:저본에는 "尺".《二如亭群芳譜·棉譜·棉花》에 근거하여 수정.

秒

써레[秒, 木斫]((본리지))

로 끝눈을 제거해야지, 굳이 전례에 얽매일 필요가
없다. 《군방보》[129]

　2월 중순에 밭을 갈고, 3월 상순에 다시 간 다음
써레[木斫][130]로 흙을 푹 삶는다. 씨를 뿌릴 때에 다시
밭을 간다. 목화종자를 처리할 때는 먼저 쇠똥을 흰
색이 전부 사라질 때까지 으깨어 간다. 이어서 끈적
이는 점성이 많은 요회(尿灰)[131]에 다시 건회(乾灰, 말린
상태의 재)를 뿌리고 씨와 함께 반죽하여 크기를 개암
[榛子][132]만 하게 만든다.

打去, 不必例拘. 同上

二月中旬耕田, 三月上旬又
耕之, 以木斫熟治. 下種時
更耕. 將棉種, 先以牛糞挼
磨, 以白色盡沒爲度, 多粘
尿灰, 轉糝[17]乾灰, 大如
榛子.

---

129 《二如亭群芳譜》〈利部〉第2 〈棉譜〉 "棉"(《四庫全書存目叢書補編》80, 523쪽).
130 써레[木斫] : 밭을 가는 데에 쓰이는 농기구의 일종. 흙덩이를 성글성글하게 부수기 위해 사용된다. 《본리
　지》 권10 〈그림으로 보는 농사 연장〉(상) "파종 연장과 김매기 연장" '써레' 참조.
131 요회(尿灰) : 초목(草木)을 태운 재를 오줌과 섞어 만든 거름. 회(灰, 재)는 풀이나 짚이나 나뭇가지를 태워
　서 얻은 거름의 원료이다. 재를 초목회(草木灰)라 하여 그대로 비료로 쓰기도 했고, 오줌과 섞어 요회(尿
　灰)를 만들거나 똥과 섞어 분회(糞灰)를 만들어 쓰기도 했다.
132 개암[榛子] : 햇볕에 말린 개암나무의 열매. 기력을 보하고 위장을 튼튼하게 하는 효능이 있다.
17 糝 : 《農家集成·種木花》에는 "着".

두둑[畝]이 완성된 뒤에는 뾰족하게 만든 나무로 두둑 위에 구멍을 낸다【두둑의 너비에 따라 구멍의 수를 적당히 만든다】. 요회 또는 쇠똥이나 말똥을 먼저 구멍에 부어 넣는다【구멍을 상당히 넓게 내면, 씨를 심을 때에 씨가 한 곳으로 모여들지 않아서 좋다】.

그런 뒤에 씨를 심고서는 고무래[杁]133로 흙을 덮어 준다. 김매기는 많이 하기를 꺼리지 않는다. 목화가 길게 자라났을 때 두둑 사이에 잡풀이 무성하면 소 한 마리에 부리망134을 씌워 천천히 밭을 갈되, 풀만 갈아 엎고 모종을 손상시켜서는 안 된다. 《농가집성》135

畝成後, 用木尖作穴畝上【隨畝廣狹, 作穴多少】. 尿灰或牛馬糞, 先行布穴【作穴頗廣, 下種無簇】.

後下種, 用杁掩土. 鋤不厭多, 待其長成, 畝間草茂, 用一牛網口, 徐徐耕之, 勿致損苗[18]. 《農家集成》

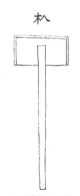

고무래[杁]《본리지》   부리망을 씌운 소

---

133 고무래[杁]:이빨 없는 써레[杷]로, 토양을 평평하게 하거나 곡물 낱알을 모으기 위해 사용한다. 또 곡식을 말릴 때 펼치거나 뒤집을 때에도 사용한다. 《본리지》 권10 〈그림으로 보는 농사 연장〉(상) "파종 연장과 김매기 연장" '고무래' 참조.

134 부리망:소를 부릴 때에 소가 곡식이나 풀을 뜯어 먹지 못하게 하기 위해 소의 주둥이에 씌우는 망. 가는 새끼로 그물같이 엮어서 만든다.

135 《農家集成》〈種木花法〉(《農書》1, 170~171쪽).

[18] 苗:《農家集成·種木花》에는 "傷".

鐴

볏[壁]《본리지》

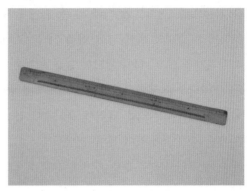

포백척(국립민속박물관)

목화의 성질은 습기를 싫어하므로, 물이 쉽게 마르는 밭을 기준으로 삼는다. 《주례(周禮)》에 "밭 가장자리의 도랑[遂]은 깊이와 너비를 2척으로 한다."[136]라 했으니, 이를 기준으로 삼아 밭도랑[溝]을 만든다. 땅을 살필 때는 붉고 찰진 땅에 모래와 자갈이 섞인 곳이 가장 좋다.[137]

봄이 되면 먼저 밭을 세로로 갈고, 한 번 왕복하면서 보습(쟁기날)으로 파 놓은 흙을 합쳐서 한 두둑을 만들되, 두둑의 너비는 밭도랑[溝]과 같이 한다. 입하(立夏)가 되었으면 쟁기에서 볏[壁][138]을 제거한 다음 가로로 갈아 두둑을 만든다. 두둑 사이의 고랑은 짚신이 들어갈 정도의 길이로 한다.

한 사람이 소의 뒤를 따라가며 두둑에 구덩이[坎]를 만든다. 오목한 곳의 직경은 포백척(布帛

棉性惡濕, 以水易晞爲度. 《周禮》"田畔之遂, 深廣二尺", 準此爲溝. 相地赤埴而和沙礫者⑲.

待春, 先縱耕而兩耜合成一畝, 畝廣與溝等也. 旣立夏, 犂去其壁, 橫耕爲畝, 畝間容草屨長.

一人隨牛後, 作坎於畝上, 凹處徑用布帛半尺. 然後

---

136 밭……한다:《周禮注疏》卷42〈冬官考工記〉"匠人"(《十三經注疏整理本》9, 1356~1357쪽).
137 가장 좋다: 원문에는 없으나 《성호사설》의 "最良"를 반영하여 옮겼다.
138 볏[壁]: 보습 위에 비스듬하게 덧댄 쇳조각. 보습으로 갈아 넘기는 흙을 받아 한쪽으로 떨어지게 한다.
⑲ 者:《星湖僿說·人事門·種綿法》에는 "者最良".

尺)[139]을 기준으로 0.5척으로 한다. 그런 뒤에 똥재[糞灰, 분회][140]를 구덩이 속에 넣고 양쪽 가장자리의 흙으로 두께가 0.2~0.3척이 되도록 덮고 평평하게 한 다음 손바닥으로 토닥거려서 단단하게 다진다. 또한 이곳에 손으로 흔적을 남겨서 표식으로 삼아야 씨를 뿌릴 때에 쉽게 알아 볼 수 있다.

納糞灰於坎內, 以兩畔土覆之, 厚二三寸, 令平, 手按之堅實. 亦令手有痕爲識, 方能下種易辨也.

그런 뒤에 구덩이에 종자를 흩어 뿌리고 흙으로 덮는 과정은 다른 사례와 마찬가지로 한다. 목화모종을 남겨 놓을 때는 간격을 듬성듬성하게 해야 한다. 척박한 밭에는 한 구덩이에 10그루를 넘기지 않고, 비옥한 밭에는 6~7그루를 넘기지 않는다. 이때 서로 겹쳐서 난 모종은 반드시 제거해야 한다.

然後撒下種子土覆如他例. 立苗欲疏, 而薄田不過十莖, 沃田六七莖, 必去其相疊也.

일반적으로 김매기는 1년에 6~7번 한다. 1~2번째로 김매기를 할 때는 대략 북을 주기만 한다. 모종이 점점 자라나서 3번째 김매기를 할 때는 양쪽 가장자리의 흙을 더욱 많이 밀어서 싹 사이에 두텁게 북준다. 그리하여 모종의 가지가 밖을 향해 사방으로 뻗어나가도록 한다. 4번째 김매기를 할 때는 더욱 높게 북주어 물이 쉽게 마르도록 한다. 북을 두텁게 주고 뿌리가 깊이 뻗어야 바람에 흔들려 열매가 떨어지는 일을 면할 수 있다.

凡一年六七耘. 一耘、二耘, 略加培壅. 至苗稍長, 三耘, 益推兩畔土, 厚培苗間, 使苗四偏向外. 四耘, 又益培累高, 使水易晞. 土厚根深, 方免推[20]落也.

똥재[糞灰]는 봄보리를 재배하는 기준으로 1마지기[斗地] 넓이의 밭에 6~7짐[馱]을 뿌려 주어야 한다.

糞灰則種春麥一斗地, 宜輸六七馱, 灰不及牛下溷

---

139 포백척(布帛尺) : 포백의 치수를 측정하고, 포목의 매매와 의복을 만드는 데 사용한 자. 1포백척은 대략 51.384cm이다. 《본리지》 권1 〈토지 제도〉 "1.경묘법과 결부법" '7)우리나라의 척법' 참조.

140 똥재[糞灰, 분회] : 인분뇨와 재를 섞어 만든 거름.

[20] 推 : 《星湖僿說·人事門·種綿法》에는 "搖".

그러나 똥재는 소의 두엄[牛下澘]141만 못하다.

대개 목화의 성질은 뿌리를 아래로 깊이 내리기
만 하고, 옆으로 뻗어나가지 않는다. 그렇기 때문에
똥재를 두둑 위에 흩어 뿌린다고 한들 목화의 뿌리
에는 영향을 주지 않는다. 그러므로 반드시 구덩이를
파고 똥재를 여기에 넣어야 하는 것이다. 그러면 그
줄기가 억세져서 홀로 곁순[甹蘖]이 나지 않는다.

바람에 흔들리면 뿌리가 움직이므로 반드시 두텁
게 북주어야 한다. 장마철에는 잎이 무성해져서 열
매는 대부분 썩어 상하기 때문에, 가지를 옆으로 뻗
게 하고 위로 곧게 자라지만 못하게 하여 햇볕을 받
도록 한다.

대개 목화는 열매가 맺지 않을까 걱정할 일은 없
다. 다만 열매가 맺혀도 목화송이가 잘 피지 않을까
걱정이다. 하지만 이와 같이 가꾸면 맺힌 열매는 씨
방이 제대로 터져 목화송이가 풍성해질 것이다. 《시
경》에 "삼 재배 어떻게 하나? 두둑을 종횡으로 간다
네."142라 했다. 삼 또한 밭이 건조해야 하기 때문에,
옛사람들이 농사를 자세히 앎이 이와 같았다.

오직 목화의 뿌리는 아래로 깊이 뻗으려는 성질
이 있기 때문에 땅의 기운이 크게 손상된다. 같은
밭에 3년이 지나도록 목화만 심으면, 목화줄기는 점
점 짧아지고, 목화의 질도 점점 질기지 않게 된다.

者.

蓋棉性, 根深而無傍延者,
糞灰之撒布, 與棉不涉. 故
必作坎納之, 其莖剛而孤
無甹蘖.

風撼則根動, 故必厚培,
雨淋則葉蔭而實多腐損,
故偃之不得直上, 俾受晞
陽.

凡棉不患不結實, 但患實
而不花, 如是則瓣坼花敷
矣.《詩》云:"藝麻如之何?
橫縱其畝."麻亦宜燥, 故
古人仔細農務如此.

惟其根深, 故地氣太損,
過三年, 莖漸短, 花漸不
靭, 然用此術要無敗云.

---

141 두엄[牛下澘]:풀, 짚 또는 가축의 배설물 따위를 썩힌 거름.
142 삼……간다네:《毛詩正義》卷5〈南山〉(《十三經注疏整理本》4, 402~403쪽).

그러나 이 방법의 요점을 이용하면 실패가 없다고
한다.

혹자는 다음과 같이 말했다. "굳이 이와 같이 할 　或云: "不須如此, 擇山前
필요가 없다. 산 밑의 경사진 밭을 고르고 비스듬하 　側田, 斜耕之, 惟取水晞.
게 갈아 오직 물만 잘 마르도록 한다. 싹을 남길 때 　立苗從初甚疏可也. 待稍
는 처음부터 간격을 몹시 듬성듬성하게 해야 좋다. 　長, 疏之則花在梢末, 如
조금 자란 뒤에야 간격을 듬성듬성하게 하면 꽃이 　此者, 不能成棉."《星湖僿
가지 끝에만 있게 된다. 이와 같은 경우에는 목화를 　說》
잘 맺을 수 없다."《성호사설》[143]

목화씨는 소금과 함께 섞어 심으면 가뭄에도 잘 　木綿子, 用鹽拌搓種之則
견딘다.《경솔지》[144] 　耐旱.《鵪鶉志》

143《星湖僿說》卷10〈人事門〉"種綿法"《韓國文集叢刊》120, 42~43쪽). 번역은 고전국역총서《성호사설》Ⅱ
　(민족문화추진회, 1979) 참조.
144 출전 확인 안 됨.

6) 거름주기

일반적으로 목화밭에는 청명(清明) 이전에 먼저 거름을 준다. 똥거름[糞], 재[灰], 콩깻묵[豆餅, 두병], 도랑생진흙[生泥]은 그 양을 밭의 비옥도를 헤아려 조절한다. 콩깻묵을 잘라서 땅에 내버려 두어서는 안 된다. 휴전 규모에 맞춰 그 양을 나누어 정한 뒤에야 고루 뿌린다.

우리 고향에서 목화를 배게 심는 경우에는 콩깻묵을 10개 이상 넘게 써서는 안 되고, 똥거름은 10석이 넘지 않게 한다. 이는 토지가 너무 비옥해져서 목화가 약하게 자라나 실하지 않거나, 실하더라도 벌레가 생길까 걱정되기 때문이다.

만약 옛법에 따라 모종의 간격을 3척으로 한다면 거름의 양을 1~2배 늘려도 문제가 없다. 만생종인 목화 중에 황화초요초(黃花苕饒草)[145]로 거름을 주는 경우가 있다. 밭에 목화를 심으려 할 때는 가을이면 풀을 심었다가 다음해에 풀을 베어 내고 볏짚으로 거름을 준다. 풀뿌리는 땅속에 남겨 두었다가 밭을 갈아 엎는다.

만약 풀이 몹시 무성하지 않으면 별도로 거름을 준다. 거름을 넉넉하게 주려면 곧바로 풀과 함께 땅을 뒤엎는다. 간혹 보리나 누에콩[蠶豆] 등을 심었다가 이들과 함께 땅을 뒤엎기도 한다. 이는 모두 풀로 거름을 주는 법이다. 풀로 거름을 준 뒤에 거두어들

糞壅

凡棉田, 于淸明前先下壅. 或糞、或灰、或豆餅、或生泥, 多寡量田肥瘠. 剉豆餅, 勿委地, 仍分定畦畛, 均布之.

吾鄕密種者, 不得過十餅以上, 糞不過十石以上. 懼太肥, 虛長不實, 實亦生蟲.

若依古法, 苗間三尺, 不妨一再倍也. 有種晚棉, 用黃花苕饒草底壅者, 田擬種棉, 秋則種草, 來年刈草壅稻, 留草根田中, 耕轉之.

若草不甚盛, 加別壅. 欲厚壅, 卽幷草稉覆之. 或種大麥、蠶豆等, 幷掩覆之, 皆草壅法也. 草壅之收, 有倍他壅者.

---

145 황화초요초(黃花苕饒草) : 지금의 남가새로, 줄기가 가늘고 덩굴로 자란다. '황화교요(黃花翹饒)', '금화채(金花菜)', '남목숙(南苜蓿)'이라고도 한다.

이면 다른 방법으로 거름을 주는 경우보다 수확량
이 배가 된다.

오직 도랑생진흙은 목화가 가장 급하게 필요로
하는 거름으로, 도랑생진흙에 어떤 재료가 들어 있
든지 관계없이 거름을 줄 때에 반드시 필요하다. 그
러므로 요강(姚江)[146]의 휴전 사이에는 밭도랑을 두
니, 이것이 가장 좋은 법이다.

일반적으로 수기(水氣)와 토기(土氣)는 찬 기운이
지나치게 많고, 똥거름의 힘은 몹시 뜨겁다. 도랑생
진흙은 이런 수기(水氣)와 토기(土氣)의 찬 기운을 잘
풀어 줄 수 있고, 똥거름의 힘이 지닌 뜨거움을 잘
풀어 줄 수 있기 때문에 목화모종이 실하고 번성하
며 벌레 먹지 않게 해 준다.

속담에 다음과 같이 말했다. "도랑생진흙이 좋으
니, 목화가 이를 감초[國老]처럼 달게 여긴다." 다만,
똥거름은 반드시 도랑생진흙을 주기 전에 주어야 한
다. 만약 도랑생진흙에 똥거름을 넣으면 생진흙과
함께 효력이 없어진다.《농정전서》[147]

북쪽 지역에서 잘 삭은 똥거름을 사용할 때는 말
린 똥을 쌓아 두었다가 뒤집어서 시간이 지나 열기
와 습기가 이미 빠진 뒤에 사용한다. 그러면 거름의
기세가 누그러지면서 그 효력은 두터워져 비록 양을
많이 주더라도 해가 없다.

惟生泥, 棉所最急, 不論何
物, 壅必須之. 故姚江之
畦間有溝, 最良法.

凡水、土氣過寒, 糞力盛峻
熱. 生泥能解水、土之寒,
能解糞力之熱, 使實繁而
不蠹.

諺曰 : "生泥好, 棉花甘國
老." 但下糞須在壅泥前,
泥上加糞, 幷泥無力.《農
政全書》

北土用熟糞者, 堆積乾糞,
罨覆踰時, 熱蒸已過, 然
後用之, 勢緩而力厚, 雖多
無害.

146 요강(姚江) : 지금의 중국 절강성(浙江省) 저파시(宁波市)일대.
147《農政全書》卷35〈蠶桑廣類〉"木棉"《農政全書校注》, 971~972쪽).

남쪽 지역에는 잘 삭은 똥거름이 없어서 대부분 오줌[水糞], 콩깻묵, 풀, 도랑생진흙 등 4가지를 사용한다. 오줌은 보관한 지가 6개월이 넘어야 하므로, 잘 삭은 똥거름과 마찬가지로 이것도 얻기가 어렵다.

갓 나온 오줌을 곧바로 사용할 때는 밭두둑에 10석(石)을 넘게 주어서는 안 된다. 10석을 넘기면 목화가 웃자란다[靑酣]148. 그 이유 중 하나는 오줌거름의 성질이 뜨겁기 때문이고, 다른 하나는 목화의 그루가 배게 자라기 때문이다.

콩깻묵 또한 성질이 뜨거워 밭두둑에 10개를 넘게 주어서는 안 된다. 10개를 넘기면 오줌을 많이 주었을 때와 같은 병폐가 있다.

만약 간격을 성글게 심을 수 있을 때, 그루 사이의 간격이 1척이라면 오줌과 콩깻묵, 이 두 종류는 1배를 더할 수 있다. 그루 사이의 간격이 2척이라면 3배를 더할 수 있다. 그루 사이의 간격이 3척이라면 5배를 더할 수 있다.

겨울과 봄에 거름을 다시 준 뒤에 밭을 갈아 엎고 고무래질을 할 수 있었다면, 거름을 10배까지 더해도 된다. 이렇게까지 거름을 많이 주었는데도 새싹을 상하게 하지 않았으면 2~3년이 지난 뒤라도 땅에 남아 있는 효력이 여전히 있을 것이다.

南土無之, 大都用水糞、豆餅、草薉、生泥四物. 水糞積過半年以上, 與熟糞同, 此旣難得.
旋用新糞, 畝不[21]過十石, 過則靑酣, 一爲糞性熱[22], 一爲花科密也.

豆餅亦熱, 畝不能過十餅, 過者與糞多同病.

若能稀種, 科間一尺, 此二物者可加一倍; 間二尺, 可加三倍; 間三尺, 可加五倍也.

更能于冬春下壅後, 耕蓋之, 可加至十倍. 旣不傷苗, 二三年後尙有餘力矣.

---

148 웃자란다[靑酣]:《農政全書校注》, 986쪽, 주 31번에서 원문인 청감(靑酣)을 "徒長瘋長"이라 풀이한 해석을 반영하여 옮겼다.

[21] 不:《農政全書·蠶桑廣類·木棉》에는 "不能".

[22] 熱: 저본에는 "熟". 오사카본·《農政全書·蠶桑廣類·木棉》에 근거하여 수정.

풀거름은 성질이 매우 뜨거워서 그 열기가 오줌이나 콩깻묵보다 심하다. 오줌은 밭에 주면 물로 인해 골고루 잘 풀어지고, 콩깻묵 또한 흙에 매우 골고루 퍼진다. 그러나 풀거름은 흙에 고르게 주기가 어려워 거름을 많이 준 곳에는 거름의 몹시 뜨거운 기운이 싹을 상하게 한다. 그러므로 얼마나 골고루 주었느냐에 따라 수확량이 배로 늘어날 때도 있고, 줄어들 때도 있게 된다. 풀거름, 이 하나를 사용할 때에는 특별히 자세히 살피고 조심해야 한다.

草壅甚熱, 過于糞、餅. 糞因水解, 餅亦均細. 草壅難均, 當其多處, 峻熱傷苗. 故有時倍收, 有時耗損. 用此一物, 特宜詳愼.

도랑생진흙은 밭도랑 바닥을 파 올리거나, 풀이 섞인 진흙을 긁어 모은 다음 흙을 덮어씌우고 증기가 나게 삭혀서 열기를 제거한다. 이와 같이 만든 종류의 거름이 가장 좋다.

生泥者, 或開挑溝底, 或罱取草泥, 罨蒸去熱. 此種最良.

일반적으로 오줌·콩깻묵·잡초로 거름을 먼저 주고서는 이 거름으로 덮어 준다. 그러면 거름의 기세를 크게 누그러뜨려서 그 효력을 더할 수 있다.

凡先下糞、餅、草薉, 用此覆之, 大能緩其勢, 益其力.

요강(姚江)에서 거름 주는 법은 오로지 풀거름만 쓴다. 여기에 도랑생진흙을 더하면 그루 사이가 2척이 되도록 한다. 그러면 나의 고향에 비하여 밭에서의 수확량이 몇 배나 된다.

姚江法, 全用草壅, 加以生泥, 科間二尺. 方之吾鄉, 畝收數倍也.

대개 생진흙 속에는 물과 흙과 풀이 모두 있어서 이들이 섞여 서로 푹 삭는다. 그리하여 도랑생진흙 속의 물과 흙은 그 속에 있는 열기를 잘 제어할 수 있고, 풀은 물과 흙의 한기(寒氣)를 잘 조절할 수 있다. 그러므로 훌륭한 농부들이 생진흙을 중요하게 여겨 감초[國老]라는 명칭이 생기게 되었던 것이다.

蓋生泥中具有水、土、草薉, 和合淳熱. 其水、土能制草薉之熱, 草薉能調水、土之寒. 故良農重之, 有國老之稱矣. 同上

《농정전서》[149]

일반적으로 밭에, 다음해에 벼를 심으려 할 때는 올해에 맥류를 심을 수 있지만, 목화를 심으려 할 때는 맥류를 심지 말아야 한다. 속담에 "헐전(歇田, 지력이 다한 밭)은 한 번만 작물을 길러야 한다."라 했다. 이는 지력(地力)을 쉬게 함을 말한 것으로, 곧 옛날에 대전(代田)[150]을 이용하는 뜻이다.

그러나 만약 사람 수가 많고 땅이 협소하면 절대로 지력을 쉬도록 농사를 그만 둘 수가 없어서 보리나 쌀보리[稞麥, 과맥]를 심을 수 있다. 이를 위해 똥거름의 효력을 보충해 준다. 하지만 밀을 심어서는 결코 안 된다.

일반적으로 지대가 높은 밭 중에서 목화나 벼를 심을 수 있는 곳에서는, 목화를 2년 심으면, 벼로 1년 바꾸어 심는다. 그러면 곧 잡초뿌리가 문드러져 없어지고, 흙의 기운이 넉넉해지며, 해충들이 생기지 않는다. 목화를 심는 햇수는 많아도 3년을 넘지 않아야 한다. 3년이 넘으면 해충이 생긴다.

목화를 심은 지 3년이 지나서 벼를 심을 만한 지력이 없는 곳에는, 목화를 거둔 뒤에 밭 주변에 두렁을 만들고 그곳에 물을 가두어 겨울을 보낸다. 봄에 접어들어 얼음이 녹으면 물을 빼 주어 마르기를 기다렸

凡田, 來年擬種稻者, 可種麥; 擬棉者, 勿種也. 諺曰"歇田當一熟", 言息地力, 卽古代田之義.

若人稠地狹, 萬不得已, 可種大麥或稞麥, 仍以糞壅力補之, 決不可種小麥.

凡高仰田, 可棉可稻者, 種棉二年, 翻稻一年, 卽草根潰爛, 土氣肥厚, 蟲螟不生. 多不過三年, 過則生蟲.

三年而無力種稻者, 收棉後, 周田作岸, 積水過冬. 入春凍解, 放水候乾, 耕鋤如法, 可種棉. 蟲亦不

---

149 《農政全書》 卷35 〈蠶桑廣類〉 "木棉"(《農政全書校注》, 971~972쪽).
150 대전(代田) : 작물 심는 위치를 매년 바꾸며 경작하는 농지. 《본리지》 권1 〈토지 제도〉 "2.토지의 종류" '3) 대전' 참조.

다가 정해진 방법대로 밭을 갈면 목화를 심을 수 있　　生. 同上
다. 이때는 해충 또한 생기지 않는다.《농정전서》151

　여도(餘姚)에서 거름 주는 법은 콩깻묵을 뒤엎은　　餘姚法, 罷豆後, 仍上生
뒤에 그대로 도랑생진흙을 위에 얹는다. 그러면 생　　泥, 泥不止去草熱, 亦令草
진흙이 쉬지 않고 풀의 열기를 제거하며, 또한 풀도　　少蟲少. 同上
적게 나고, 해충도 적어진다.《농정전서》152

151《農政全書》卷35〈蠶桑廣類〉"木棉"(《農政全書校注》, 965쪽).
152《農政全書》卷35〈蠶桑廣類〉"木棉"(《農政全書校注》, 975쪽).

7) 그루 간의 거리

앞의 《농상집요》에 "1보(步)마다 단지 두 모종만 남겨 놓는다."라 했고, 또 "곁가지의 길이가 1.5척이 되면 또한 곁가지의 끝눈을 떼어 낸다."라 했다. 이는 그루마다 서로의 거리가 모두 3척으로, 옛법이다.

또 앞의 《편민도찬》에 "1척마다 구멍 1개씩 낸다."[153]라 했다. 이는 그루마다 서로의 거리가 모두 1척으로, 근래의 법이다.

그러나 지금은 그루마다 거리가 0.2~0.3척이나 0.1~0.2척인데다, 3~5그루가 무리를 이루게 심고 있는 지경이다. 이는 올바른 법을 쓰지 않아 적은 수확량을 자초한 결과일 따름이다.

나는 다른 이들에게 목화를 심을 때에 간격을 듬성듬성하게 하기를 권했다. 그 법은 반드시 모종 사이에 3척의 거리를 두는 것이다. 혹여나 아직 이 말이 믿기 어렵다면 먼저 1~2척의 거리를 두어 시험해 보아야 한다. 지금 다시 한 번 다음과 같이 논하여 반드시 3척 거리를 두어야 하는 이치를 미루어 밝히고자 한다.

우리 고향에 목화를 심은 곳에는, 목화가 한창 무르익을 때에 그중에 1~2개의 큰 목화그루가 있었다. 민간에서는 이를 '화왕(花王, 왕목화)'이라 했다. 줄기에 열매가 열렸으며, 곁가지가 매우 많고, 열매 또한 많았다. 사람들은 이 나무를 신령스럽고 특별하게 여겨 굿을 하거나 제사를 지내거나 기도를 올리

科苗

《農桑輯要》言"一步留兩苗", 又言"旁枝長尺半, 亦打去心." 此爲每科相去皆三尺, 古法也.

《便民圖纂》言"每一尺作一穴." 此爲每科相去皆一尺, 近法也.

今或相去二三寸、一二寸, 乃至三五成族, 是謂無法, 自取薄收耳.

余勸人稀種棉, 其法須苗間三尺. 或未信, 宜先一尺、二尺試之. 今更有一論, 推明必然之理.

吾鄕種棉花, 極稔時, 間有一二大株, 俗稱爲"花王"者, 於幹上結實, 旁枝甚多, 實亦多. 人以爲神異, 賽祭祈禱, 或罄其所入, 此至愚也.

---

153 1척마다……낸다:《便民圖纂》卷3〈耕獲類〉"種綿花", 37쪽.

기도 한다. 더러는 화왕으로 들어가는 길을 비워두기
도 했다. 그러나 이런 짓들은 몹시 어리석은 일이다.

내가 생각하기에 목화씨앗 1개를 심으면, 곧 화
왕(花王) 한 그루를 얻어야 마땅하다. 화왕이 되지
않은 목화그루는 모두 생장이 억제되어서 본성을
다 드러내지 못했을 뿐이다.

余謂下一花子, 便當得一花
王. 其不花王者, 皆夭閼不
遂者耳.

내 생각에 이곳에 심은 목화종자는 오랫동안 생
장이 억눌렸기 때문에 기운이 온전한 씨앗이 드물
다. 그런데다가 목화를 심어도 너무 늦게 심거나, 간
격을 너무 배게 심거나, 비쩍 마른 씨앗을 심는다.
그러므로 모두 목화의 본성을 다 드러내게 할 수 없
었던 것이다.

意此中花種, 久受屈抑, 少
全氣之核. 種之又遲又密
又瘦, 故皆不獲遂其本性.

만일 그 가운데에 풍만한 씨앗이 있고, 일찍 심
고, 또 우연히 그루마다의 간격이 드문 곳을 만나
고, 우연히 비옥한 땅을 만나며, 우연히 풍년 드는
시기를 만나, 이와 같은 4~5가지 일이 모두 어우러
지면 화왕이 되는 것이다.

萬一中有豐滿之核, 種復
早, 又偶值稀疎之處, 偶
遇肥饒之地, 偶當豐稔之
時, 此四五事皆相得, 則花
王矣.

그러나 어찌 하나하나의 일이 이와 같이 한꺼번
에 일어날 수 있겠는가? 이와 같이 되는 일은 억만
가지 가운데 한 번이나 벌어지는 경우라서, 화왕이
거의 없다.

然安能一一湊合若此? 所
爲萬萬中有一, 而花王絶
少也.

만약 내가 설명한 법을 따른다면 화왕을 얻을 수
있다. 먼저 매년 종자를 가릴 때 높고 크며, 열매가
번성하게 열리는 목화를 가려서 특별히 종자로 남겨
두었다가 물에 잘 일어서 가장 좋은 종자를 골라야
한다.

若依吾法, 歲歲擇種, 取
其高大繁實者, 特留作種,
淘汰擇取精核.

또 일찍 심고, 그루 사이에 3척의 간격을 두며,

又早種, 科間三尺, 科用糞

그루에는 똥거름 몇 승(升)을 주었다가 풍년이 드는 해를 만나면 어찌 목화를 심은 곳마다 화왕이 되지 않겠는가? 이와 같다면 흉년이 든 해라도 보통의 소출에 몇 배가 될 것이다.

만약 이 말을 믿지 못하겠다면 화왕이 어떤 식물인지 그 이치를 남김 없이 이야기해보겠다. 목화에 극소수의 화왕이 있다면, 다른 화훼나 나무들도 화왕에 부합하는 극소수의 화훼나 나무가 있어야 하지 않겠는가? 그러나 다른 화훼나 나무는 타고난 본성을 잘 드러낼 수 있는 경우는 많지만, 유독 목화는 그렇지 않다. 따라서 반드시 목화에게 3척의 간격을 준 이후라야 화왕이 많아질 수 있는 것이다. 《농정전서》[154]

數升, 而遇豐年, 豈不遍地花王哉? 卽歉歲, 亦數倍恒時矣.

若不信此言, 請詳花王何物, 試言其理. 花合[23]有王, 他卉木不合有王乎? 他卉木能遂其性者多矣, 獨花未也. 必予地三尺而後可.《農政全書》

오(吳)나라 지역의 사람이 "나락 천 이삭 만 이삭을 수확한다 해도 목화를 배게 심느니만 못하다."라 했다. 그러나 이 말은 가장 해롭다. 작물의 간격을 듬성듬성하게 심음이 배게 심느니만 못하다는 말은, 몹시 척박하여 질이 좋지 않은 밭[下田]을 기준으로 말한 것이다. 이것이 이른바 "척박한 밭에는 배게 심으려 한다."는 말이다.

밭의 비옥도는 거름의 양에 달려 있고, 사람의 근면성에 달려 있을 따름이다. 그렇다면 밭을 척박하게 만들어 놓고 간격을 배게 심는 셈이어서 이는

吳人云:"千穗萬穗, 不如密花." 此言最害事. 稀不如密者, 就極瘠下田言之, 所謂"瘠田欲稠"也.

田之肥瘠, 在糞多寡, 在人勤惰耳. 已則瘠之而稠之, 自令薄收, 非最下惰農, 當

154《農政全書》卷35〈蠶桑廣類〉"木棉"(《農政全書校注》, 971~972쪽).
[23] 合 : 저본에는 "得".《農政全書·蠶桑廣類·木棉》에 근거하여 수정.

스스로 수확량을 적게 만드는 꼴이다. 최하로 게으른 농부가 아니라면 이와 같은 말을 지어낼 수가 있겠는가?

밭이 비옥하면 저절로 간격을 배게 심을 수가 없다. 배게 심으면 웃자라고 열매가 열리지 않는다. 열매가 열리더라도 벌레가 생긴다. 그러므로 간격을 듬성듬성하게 심으면 밭을 비옥하게 만들 수 있고, 밭이 비옥하면 열매가 번성하여 수확도 많아진다.

지금 비옥한 땅에 간격을 배게 심으면 목화그루는 이미 줄지어 자라는 모습이 없다. 그리하여 조금 지나면 강한 목화와 약한 목화가 서로 해치게 된다. 모종이 자랄수록 배게 자란 모종들을 더욱 차마 말끔하게 베어 내지 못한다. 그러면 즐비하게 늘어서서 자라게 되어 멀리서 불어오는 바람을 쐬지 못한다. 그러면 비록 멀리서 보면 무성하게 보이겠지만 실제로는 잎은 달리더라도 가지가 없고, 꽃이 피더라도 열매가 없을 것이다.

그렇게 되리라고 염려했다면 목화그루를 일부러 야위게 한 셈이니, 농사를 짓는 자들 중에 가장 형편없는 자가 아니겠는가? 목화줄기의 길이가 몇 척이 되고, 가지 사이의 간격이 몇 척이 되도록 재배하면 한 그루에 목화씨가 100알은 열리고, 1묘(畝)의 밭에서 2~3석의 목화솜을 수확한다. 이것이 목화의 본성이다. 반면 지금 사람들은 배게 심어서 수확이 적으니, 이는 모두 성장이 억제되어서 본성을 다 드러내지 못했을 따름이다.

제(齊)나라와 노(魯)나라 지역의 사람들이 목화를

作此語耶?

若田肥, 自不得密; 密卽青醋, 不實. 實亦生蟲. 故稀種則能肥, 肥則實繁而多收.

今肥田密種者, 旣無行次, 稍卽强弱相害, 苗愈長, 愈不忍痛芟之. 櫛比而生, 不交遠風, 雖望之鬱蔥, 而有葉無枝, 有花無實矣.

旣慮其然, 則瘠其苗, 非從事之下耶? 棉之幹長數尺, 枝間數尺, 子百顆, 畝收二三石, 其本性也. 今人密種少收, 皆其夭閼不遂者耳.

齊, 魯人種棉者, 旣壅田下

심을 때는 이미 밭에 거름을 주고 나서 파종을 하고, 한 그루마다 3척의 비율로 간격을 두었다. 모종이 자란 뒤에는 말린 똥거름을 대바구니에 담아 두었다가 모종이 야위어 보이면 곧바로 거름을 준다. 그러면 1묘(畝)의 밭에 200~300근을 거두는 일이 보통이다.

여도(餘姚) 지역의 해안에 사는 사람들은 목화를 매우 부지런히 심는다. 또한 2~3척의 거리마다 1그루씩 심어서 가지가 길게 뻗고 잎이 사방으로 펼쳐졌기 때문에 그루마다 100여 개의 씨앗이 들어 있다. 수확도 매우 이른 시기에 하여 또한 1묘(畝)의 밭에서 200~300근을 얻는다.

이들이 두둑[畦]을 만들 때는 너비를 10척 정도로 하고, 중앙부는 높고 측면부는 낮게 한다. 두둑 사이에는 밭도랑을 둔다. 그 깊이와 너비는 각각 2~3척으로 한다.

가을 낙엽이 져서 밭도랑에 쌓이면서 썩어 문드러진다. 겨울이 되면 밭도랑에서 생진흙을 파 올려 밭에 거름을 준다. 새해에 이 밭에 누에콩[蠶豆]을 심는다. 봄이 되어 누에콩이 났을 때 땅을 갈아엎어 거름으로 삼으면, 땅에 빈 공간이 생겨 뿌리가 뻗어 나가기 매우 쉽고, 게다가 매우 깊이 뿌리내린다. 그러면 장마에도 잘 견디고, 가뭄에도 잘 견디며, 태풍에도 잘 견딘다.

이는 모두 간격을 듬성듬성하게 하여 심은 결과이다. 그러므로 잘 자란다. 잘 자라므로 수확이 많다. 만약 우리 고향처럼 목화모종의 간격을 배게 심

種, 率三尺留一科. 苗長後, 籠乾糞, 視苗之瘠者, 輒壅之. 畝收二三百斤以爲常.

餘姚海埄之人, 種棉極勤, 亦二三尺一科, 長枝布葉, 科百餘子. 收極早, 亦畝得二三百斤.

其爲畦, 廣丈許, 中高旁下. 畦間有溝. 深、廣各二三尺.

秋葉落積溝中爛壞; 冬則就溝中起生泥壅田. 歲種蠶豆. 至春, 翻罨作壅, 卽地虛, 行根極易, 又極深, 則能久雨, 能久旱, 能大風.

此皆稀種, 故能肥. 能肥, 故多收. 若如吾鄉之密種, 而又用齊、魯之糞肥、餘姚

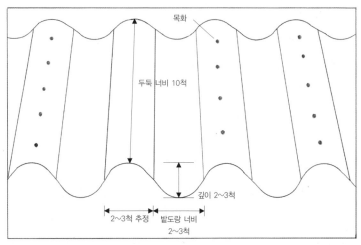

목화

두둑 너비 10척

깊이 2~3척

2~3척 추정　밭도랑 너비
2~3척

목화 심는 밭도랑

는다면, 제 아무리 제나라와 노나라 지역에서처럼 똥거름을 쓰고, 여도에서처럼 풀거름을 쓴다고 하더라도 어떻게 웃자라지 않겠으며, 병충해가 없을 수 있겠는가?

이는 다만 웃자람의 해악은 염려하면서 듬성듬성 심기의 효력은 알지 못하고, 듬성듬성 심기로 인한 적은 수확량은 염려하면서 거름의 효력은 알지 못한 결과이다. 타성을 익숙하게 여기는 사람 마음이 항상 이와 같구나! 저 두 지역의 사람들은 우리 고향에서 배게 심어서 수확량을 적게 만든다는 이야기를 들으면, 그때마다 몹시 웃어댄다. 《농정전서》[155]

之草肥, 安得不靑醋? 不蟲蠹耶?

但慮醋之爲患, 不知稀之得力, 又慮稀之少收, 不知肥之得力, 人情之習于故常如此哉! 彼兩方人, 聞吾鄕之密種薄收也, 每大笑之. 同上

---

155 《農政全書》卷35 〈蠶桑廣類〉 "木棉"(《農政全書校注》, 963~964쪽).

목화를 배게 심을 때는 다음의 4가지 해로움이 있다. 모종이 자라더라도 꽃망울이 맺히지 않거나, 꽃이 피더라도 씨앗이 여물지 않는 것이 첫 번째이다. 꽃이 피어 씨앗이 맺히더라도 비가 온 뒤에 뜨거운 습기가 올라오면, 한꺼번에 떨어지는 것이 두 번째이다. 뿌리가 얕고 가까이 뻗어서 바람과 가뭄에 잘 견디지 못하는 것이 세 번째이다. 맺힌 씨앗이 모르는 사이에 벌레 먹히는 것이 네 번째이다.《농정전서》[156]

棉花密種者有四害: 苗長不作蓓蕾, 花開不作子, 一也. 開花結子, 雨後鬱蒸, 一時墜落, 二也. 行根淺近, 不能風與旱, 三也. 結子暗蛀, 四也. 同上

156《農政全書》卷35〈蠶桑廣類〉"木棉"(《農政全書校注》, 965쪽).

8) 4가지 병폐

대체로 목화를 심었을 때 열매가 잘 익지 못하는 이유로는 다음의 4가지 병폐가 있다. ① 쭉정이, ② 배게 심기, ③ 비쩍 마름, ④ 잡초 무성. 쭉정이는 목화종자가 실하지 않기 때문이다. 배게 심기는 모종을 하나씩 재배하지 않기 때문이다. 비쩍 마름은 거름을 많이 주지 않기 때문이다. 잡초 무성은 김매기를 자주 하지 않았기 때문이다. 《농정전서》[157]

四病

總種棉不熟之故, 有四病:一秕, 二密, 三瘠, 四蕪. 秕者, 種不實;密者, 苗不孤;瘠者, 糞不多;蕪者, 鋤不數. 《農政全書》

9) 4가지 요점

내가 《길패소(吉貝疏)》[158]를 지었다. 목화에 대한 설명이 상당히 자세하다. 혹 이에 접근하지 못하거나 글을 알지 못하는 사람들이 걱정되어 이제 4가지 말로 포괄하여 말하겠다. 혹시 글을 아는 사람이 말로 그들에게 전해준다면 부녀자와 어린아이들조차도 반드시 온전히 이해할 수 있을 것이다.

그 내용은 다음과 같다.

"① 목화씨를 섬세하게 잘 골라 낸다. ② 일찍 파종한다. ③ 뿌리를 깊게 내리게 하고, 곁가지를 짧게 한다. ④ 그루 사이의 간격을 듬성듬성하게 하며, 흙을 비옥하게 하여 북을 준다."《농정전서》[159]

四要

余爲《吉貝疏》, 說棉頗詳. 恐或不逮不知書者, 今括之以四言. 儻知書者口授之, 婦女、嬰兒必可通也.

曰:"精揀核, 早下種, 深根短幹, 稀科肥壅."《農政全書》

---

157 《農政全書》, 위와 같은 곳.
158 길패소(吉貝疏):서광계가 쓴, 목화 재배를 주제로 한 글. 구체적인 내용은 알려져 있지 않고 《농정전서》의 일부에서 확인된다.
159 《農政全書》 卷35 〈蠶桑廣類〉"木棉"(《農政全書校注》, 975쪽).

10) 장마나 가뭄 대비

목화[吉貝]가 홍수를 만났을 때, 목화묘목이 물에 잠긴 지 7일이 넘지 않으면 물이 빠진 뒤에 여전히 잘 자랄 수 있다. 그러나 물에 잠긴 지 8~9일이 지나면 물이 빠진 뒤에 반드시 다른 작물로 바꿔 심어야 한다.

심한 가뭄이 들면 맞두레[戽]¹⁶⁰로 물을 적셔 준다. 다만 맞두레로 물을 대준 지 이틀 안으로 비가 내리면 묘목이 다시 상한다. 그러므로 반드시 날씨가 흐린지 맑은지 헤아린 다음이라야 맞두레를 운용할 수 있다.

戽備

吉貝遇大水, 淹沒七日以下, 水退尙能發生. 若淹過八九日, 水退必須翻種矣.

遇大旱, 戽水潤之, 但戽水後一兩日, 得雨復損苗. 須較量陰晴, 方可車戽.

맞두레로 물대기《농정전서》

---

160 맞두레[戽]:물을 푸는 기구. 양쪽의 두레박줄을 잡고 두 사람이 당겨서 물을 담은 뒤에 둑으로 올려 밭작물에 물을 준다.

만약 목화를 듬성듬성 심어 뿌리가 깊고 멀리 뻗었으면 맞두레질하여 물을 댄 뒤에 비가 오더라도 문제가 없다. 《농정전서》[161]

若能稀種, 行根深遠, 卽車後得雨, 亦無妨也. 《農政全書》

---

[161] 《農政全書》 卷35 〈蠶桑廣類〉 "木棉"(《農政全書校注》, 968쪽).

11) 사이짓기[間種, 간종]는 금물이다

목화밭의 도랑가에는 콩을 심지 말아야 한다. 재해로 목화가 상할까 염려하여 얼마 되지 않는 수확량을 챙기려 하는 이는 수준 낮은 농부이다.

밭두둑에 얼마 안 되는 자투리땅이 있더라도 조금만 기다리면 곧바로 목화가지가 **빽빽**하게 맞닿는다. 그런데 여기에 콩작물까지 보탠다면 주위의 목화모종 십수 그루를 모두 해롭게 하는 것이라, 더욱 어리석은 짓이다. 팥은 목화에 해를 끼치는 정도가 더욱 심하다. 《농정전서》[162]

간혹 참깨[脂麻]나 콩을 목화밭에 사이짓기를 하면서도 손실이 되는지 알지 못하는 경우가 있다. 그러나 목화농사를 전업으로 삼아 목화솜을 따는 사람들은 절대로 사이짓기를 하지 않는다.[163] 《농가집성》[164]

禁間種

棉田溝側, 勿種豆. 疑慮傷災, 利其微獲者, 是下農夫也.

畦中尺寸空餘, 少俟卽枝條森接. 補豆一簇, 幷害傍苗十數, 尤癡絶. 赤豆害棉更甚.《農政全書》

或間種脂麻、大豆, 而不知損害. 木棉專業摘花者, 絶不間種.《農家集成》

---

162 《農政全書》卷35〈蠶桑廣類〉"木棉"(《農政全書校注》, 967쪽).
163 그러나……않는다:《농가집성》에는 이 뒤에 "汰川、陽山人行之(옥천·양산 사람들이 이 농법을 행한다)."라는 주석이 있다.
164 《農家集成》〈種木花法〉(《農書》1, 171쪽).

12) 구덩이에 재배하는 법(감종법)

산골짜기나 평원(平原)의 황전(荒田, 황폐해진 농지)에
는 얼음이 녹은 뒤에 구덩이를 정강이가 잠길 정도
로 파낸다. 너비는 방석만 하게 한다. 목화를 심을
때가 되었을 때에 요회(尿灰) 및 소똥이나 말똥을 구
덩이에 메꾸고 또 거기에 새 흙을 더한다.

목화종자는 소의 오줌을 섞어 잘 삭인 재와 섞
고 반죽하여 밤톨크기로 만든다. 이 덩이를 구덩이
마다 5~6개 넣는다. 모종이 대략 0.7~0.8척까지 자
라길 기다렸다가 줄기 한가운데의 끝눈을 떼어 내면
가지가 무성해지고 열매가 번성하여 딴 목화의 수확
량이 배가 된다. 이듬해에는 올해 팠던 구덩이 옆에
다 구덩이를 파서 거기에 심는다. 또 이와 같은 식으
로 3년 동안 재배하면 기름진 밭이 되면서도 황전을
개간하는 수고는 없어질 것이다.[165] 《농가집성》[166]

坎種法

山谷或平原荒田, 解氷後,
掘坎沒脛廣闊如方席. 種
木棉, 臨時以屎灰及牛馬
糞坑, 又加新土棉種.

轉拌牛屎、熟灰如栗子大.
每坑種五六箇, 待長成約
七八寸, 去其中心梢, 則枝
茂實繁, 所摘倍多. 明年鑿
旁坑, 又如是三年後, 便成
饒田而無墾荒之勞.《農家集
成》

---

[165] 《농가집성》에는 이 뒤에 "尹調元方也. 到處如是, 不耕田熟(윤조원이 행한 방법이다. 도처에서 이와 같이
행하여 밭을 갈지 않고도 밭이 잘 삶긴다)."이라는 주석이 있다.
[166] 《農家集成》〈種木花法〉(《農書》1, 171~172쪽).

13) 거두기

목화솜이 떨어지려 할 때가 익은 것이다. 익을 때마다 그때그때 따 낸다.《농상집요》[167]

목화에 이미 열매가 맺혔다가 열매가 터져서 솜털이 드러나면 익은 것이다. 익을 때마다 그때그때 따 내고, 발 위에 펼쳐 둔다. 낮에는 햇빛을 쬐고 밤에는 이슬을 맞혀가며 씨알이 완전히 말라야 비로소 거두어 저장할 수 있다. 그러면 솜털이 젖지 않고 씨앗도 썩지 않는다.《군방보》[168]

목화가 익을 때에, 사람들은 포대 1자루를 휴대하며 목화를 딴다. 이를 '착화(捉花, 목화따기)'라 한다. 착화는 어린아이에게 알맞다. 대개 목화의 높이는 2척 정도를 넘지 않기 때문이다. 키가 큰 장부는 자세를 구부려야 한다.

일반적으로 날씨가 쾌청한 날에는 착화하는 사람이 이미 다른 곳으로 갔다가, 이미 따 놓은 목화그루를 다시 돌아보면 또 다시 목화를 딸 수 있을 정도로 터져 있다. 이를 '전착후백(前捉後白, 앞쪽으로 목화 따면 뒤쪽으로는 목화가 하얗게 터진다)'이라 한다. 이와 같은 경우에는 수확량이 배가 된다.《목면보(木棉譜)[169]》[169]

收採

待棉欲落時爲熟. 旋熟旋摘.《農桑輯要》

花旣結桃, 待桃開絨露爲熟, 旋熟旋摘, 攤放箔上. 日曝夜露, 待子粒旣乾, 方可收貯, 則絨不浥而子不腐.《群芳譜》

花熟時, 人攜一袋取之, 曰"捉花". 捉花宜小兒. 蓋花之高者, 不過二尺許. 偉丈夫則傴僂矣.

凡日色晴爽, 捉花者旣往他處, 而回顧已經采摘之花, 又復開放, 謂之"前捉後白", 如是者倍收.《木棉譜》

167《農桑輯要》卷2〈播種〉"論苧麻木棉"(《農桑輯要校注》, 173쪽).
168《二如亭群芳譜》〈利部〉第2〈棉譜〉"棉"(《四庫全書存目叢書補編》80, 523쪽).
169 목면보(木棉譜): 중국 청(淸)나라 저화(楮華, 1796~1820년에 활동)의 저서. 단권이다. 앞부분에서는 면화 재배 기술을 서술했고, 그 다음에 채화(採花)·궤화(軌華)·탄화(彈花)·방사(紡絲)·직염(織染) 및 용구(用具), 그리고 무역 등을 서술하고 있다. 이 책은 청나라 말기의 중국 상해 지역의 주요 경제작물이었던 면화 생산과 방직 기술 발전을 자세히 기록하고 있을 뿐 아니라, 면화 생산기술의 기원과 발전에 관한 사료가 잘 정리되어 있다.

목화를 채취하는 모습(농촌진흥청)

목화는 햇볕에 쬐어 말리지 않았으면 씨앗기에 넣어 돌려서는 안 된다. 목화에 습기가 있으면 씨앗에 점성이 있어서 빠져나오지 않기 때문이다. 목화를 말리는 도구는 갈대발을 의항(衣桁, 빨래 너는 장대)[171]에 펼쳐 둔다. 여기에 얇게 펼친 다음 몇 차례 들었다가 뒤집는다. 그러면 날이 저물 때라야 비로소 쓸 수가 있다.

만약 비가 내리면 솜을 펼쳐 놓은 대나무격자를 화로 위에 올려 놓고 솜에 불을 쬐어 온기를 통하게 한다. 온기가 식으면 다시 화롯불에 쬐인다. 그래야 비로소 본래의 끈적거리는 성질로 되돌아가지 않는다. 가난한 가정에서는 간혹 밥을 다 짓고 난 뒤, 가마솥[鬴]을 치우고 그 불에 솜을 쬐이는 경우가 있다. 그러나 불에 말리는 이 2가지 법은 목화솜에 쉽게 색이 들어서 밝고 깨끗하지 않게 한다. 《목면보》[172]

花不曬不可碾. 以有濕氣, 則子粘不脫也. 曬花之具, 以葦箔張於衣桁上. 薄薄攤之, 翻騰數遍. 至日暮, 方可取用.

若遇陰雨, 以竹格安火盆上, 烘透. 俟冷, 再烘. 始不還性. 貧家或有趁炊飯罷, 去鬴烘之者, 然此二法, 易令色不明潔. 同上

---

170 《木棉譜》〈棉〉(《叢書集成初篇》1469, 7쪽).
171 의항(衣桁, 빨래 너는 장대):풍석 서유구 지음, 임원경제연구소 옮김, 《임원경제지 섬용지》2, 풍석문화재단, 2016, 166~167쪽에 그 설명이 보인다.
172 《木棉譜》〈棉〉(《叢書集成初篇》1469, 7~8쪽).

14) 쓰임새

뽕밭에서 뽕나무를 재배하여 누에를 친 이래로, 오직 누에솜을 얻는 데에만 힘을 썼을 뿐, 목화의 효용에 대해서는 전혀 알지 못했다. 목화는 해남(海南)[173]에서 생산되었으나, 목화를 재배하여 천으로 만드는 법은 빠른 속도로 북쪽 지방으로 전래되었다. 그리하여 강(江)[174], 회(淮)[175]와 천촉(川蜀)[176]에서는 이미 그로 인한 이익을 얻었다.

남쪽 지방과 북쪽 지방이 한데 섞인 뒤로는 상인들이 북쪽 지방에서도 목화를 판매하여 무명옷이 점차 확대되었다. 이 무명옷을 '길포(吉布)'라 하고, 또 '면포(綿布)'라 한다.

이 무명천은 특히 길이가 길고 옷폭이 넓으며, 조직이 치밀하면서도 가볍고 따뜻하기 때문에, 비단과 대적할 만하다. 또 털옷이나 모포를 만들면, 본래의 옷감을 충분히 대체할 만하다.

양잠에 비하면 뽕나무를 따고 누에를 기르는 수고로움이 없지만, 반드시 천의 재료를 수확하는 효과가 있다. 삼·모시와 구분지어 보면 길쌈을 하는 공력을 면하면서도 추위를 막는 이로움을 얻는다. 그러므로 삼을 기르지 않고도 천을 만들 수 있고, 고치를 켜지 않아도 솜을 얻을 수 있다고 할 만하다.

功用

自桑土旣蠶之後, 惟以繭纊爲務, 殊不知木綿之爲用. 木綿産自海南, 其種藝制作之法駸駸北來, 江、淮、川蜀, 旣獲其利.

至南北混一之後, 商販於北, 被服[24]漸廣, 名曰"吉布", 又曰"綿布".

其幅廴之制, 特爲長闊. 茸密輕暖, 可抵繒帛. 又爲氁服、毯段, 足代本物.

比之桑蠶, 無採養之勞, 有必收之效; 埒之枲苧, 免績絹之工, 得禦寒之益. 可謂不麻而布, 不繭而絮.

---

173 해남(海南) : 중국 남동부 해남성(海南省)을 구성하는 섬. 광동성(廣東省) 남서부에 있으며 뇌주반도(雷州半島)와 마주보고 있다.
174 강(江) : 지금의 강서성(江西省), 복건성(福建省), 호북성(湖北省) 양자강 이남 지역.
175 회(淮) : 지금의 하남성(河南省) 심양현(瀋陽縣) 이남 지역.
176 천촉(川蜀) : 지금의 사천성(四川省) 일대.
[24] 被服 :《王禎農書·百穀譜·雜類》에는 "服被".

비록 목화가 남쪽 지방에서 나왔다고 하지만, 그
것이 통용되는 면에서 말하자면 북쪽 지방은 대부
분 날씨가 추운데도 고치솜의 생산량이 부족하기
도 하다. 그러므로 방한복으로 쓰는 비용은 목화가
가장 비용을 줄이면서 편하게 쓰는 재료일 것이다.
《왕정농서》[177]

雖曰南産, 言其通用, 則北
方多寒, 或繭纊不足, 而裘
褐之費, 此最省便矣.《王氏
農書》

목화씨로는 기름을 짤 수 있다. 기름을 짜고 남
은 찌꺼기로는 땅에 거름을 줄 수가 있다. 목화의 짚
은 매우 질겨서, 잎을 땔감으로 쓸 수도 있고 소에게
먹일 수도 있다. 그 이익이 매우 넓다.《군방보》[178]

木棉子可以打油. 油之滓,
可以糞地. 稭甚堅, 堪燒
葉, 堪飼牛, 其爲利甚溥.
《群芳譜》

착화(捉花, 목화따기)를 마치면, 목화줄기를 땔감으
로 사용할 수 있다. 이를 땔감으로 태우면 갈대를
태울 때보다 낫다. 이 목화줄기를 '화용(花茸)'이라 한
다.《목면보》[179]

捉花旣已, 其幹可用爲薪.
燒之勝於蘆葦. 名"花茸".
《木棉譜》

177《王禎農書》集19〈農器圖譜〉"纊絮門"'木棉序', 414쪽;《農政全書》卷35〈蠶桑廣類〉"木棉"《農政全書
校注》, 967쪽).
178《二如亭群芳譜》〈利部〉第2〈棉譜〉"棉"《四庫全書存目叢書補編》80, 521쪽).
179《木棉譜》〈棉〉《叢書集成初篇》1469, 7쪽).

2. 길쌈

紡織

1) 목화씨 제거하고 솜 타는 법[碾彈法, 연탄법]

송강(松江)[1]의 백성이 목화를 재배했다. 처음 재배할 때는 씨아[踏車][2]와 무명활[椎弓][3]과 같은 도구를 제작하지 못했다. 그리하여 모두 손으로 목화열매를 갈라 씨를 제거한 다음 활줄을 대나무활에 걸고,

碾彈法

<u>松江</u>民藝木綿, 初無踏車、椎弓之製, 率用手剖去子, 線弦[1]竹弧, 置案間, 振[2]掉成劑, 厥功甚艱.

씨아(국립민속박물관)

간면(赶棉)(《천공개물》)

---

1 송강(松江) : 중국 상해시 남서쪽 송강구(松江區) 일대.

2 씨아[踏車] : 목화의 씨를 빼는 기구. 토막나무에 2개의 기둥을 박고 그 사이에 둥근 나무 2개를 끼워 손잡이를 돌리면 톱니처럼 마주 돌아가면서 목화의 씨가 빠진다. 교차(攪車)·간차(赶車)라고도 한다.

3 무명활[椎弓] : 목화를 타서 솜을 만드는 데 사용하는 활. 목화솜을 활줄의 진동으로 털어 남아 있는 씨앗 껍질을 떨어뜨리고 부드러운 목화솜을 얻을 수 있다.

[1] 弦 : 저본에는 "絃". 오사카본·연세대본·《輟耕錄·黃道婆》에 근거하여 수정.

[2] 振 : 저본에는 "捩". 《輟耕錄·黃道婆》에 근거하여 수정.

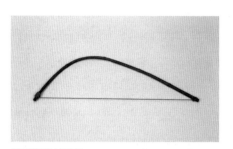

무명활(국립민속박물관)

무명활(《왕정농서(王禎農書)》.
《전공지》 권5에 원도 수록)

이를 상[案] 사이에 놓고 솜타기[4]를 하면서 직물을
만들었다. 하지만 그 일이 몹시 고되었다.

  우리나라(원나라) 초에 황파(黃婆)[5]란 할머니가 애
주(崖州)[6]에서 와서 솜타기를 하고 길쌈하는 기구 만
드는 법을 가르쳤다. 심지어는 사(紗)를 섞거나, 직물
에 여러 색깔을 배합하거나, 잉아의 실을 교차시키
거나, 꽃무늬를 만들기도 했는데, 여기에는 각각 그
법식이 있었다. 이로 인하여 옷[被]·이불[褥]·띠[帶]·
수건[帨]을 길쌈하여 만들었다. 이런 직물에 짜 놓은

國初有嫗黃婆③者, 自崖
州來, 乃敎以作造捍彈、紡
織之具, 至於錯紗, 配色,
綜綫, 挈花, 各有其法. 以
故織成被、褥、帶、帨, 其
上折枝、團鳳、棋局、字樣,
粲然若寫.

---

4 솜타기 : 목화씨를 빼는 기구인 씨아의 둥근 나무 2개 사이로 목화를 밀어 넣고 돌리며 목화씨를 빼내는 동
   작을 의미한다.
5 황파(黃婆) : 1245~1330. 원나라의 여성 기술자. 황도파(黃道婆)·황모(黃母)라고도 한다. 도파(道婆)는 비
   구니를 뜻한다. 여족(黎族)으로부터 방직 기술을 배웠고, 1295~1296년쯤 고향으로 돌아와 그 기술을 전
   파했다고 한다. 송강부(松江部)에서는 일찍이 황도파를 '길쌈의 신(神)'으로 모셨고, 1334년에 사당을 세웠
   다. 현재 상해시 남구(南區)에 선면사(先棉祠)가 남아 있다.
6 애주(崖州) : 현재 중국 해남성(海南省) 해남도(海南島) 남부 일대. 길쌈이 발달했다.
③ 婆 : 《輟耕錄·黃道婆》에는 "道婆".

꽃가지문양[折枝][7]·둥근 봉황문양[團鳳][8]·바둑판문양[棋局]·글자문양[字樣]이 마치 그린 듯이 눈부셨다.

사람들이 이런 직조법을 배우고 나서 서로 다투어 만들었기 때문에 그 직물들을 재물과 바꾸면서 집안이 부유해졌다. 이 은혜에 감사하지 않을 수 없어 황파가 죽자 동상을 세우고 그에게 제사지냈다. 《철경록(輟耕錄)[9]》[10]

人既受教, 競相作爲, 轉貨家富. 莫不感恩, 嫗卒爲立像祀焉.《輟耕錄》

우리나라 역사책에서 다음과 같이 말했다. "고려 시대의 정언(正言)[11] 문익점(文益漸)이 명을 받들어 원

東史云: "高麗正言文益漸奉使如元, 轉竄劍南, 得木

동근형태의 봉황 문양

여인 방적하는 모양(김준근의 《기산풍속도》)

---

7 꽃가지문양[折枝] : 꽃가지를 꺾어 놓은 모습을 표현한 문양.

8 둥근 봉황문양[團鳳] : 봉황을 둥글게 서리도록 그린 문양. 옛날에는 기물이나 복식의 문양이나 장식으로 사용되었다.

9 철경록(輟耕錄) : 중국 원나라 말기의 학자 도종의(陶宗儀, ?~1369)가 편찬하고 1366년에 완성한 수필. 원나라의 법률 제도와 지정(至正) 연간(1341~1367) 말년의 동남(東南) 지역 여러 성의 반란에 대해 기술했다.

10 《輟耕錄》卷24〈黃道婆〉(국립중앙도서관 古古10-30-나1, 24~25쪽).

11 정언(正言) : 고려와 조선 시대 봉박(封駁, 왕명 및 조칙의 합당하지 않은 것에 대하여 반박 의견을 시달하는 제도)과 간쟁(諫諍, 국왕의 과오나 비행을 비판하던 제도)을 담당한 관직. 고려 시대에는 국가 행정을 총괄하는 중서문하성(中書門下省)에서 조칙(詔勅)을 심의하고 왕에게 간하여 잘못을 바로잡게 하는 간쟁을 맡아보던 낭사(郎舍)이다.

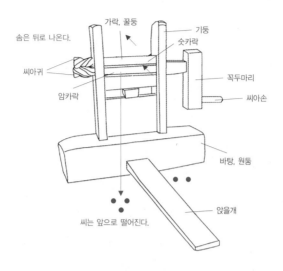

씨아로 목화씨를 빼는 방법(《나주샛골나이》, 67쪽)

나라에 사신으로 갔다가 검남(劍南)에 유배되었다. 그러다 목화씨를 얻어서 돌아왔다. 그의 장인 정천익(鄭天翼)과 함께 목화씨를 심어 3년 만에 크게 번식시켰다. 또한 서로 함께 씨아[攪車, 교차]·물레[繰車, 소차]·무명활[彈機]·사추(絲樞)[12]를 새로 창안해서 만들고, 솜[綿]을 추출해 내어 솜옷을 만들고, 솜에서 올을 뽑아 내 베를 짰다."[13] 이것이 우리나라 무명베[綿布]의 유래이다.

그러나 우리나라 역사책에 근거하면 솜을 타서 실을 잣는 기구가 모두 문익점과 정천익의 생각으로 창안했다고 한다. 하지만 지금 쓰는 씨아와 물레 등

棉種而還. 與其外舅鄭天翼種之, 三年大蕃殖. 又相與刱爲攪車、繰車、彈機、絲樞, 成綿以絮衣, 引縷以織布." 此我東綿布之所由始也.

然據東史, 彈紡之器皆出文、鄭意刱, 而今所用攪車、繰車等器, 與中國一同無

---

12 사추(絲樞): 물레의 부품인 가락으로 추정된다. 가락은 솜고치에서 나온 실에 꼬임을 주고 이를 감는 역할을 한다. 권4에서 '통(筒)', '과(鍋)', '정(鋌)' 등을 가락으로 번역했다.

13 고려……짰다:《高麗史》卷111〈列傳〉卷第24 "諸臣" '文益漸'(국사편찬위원회 한국사데이터베이스DB).

무명[木綿](국립제주박물관)

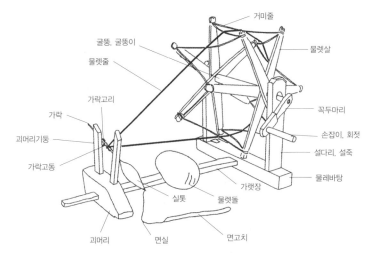

물레의 구조와 명칭(《나주샛골나이》, 90쪽)

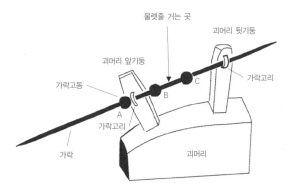

괴머리의 가락고리에 가락 끼우는 법(《나주샛골나이》, 93쪽)

의 기구는 중국과 동일하고 다른 점이 없다. 이것은 아마도 우연의 일치가 아니겠는가? 아니면 문익점이 기구도 중국에서 얻어, 이를 가지고 와서 전한 것인가?《금화경독기》[14]

異, 豈偶合耶? 抑亦江城得之中國而來傳耶?《金華耕讀記》

---

14 출전 확인 안 됨.

2) 땅광 만들어 길쌈하는 법

穿窖紡織法

요즘 북쪽 지방에서 목화[吉貝]를 많이 재배한다. 하지만 길쌈하기에 불편한 이유는 북쪽 지방의 날씨가 몹시 건조하기 때문이다. 그래서 무명솜털이 끊어졌다 이어졌다 해서 올을 제대로 만들어 낼 수 없다. 설령 실올을 만들 수 있다 하더라도 또한 그 속이 텅 비고 성글어 쓸 수가 없을 뿐이다.

남쪽 사람들 중 도읍에 살았던 사람들은 대부분 아침저녁으로 이슬을 맞으며 실을 잣는 경우가 많았고, 대낮에 비가 내릴 때에도 또한 실을 자았다. 비가 내리지 않으면 길쌈 말고 다른 일을 했다. 남쪽 지방은 지대가 낮고 습하기 때문에 실올을 팽팽하고 가늘게 만들 수 있어 베 또한 견고하고 실하다.

지금 숙녕(肅寧)15 사람들은 대부분 깊이 몇 척으

穿窖紡織法

近來北方多吉貝, 而不便紡織者, 以北土風氣高燥. 綿毳斷續, 不得成縷. 縱能作布, 亦虛疏不堪用耳.

南人寓都下者, 多朝夕就露下紡, 日中陰雨亦紡. 不則徒業矣. 南方卑濕, 故作縷緊細, 布亦堅實.

今肅寧人乃多穿地窖, 深

발차(撥車)(《왕정농서》, 《전공지》 권5에 원도 수록)

발차(撥車, 돌곳)(국립민속박물관)

---

15 숙녕(肅寧) : 현재 중국 하북성(河北省) 창주(滄州)에 있던 현(縣). 직조산업이 발달했다.

날틀(국립민속박물관)

무명 날고(김준근의 《기산풍속화》, 국립민속박물관)

날틀[經架, 경가]《왕정농서》. 《전공지》 권5에 원도 수록)

로 땅에 광을 판다. 그 위에 집을 짓지만, 처마는 평지에서 겨우 2척 정도 높이로 한다. 여기에 창문을 만들어 햇빛이 통하게 한다. 사람들이 그 안에서 습기가 있는 상태로 길쌈을 하면 팽팽하고 실한 베를 얻을 수 있으니, 이는 남쪽 지방의 길쌈법과 다르지 않다. 만약 장마철에 땅광 안의 습기가 너무 심하면 다시 평지로 옮겨도 무방하다.

다만 남쪽 지방에는 실에 풀[糊]을 먹이는 2가지 법이 있다. ① 먼저 실꾸리[綿維, 실탱이]로 묶음을 만

數尺, 作屋其上, 檐高于平地僅二尺許, 作窓櫺以通日光. 人居其中, 就濕氣紡織, 便得緊實, 與南土不異. 若陰雨時窖中濕蒸太甚, 又不妨移就平地也.

但南中用糊有二法: 其一, 先將綿維作絞, 糊盆度過,

들어 풀이 담긴 동이에 담갔다가, 다시 발차(撥車)[16]를 빙빙 돌려 실꾸리로 만든다. 그런 다음 경차(經車)[17]로 돌려 실타래[18]를 만든다. 이를 오(吳)나라 지역 말로는 '장사(漿紗)'라 한다.

② 먼저 실꾸리를 경차에 넣고 실타래를 만든다. 그런 다음 풀이 담긴 동이에 담갔다가 대나무로 시렁을 만들어 양끝은 밧줄로 팽팽하게 묶고 대빗으로 세게 솔질한다[刷]. 이를 건조시킨 다음 베틀에 올린다. 이를 오나라 지역 말로는 '쇄사(刷紗)'라 한다. 남쪽의 베 중에서 질 좋은 것은 모두 쇄사이다.

復于撥車轉輪作維, 次用經車縈廻成紙[4]. 吳語謂之"漿紗".

其一, 先將綿維入經[5]車成紙[6], 次入糊盆度過, 竹木作架, 兩端用絳急維, 竹帚痛刷, 候乾上機. 吳語謂之"刷紗". 南布之佳者, 皆刷紗也.

발차(김홍도의 《빈풍칠월도(豳風七月圖)》, 국립중앙박물관)

날틀(김홍도의 《빈풍칠월도》, 국립중앙박물관)

---

16 발차(撥車): 실을 감아 주는 기구.

17 경차(經車): 날실을 정경(整經)할때 실꾸리 여러 개에서 실을 뽑아 감는 기구. 이와 비슷한 역할을 하는 조선의 날틀은 틀에 구멍을 내고 가락을 꿰어 10올의 실을 한 줄로 뽑아낸다. 하지만 조선의 날틀과 중국의 경차의 구조는 상당히 다르다.

18 실타래: 실을 쉽게 풀어 쓸 수 있도록 한데 뭉치거나 감아 놓은 것. 실타래를 둥글게 감아 놓은 것을 실꾸리라고 한다.

4 紙: 저본에는 "衽". 오사카본·연세대본·《農政全書·蠶桑廣類·木棉》에 근거하여 수정.

5 經: 《農政全書·蠶桑廣類·木棉》에는 "輕".

6 紙: 저본에는 "衽". 오사카본·연세대본·《農政全書·蠶桑廣類·木棉》에 근거하여 수정.

명주 뽑고 날고(김준근의 《기산풍속도》)

지금 숙녕 사람들은 여전히 이 기구를 만들지 못한다. 또한 기온이 높고 토지가 건조하여 평지에서 이 작업을 하면 모래먼지가 일어날 뿐이기 때문이다.

따라서 길쌈하는 법은 앞과 같이 땅광을 만들어서 행해야 한다. 길이는 200~300척이고, 너비는 30~40척이 되도록 한다. 긴 행랑으로 땅광을 덮고, 그 처마를 따라 창문을 만들어 열고 닫을 수 있게 하여 바람과 햇볕을 적절하게 들이고 막으면서, 광 안에서 날실에 풀솔로 풀을 먹인다. 또는 약간 흐리고 바람이 없어 자잘한 티끌도 일어나지 않으면 또한 평지로 이동해도 무방하다. 《농정전서》[19]

今肅寧尙未作此, 亦緣風土高燥, 塵沙塗起故耳.

法當如前作窖, 令長二三十丈, 廣三四丈, 冒以長廊, 循檐作窓櫺開闔, 以避就風日, 于中經刷. 或輕陰無風, 纖塵不起, 亦[7]不妨移向平地. 《農政全書》

---

19 《農政全書》卷35 〈蠶桑廣類〉"木棉"(《農政全書校注》, 970~971쪽).
[7] 亦: 저본에는 "方". 오사카본·연세대본·《農政全書·蠶桑廣類·木棉》에 근거하여 수정.

3) 길쌈법

발차(撥車)와 광상(軖床)[20]을 거쳐 실타래를 만들고 나서 풀에 삶은 다음 나무막대기 양끝으로 실올을 끌어당긴다. 이를 햇볕에 말리다가 수시로 손으로 비벼 보아 습도가 적당하면 얼레[篗][21]에 얽는다. 이후의 씨실과 날실 제도는 모두 명주[紬][22] 길쌈에서의 제도와 비슷하다. 베틀의 북[杼, 저][23]으로 실타래를 직물로 짜는 방법도 모두 다른 베짜기와 같다. 《왕정농서》[24]

織法

自撥車、軖床線[8]紙旣成, 用漿糊煮過, 仍以木杖兩端掣之. 日曬, 不時手搓, 乾濕得所, 絡于篗上, 而後經緯制度, 一傚紬類. 織紙機杼, 竝與布同. 《王氏農書》

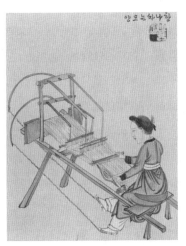

항라 짜는 모양(김준근의 《기산풍속도》)　　광상(軖牀)(《왕정농서》,《전공지》 권5에 원도 수록)　얼레[篗](국립민속박물관)

---

20 광상(軖床):물레로 뽑은 실을 타래로 만드는 기구.

21 얼레[篗]:실 따위를 감았다 풀었다 할 수 있도록 만든 기구. 권2의 '3) 알받이종이 씻기'에 나오는 '실얼레[絲篗, 사확]'와도 비슷하다.

22 명주[紬]:누에고치에서 실을 뽑아 만든 꼬임이 없는 평직물의 총칭.

23 북[杼, 저]:베틀의 부속품 중 하나로, 안에 씨실을 넣어 날실과 날실이 벌어진 사이를 오가며 직물을 짜는, 배모양의 나무통이다.

24 《王禎農書》〈農器圖譜〉集19 "繀絮", 420쪽.

[8] 線:《王禎農書·農器圖譜·繀絮》에는 "綿".

북(국립민속박물관)

북(《왕정농서》, 《전공지》 권5에 원도 수록)

솜 타는 모습(《천공개물》, 《전공지》 권5에 원도 수록)

목화솜은 씨아[赶車]에 올려 씨를 제거하고 목화 솜만 취해 활에 걸어 솜을 탄다. 솜을 탄 다음 나무 판에서 비벼 긴 솜고치를 만들고 물레[紡車, 방차]에 올린다. 이어서 실마리를 당겨서 실올로 만든다. 그런 뒤에 실올을 얼레에 감고 날실로 간추려 베를 짠다. 일반적으로 베의 올을 팽팽하게 하면 베가 견고하고, 느슨하게 하면 부드럽다.《천공개물》[25]

棉花, 登赶車, 去子取花, 懸弓彈化. 彈後以木板擦成長條, 以登紡車. 引緒糾成紗縷, 然後繞𥾝牽經就織. 凡布縷緊則堅, 緩則脆.《天工開物》

---

25 《天工開物》卷上 〈乃服〉 "布衣", 95~96쪽.

4) 우리나라 길쌈법

무명베[木棉布]는 문익점으로부터 목화씨와 길쌈하는 법이 전해진 뒤로, 그 이로움이 팔도에 무명옷을 입을 수 있게 했다. 다만 함경도는 제외되었다. 함경도는 몹시 추워 목화를 기를 수 없기 때문이다. 이밖에 나머지 7도는 목화씨를 심고 가꿔서 길쌈하지 않는 곳이 없다.

그중에 몹시 가늘게 짠 베는 가볍고 따뜻하며 편하고 부드러워 비단[紬帛]에 필적할 만하다. 평안도에서 생산되는 베는 가볍고 가늘면서 약간 부드럽다.

東國織法

木棉布自文江城傳種傳法以來, 其利衣被八域, 除關北, 苦寒不得種棉. 外餘七道, 無不種藝紡織.

其極細者輕煖便軟, 可敵紬帛. 産關西者輕細而稍脆, 産嶺、湖南者堅靭而稍

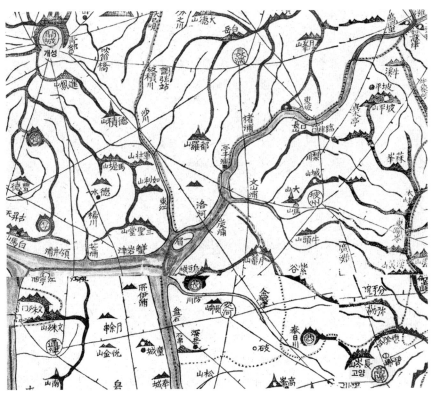

베 생산지 개성과 고양(대동여지도)

경상도와 전라도에서 생산되는 베는 견고하고 질기
면서 조금 둔하다. 경기도에서 생산되는 베 중에는
고양(高陽)과 개성[松京]이 최고로 일컬어진다. 이것이
그 대략이다.

방직하는 법은 중국과 대동소이하다. 그러므로
《천공개물》에 또한 "외국 조선은 만드는 법이 우리
와 서로 같다."[26]라 했다. 그러나 우리나라 사람들은
단지 목화씨를 제거하고, 목화솜을 타고, 실을 뽑아
실꾸리를 만든 뒤에 바로 실에 풀을 솔질하면서 먹
이고 베틀에 올리기만 할 뿐이다. 여기에 다시 발차
(撥車)·광상(軖床)·선가(線架)[27] 등의 기구를 쓰지 않
는다. 이러한 이유로 중국의 제도를 빨리 본뜸으로
써 기구를 편리하게 해서 쓰임을 이롭게 해야 한다.

중국의 무명베에는 간혹 운화(雲花)[28]·사문(斜
文)[29]·상안(象眼)[30] 등의 무늬가 있다. 하지만 우리나라
사람들에게는 이런 무늬를 짤 만한 정교한 솜씨가 없
다. 오직 물레에서 실마리를 뽑을 때 물레를 왼쪽으
로 돌리면 왼쪽꼬임실(Z형꼬임실)이 되고, 물레를 오
른쪽으로 돌리면 오른쪽꼬임실(S형꼬임실)이 된다.[31]
그리하여 왼쪽꼬임실과 오른쪽꼬임실로 서로 날실과
씨실을 만들어 베를 짜면 베에 무늬가 만들어진다.

鈍, 畿甸産者最稱高陽、松
京, 此其大槪也.

紡織之法, 與中國大同少
異, 故《天工開物》亦云:
"外國朝鮮, 造法相同." 然
東人但於碾子彈花, 紡緒
作維後, 仍卽刷糊上機,
更不用撥車、軖床、線架等
器. 此當亟倣華制, 以便器
利用也.

中國棉布或有雲花、斜文、
象眼等文, 東人無此巧慧.
惟於紡車抽緒時, 車左旋
則爲左絲, 車右旋則爲右
絲, 用左右絲互爲經緯, 則
布有文理.

---

26 외국……같다:《天工開物》卷上〈乃服〉"布衣", 97쪽.
27 선가(線架):물레[紡車, 방차]의 일종. 물레로 실을 잣고 난 다음 이 기구를 이용해 면실[棉線]을 이룬다.
　　권5의 '28) 목면선가(木棉線架)'에 기구의 형태와 사용법 등에 대하여 자세히 보인다.
28 운화(雲花):구름무늬.
29 사문(斜文):날실과 씨실이 교차하는 부분이 비스듬한 방향으로 사면 모양을 나타내는 무늬.
30 상안(象眼):마름모꼴 사각형 내부에 눈과 같은 형태의 원형이 있는 무늬.
31 물레를……된다:여기에서 말하는 실의 꼬임 모양은 아래 '물레로 실잣는 원리와 실의 꼬임' 그림과 같다.

1. 씨아로 목화씨를 뺀다.

2. 무명활로 솜을 탄다.

3. 솜고치를 만든다.

4. 솜고치에서 실을 뽑아 물레로 실을 잣는다.

5. 날틀로 실을 10올씩 뽑는다.

6. 10올씩 뽑은 실.

7. 10올씩 뽑은 실을 한 필 길이로 건다.

8. 실에 풀을 먹인다.

9. 도투마리에 날실을 감는다.

10. 도투마리를 베틀에 올리고 베를 짠다.

무명베 짜는 과정(양주시청 유튜브, 《슬로우 패션 도시 양주 : 전통 무명 직조 과정》)

또 명주실이 날실이고 무명실을 씨실로 삼아 짠 직물을 '교직(交織)'이라 한다. 명주실이 날실이고, 무명실 2올과 명주실 2올을 번갈아가며 씨실로 삼아 짠 직물을 '반주(斑紬)'라 한다. 《경솔지》[32]

又繭絲爲經, 棉絲爲緯, 曰 "交織". 繭絲爲經, 而棉絲 二縷、繭絲二縷相間爲緯, 曰"斑紬".《鶪蟀志》

---

32 출전 확인 안 됨.

선가(線架)(《왕정농서》, 《전공지》 권5에 원도 수록)

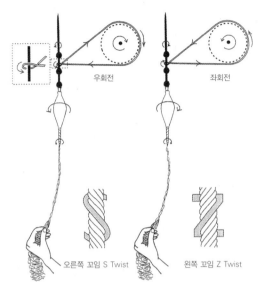

물레로 실잣는 원리와 실의 꼬임(《나주샛골나이》, 103쪽)

무명실이 날실이고, 무명실과 모시실을 번갈아가며 씨실로 삼아 짠 직물을 '춘포(春布)'[33]라 한다.《경솔지》[34]

棉絲爲經, 而棉絲·苧縷相間爲緯, 曰"春布". 同上

갈옷[褐子][35] 만드는 법: 무명실을 모융(毛毧)[36]과 섞어 짠 직물은 일명 '삼준포(三棱布)'이다. 3개의 북[梭,

造褐子法: 以木綿絲和毛、毧織造, 一名"三棱布", 用

33 춘포(春布): 날실에 명주실, 씨실에 모시실을 사용해 짠 직물. 모시처럼 시원하고 명주처럼 가벼워 봄과 여름에 사용한다. '봄에 짜낸 옷감으로 여름옷을 해 입는다.'라 하여 이러한 이름이 붙여졌다고 한다(심연옥, 《한산 세모시짜기, 청양 춘포짜기》, 2011, 민속원, 107쪽).

34 출전 확인 안 됨.

35 갈옷[褐子]: 토끼나 낙타 등 동물의 털을 이용해 짠 인피섬유(靭皮纖維)의 일종.

36 모융(毛毧): 고운 모사(毛絲). 본래 '융(毧)'은 동물의 '고운 털'을 의미하고, '융(絨)'은 직물을 의미한다(《옥편》〈毛部〉"毧":"細毛也." 〈糸部〉"絨":"細布也."). 《옥편(玉篇)》에 의하면 '융(毧)'은 원료이고, '융(絨)'은 결과물이지만, 같은 의미로 쓰여서, 동물의 털로 만든 직물을 의미한다. 자세한 내용은 《섬용지》 권2〈일상생활에 필요한 도구〉 "융(毧)과 모전[氈]"에 보인다(풍석 서유구 지음, 임원경제연구소 옮김, 《임원경제지 섬용지》 2, 풍석문화재단, 2017, 218~220쪽).

새]으로 베를 짠다. 《선귤당농소(蟬橘堂濃笑)[37]》[38]

三梭織之. 《蟬橘堂手鈔》

화완포(火浣布)[39] 만드는 법: 백반에 무명베를 한 나절 정도 삶은 다음 햇볕에 말린다. 다시 설탕 달인 물에 담갔다가 햇볕에 말리면 불에 닿아도 잠깐 동안은 타지 않는다. 《화한삼재도회》[40]

造火浣布法: 用明礬煮木綿布半日許, 曬乾之. 再用砂糖煎汁浸之, 曬乾則遇火暫不燒. 《和漢三才圖會》

가짜 견주(繭紬)[41] 만드는 법: 목화씨를 진하게 달인 물에다 거친 면주(綿紬, 명주실로 짠 직물)를 삶으면

造假繭紬法: 用棉子濃煎湯煮粗綿紬, 卽似繭紬.

《단원 풍속도첩》의 길쌈(국립중앙박물관)

춘포로 짠 저고리(국립민속박물관)

---

37 선귤당농소(蟬橘堂濃笑): 원문의 '선귤당수초(蟬橘堂手鈔)'는 이덕무(李德懋, 1741~1793)의 《청장관전서》 권63에 실린 산문집 〈선귤당농소(蟬橘堂濃笑)〉를 가리킨다. 선귤당은 이덕무의 여러 호(號) 가운데 하나로, "내가 예전 남산 부근에 살고 있을 때 집의 이름을 선귤이라고 했다. 집이 작아서 매미의 허물이나 귤의 껍질과 같다는 뜻에서였다."라는 데에서 유래했다.
38 출전 확인 안 됨.
39 화완포(火浣布): 불 속에서도 타지 않는 광물질인 석면(石綿, asbestos)으로 만든 직물.
40 《和漢三才圖會》卷27〈絹布類〉"火浣布"(《倭漢三才圖會》3, 480쪽).
41 견주(繭紬): 명주실을 뽑을 수 없는 누에고치를 늘여서 만든 풀솜에서 자은 실로 짠 견직물. 자세한 내용은 《전공지》권5〈그림으로 보는 길쌈〉"풀솜틀[綿矩, 면구]" 참조.

화완포(《왜한삼재도회》)

견주와 비슷해진다. 《만가휘요》[42]

실을 엉키지 않게 처리하는 법: 무궁화나무잎을 주물러 낸 즙에 실을 담그면 실마리를 엉키지 않게 한다. 또한 쪽풀[葳]을 주물러 낸 즙으로 해도 하기 쉽다【안《화한삼재도회》에는 "녹채(鹿茱)[43]를 우려 내어 실에 바르면 실이 잘 정리되어 엉키지 않는다."[44]라 했다】.《증보산림경제》[45]

《萬家彙要》

治絲不亂法: 木槿葉揉汁浸絲, 則不亂緒, 而葳且易行【案《和漢三才圖會》: "用鹿茱塗之, 絲理而不亂"】.《增補山林經濟》[9]

---

42 출전 확인 안 됨.
43 녹채(鹿茱): 청각과의 해조류인 청각채(靑角茱).
44 녹채(鹿茱)를……않는다: 출전 확인 안 됨.
45 《增補山林經濟》卷16〈雜方〉 "絡絲不亂方"(《農書》5, 180쪽).
9 造褐(여기서부터 2쪽 앞의 "갈옷 만드는 법"부터임)……經濟: 오사카본·연세대본에는 없음.

5) 부록 빨래하는 여러 방법　附 洗澣雜方

빨래하는 모양(김준근의 《기산풍속도》, 국립민속박물관)

5-1) 나견(羅絹)[46] 빨래

【거가필용[47] 나견으로 만든 의복에 기름때가 약간 있다고 느껴지면, 바로 접어서 통 안에 두고, 조각자(皂角子) 달인 따뜻한 물로 빨래한다. 얼마 있다가 자주 뒤집어주고, 담갔다가 방망이로 두드리기를 반복한다. 기름때가 다 빠져나갔다고 느껴지면 따로 따뜻한 물에 다시 또 담갔다가 또 방망이로 두드린다. 이때 반드시 펼쳐 놓을 필요는 없다. 곧바로 대나무 장대 위에 걸어 놓고, 물이 다 떨어질 때까지 기다렸다가 그제야 펼쳐서 장대에 꿴 채로 햇볕에 말린다. 이때 풀을 먹이거나 다림질하지 않는다. 다 마르면 접어 두드려서 보관한다】

洗羅絹

【居家必用】羅絹衣服稍覺有垢膩, 卽折置桶內, 溫皂角湯洗之. 移時頻頻反覆, 且浸且拍, 覺垢膩出盡, 却別過溫湯, 又浸之又拍. 不必展開, 徑搭於竹竿上, 候滴盡, 方展開穿而晾之, 不漿不熨, 候乾, 摺拍藏之】

5-2) 금(錦)[48] 빨래

【이목구심서(耳目口心書)[49][50] 금을 어성수(魚腥水)[51]로 씻으면 광채가 훌륭한 견직물로 재탄생한다】

洗錦

【耳目口心書】濯錦用魚腥水, 則轉生光彩異常】

5-3) 북견(北絹)[52] 빨래

【만가휘요[53] 북견이 누렇게 된 경우에는 닭똥을

洗北絹

【萬家彙要】北絹黃色者,

---

46 나견(羅絹) : 명주실로 바탕을 조금 거칠게 짠 비단.

47 《居家必用》〈庚集〉"洗練" '洗羅絹法'(《居家必用事類全集》, 287~288쪽).

48 금(錦) : 염색된 실을 중조직으로 무늬를 낸 견직물.

49 이목구심서(耳目口心書) : 조선 후기의 학자인 이덕무(李德懋, 1741~1793)의 수필집. 총 6권 2책, 필사본이며, 《청장관전서(靑莊館全書)》권 48~53에 실려 있다. 일정한 체제나 형식을 갖추지 않고 중국과 조선의 인물·서책·자연·사건·제도·사상 등에 대하여 자유롭게 기술하였다.

50 《靑莊館全書》第48卷〈耳目口心書〉(한국고전종합DB).

51 어성수(魚腥水) : 생선을 발효시켜 만든 액체.

52 북견(北絹) : 중국 남송(南宋) 시기에 발달한 견직물 또는 그 양식. 정확한 특징은 확인하지 못했다.

53 출전 확인 안 됨 ;《說郛》卷22下〈物類相感志〉"衣服"(《文淵閣四庫全書》877, 289쪽).

넣고 삶으면 바로 옥처럼 하얗게 된다. 또 집비둘기 똥을 넣고 삶아도 좋다】

以鷄糞煮之, 卽白如玉. 又用鴿糞煮之則亦好】

5-4) 모시 빨래

洗苧布

【만가휘요】[54] 모시를 매화잎 찧어 낸 즙에 물을 타서 담가 둔다. 다음에는 맑은 물로 헹구고, 대수(帶水)[55]로 헹군 뒤 늘어 놓고 햇볕에 말린다. 그래도 하얗게 되지 않으면 다시 담갔다가 다시 햇볕에 말리면 효과가 빼어나다】

【萬家彙要】苧布用梅葉擣汁, 以水和浸. 次用淸水漂之, 帶水漂之, 鋪曬. 未白, 再浸再曬則妙[10]】

5-5) 생삼베 삶기

煮生麻布

【증보산림경제】[56] 홍현채(紅莧菜, 붉은 비름)로 생삼베를 삶으면 색이 모시처럼 하얗게 된다】

【增補山林經濟】紅莧菜煮生麻布, 色白如苧】

5-6) 흰옷 빨래

洗白衣

【속사방(俗事方)】[57][58] 백창포를 놋쇠칼[銅刀]이나 대나무칼[竹刀]로 얇게 썬 다음 불에 말려 가루 낸다. 먼저 동이 안에서 물과 잘 섞은 다음 옷을 넣고 흔들어 헹구면 기름때가 저절로 빠지니, 조각(皁角)을 쓴 빨래보다 낫다.

또 다른 법: 무즙에 삶아서 빤다.

【俗事方】白菖蒲用銅、竹刀薄切, 燥乾作末. 先於盆內用水攪了, 將衣攦之, 垢膩自脫, 皁角不如.

又法: 煮蘿蔔汁洗.

---

54 출전 확인 안 됨;《農政全書》卷42〈製造〉"食物"(《農政全書校注》, 1225쪽).
55 대수(帶水):미상. 원문의 '대(帶)'는 '띠 같은, 좁고 긴'의 의미이다. 특정 강물을 가리키는 것은 아닐 것으로 추정된다. 우리나라에서는 일반적으로 대수는 임진강의 이칭으로 쓰인다.
56 《增補山林經濟》卷16〈雜方〉"格物抄"(《農書》5, 203쪽).
57 속사방(俗事方):《임원경제지 섬용지》에 인용된 중국 문헌. 총 15회, 약 470여 자가 인용되었다.
58 출전 확인 안 됨;《居家必用》〈庚集〉"洗練"'洗白衣法'(《居家必用事類全集》, 288쪽).
[10] 洗羅(앞쪽의 "5-1) 나견 빨래" 부터임)……則妙:오사카본·연세대본에는 없음.

| 본초강목[59] 자귀나무껍질과 잎으로 옷의 때를 씻어 낼 수 있다. 또 매화나뭇잎을 찧어 으깨고, 이를 달인 물로 옷을 빨면 때가 쉽게 빠진다. 또 모시 달인 즙으로 때를 씻어 내면 옷이 옥처럼 하얗게 된다. 또 조각 달인 물로 때를 제거하면 효과가 가장 빼어나다. | 本草綱目 合歡皮及葉可洗衣垢. 又梅葉擣碎, 煎湯洗衣, 垢易脫. 又苧煮汁洗垢, 衣白如玉. 又皂角湯去垢最妙. |

| 고금비원[60] 팥 달인 물로 빨거나 껍질 벗긴 차씨[茶子] 달인 물로 빤다. | 古今秘苑 以赤小豆煎湯洗, 或茶子去殼洗. |

| 산거사요[61] 의복이 무더위의 습기로 눅눅한 경우에는 동아[冬瓜]나 은행, 마늘을 써서 빤다】 | 山居四要 衣服暴蒸變浥者, 用冬瓜或銀杏、蒜洗之】 |

5-7) 갈옷 빨래

洗葛衣

| 【농정전서[62] 맑은 물에 매화나뭇잎을 주물러 즙을 내고, 이것으로 갈옷을 빨면 여름을 지내도 갈옷이 약해지지 않는다. 혹은 매화나뭇잎을 찧어 으깨고 거품이 나도록 끓인 다음 사기동이 안에 넣고 갈옷을 빤다. 목기를 사용하면 갈옷이 검어지니, 금한다. | 【農政全書 淸水揉梅葉洗, 經[11]夏不脆. 或用梅樹葉擣碎, 泡湯, 入磁盆內洗之. 忌用木器則黑. |

| 고금비원[63] 갈옷이 해가 오래되어 색이 검어졌을 경우 냄새나고 시어진 쌀뜨물에 2~3일 담갔다가 꺼 | 古今秘苑 葛衣年久色黑, 用臭酸泔水浸二三日, 取出 |

---

59 출전 확인 안 됨;《東醫寶鑑》〈雜病篇〉卷9 "雜方" '諸法'(《原本 東醫寶鑑》, 597쪽).

60 《古今秘苑》〈1集〉卷3 "洗白衣垢", 3쪽.

61 출전 확인 안 됨;《山林經濟》卷3〈雜方〉"去衣垢方"(《農書》2, 688쪽).

62 《農政全書》卷36〈蠶桑廣類〉"麻"(《農政全書校注》, 998쪽).

63 《古今秘苑》〈1集〉卷3 "洗舊葛衣", 3쪽.

[11] 經:《農政全書·蠶桑廣類·麻》에는 "前".

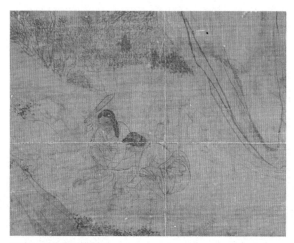

빨래하는 모습(국립중앙박물관)

내서 맑은 물에 흔들어 헹구면 새것처럼 깨끗해진다】　　清水攦, 淨如新】

5-8) 홍포(紅布, 붉은 베) 빨래　　　　　　　　　洗紅布

【 증보산림경제 】[64] 물속에 식초 약간을 넣으면 홍　【 增補山林經濟 】 水內入醋
포의 색채가 선명해진다】　　　　　　　　　　少許, 顏色鮮明】

5-9) 청저사(靑紵絲, 푸른 모시) 빨래　　　　　　洗靑紵絲

【 고금비원 】[65] 찌든 때로 인해 광이 나지 않을 때　【 古今秘苑 】 積垢無[12]光,
는 자죽여(慈竹茹)[66]로 닦아서 문지른다】　　　以慈竹茹揩擦】

---

64 《增補山林經濟》卷16〈雜方〉“服飾”(《農書》5, 202쪽).

65 《古今秘苑》〈1集〉卷3 “洗靑紵絲”, 3쪽.

66 자죽여(慈竹茹): '자죽(慈竹)'은 대나무의 일종. 의죽(義竹)·자효죽(慈孝竹)·자모죽(子母竹)이라고도 한다.
　사시사철 죽순이 나오고 새로 자란 대와 묵은 대가 빽빽하게 어우러져 서로 의지하기 때문에 이처럼 이름
　했다. '자죽여'는 자죽의 줄기와 껍질을 긁어낸 중간층으로, 식용할 수 있는 부분을 가리킨다.

12 無:《古今秘苑·洗靑紵絲》에는 “生”.

5-10) 조의(皁衣)[67] 빨래

【고금비원[68] 치자 달인 물로 빤다. 또한 우피교(牛皮膠, 아교)에 한나절 담갔다가 따뜻한 물로 빤다】

洗皁衣

【又 以梔子煎湯洗. 又牛皮膠浸半日, 用溫湯洗】

5-11) 다갈색 옷감에 핀 흰 꽃점(흰 곰팡이) 처리

【고금비원[69] 오매(烏梅) 진하게 달인 물을 붓으로 찍어 점이 생긴 곳에 바르면 바로 원색으로 돌아온다】

治茶褐衣段發白花點

【又 以烏梅煎濃湯, 用筆塗發點, 立還原色】

5-12) 모전의(毛氈衣)[70] 빨래

【고금비원[71] 돼지발굽 달인 물로 뜨거울 때 빨면 더러운 때가 바로 제거된다. 붕사(硼砂)[72] 달인 물로 빨면 벌레가 생기지 않는다】

洗毛氈衣

【又 猪蹄煎湯, 乘熱洗之, 汚穢卽去. 硼砂煎湯洗之, 不蟲】

5-13) 갓옷 빨래

【고금비원[73] 좋은 소주를 양털 위에 뿜은 다음, 싸라기가루를 껍질이 있는 채로 뿌리고 비비면 황색이 모두 하얗게 된다. 새것처럼 될 때까지 비빈다. 혹은 좁쌀가루를 쓴다고 한다】

洗皮襖

【又 用好燒酒噴羊毛上, 糝粏粉連皮搓, 黃色者俱白. 搓至如新爲度. 一云用小米粉】

---

[67] 조의(皁衣): 중국 진한(秦漢)대에 관리가 입던 검은색의 관복. 후에는 일반적인 검은색 옷을 지칭했다.

[68] 《古今秘苑》〈1集〉卷3 "洗皁色衣", 3쪽. 상해교경산방인행(上海校經山房印行)본에는 일부 내용만 보이나 십이동루장판(十二桐樓藏板)본에는 모든 내용이 보인다.

[69] 《古今秘苑》〈1集〉卷3 "茶褐衣段發白花點", 3쪽.

[70] 모전의(毛氈衣): 짐승의 털로 무늬를 넣고 두툼하게 짠 모직물로 만든 의복.

[71] 《古今秘苑》〈1集〉卷3 "洗毛氈衣", 3쪽.

[72] 붕사(硼砂): 천연붕사광이나 붕소광(흙동석)을 정제한 광물성 약재.

[73] 《古今秘苑》〈1集〉卷3 "洗皮袄", 4쪽.

5-14) 먹물 묻은 옷 빨래

【거가필용】[74] 생살구속씨를 씹다가 옷에 뱉자마자 바로 빤다. 또한 조밥을 씹다가 뱉어서 빨아도 좋다.

【산거사요】[75] 입으로 물을 머금었다가 젓가락대가리 쪽으로 물을 떨어뜨리면서 빨면 바로 제거된다.

【고금비원】[76] 반하(半夏)[77]·살구속씨·생은행속씨[生白果]를 흐물흐물하게 찧어 잠시 옷에 주무르면 바로 제거된다. 또 대추를 흐물흐물하게 씹어 옷에 문지른 뒤에 그대로 찬물로 빨면 흔적이 없어진다. 혹은 밥알로 비빈다.

【속사방】[78] 살구속씨(껍질과 뾰족한 끝을 제거한 것) 와 차씨[茶子] 같은 양을 곱게 가루 내어 물 위에 뿌리고 따뜻하게 데워 옷을 흔들어 헹군다. 글자를 씻어낼 때는 살구속씨로 눌러서 제거한다. 이어서 무환자[油羅][79]씨를 몹시 곱게 가루 내어 글자 위에 뿌린 다음 다린다.

洗墨汚衣

【居家必用】嚼生杏仁, 旋吐旋洗. 又嚼粟飯亦可.

【山居四要】口噙水, 以筯頭滴[13]水洗卽去.

【古今秘苑】將半夏、杏仁、生白果, 擣爛, 揉少時卽去. 又用棗嚼爛搓之, 仍用冷水洗, 無跡. 或用飯粒擦之.

【俗事方】杏仁(去皮、尖)、茶子等分, 爲細末, 糝上, 溫湯擺之. 洗字則杏仁壓去. 油羅極細, 糝字上, 熨之.

---

74 《居家必用》〈庚集〉"洗練""洗油墨汚衣"(《居家必用事類全集》, 289쪽)

75 《山居四要》卷4〈治生之要〉"文房必用"(《山居四要拔萃》, 49쪽);《山林經濟》卷3〈雜方〉"治墨汚衣方"(《農書》2, 687쪽).

76 《古今秘苑》〈1集〉卷3 "墨汚衣", 2쪽.

77 반하(半夏): 천남성과 식물인 반하의 덩이줄기에서 껍질을 벗기고 말린 약재.

78 출전 확인 안 됨; 명말청초 문학가·사학가인 장대(張岱, 1597~1685)의 《야항선(夜航船)》卷19〈物理部〉 "衣服"에 원문이 실려 있다.

79 무환자[油羅]: 쌍떡잎식물 무환자나무목 무환자나무과의 낙엽관목.

[13] 滴: 저본에는 "濟".《山林經濟·雜方·治墨汚衣方》에 근거하여 수정.

또 다른 법: 새로 채취한 천남성(天南星)[80]으로 견(絹) 위의 먹 얼룩을 문지른다. 천남성을 자주 바꿔가면서 문지르면 먹 얼룩이 저절로 제거된다.

또 다른 법: 흰 매실을 넣고 옷을 두드려 빤다】

5-15) 기름 묻은 옷 빨래

【속사방】[81] 활석(滑石)[82]·천화분(天花粉)[83]을 양에 관계없이 가루 낸다. 기름 묻은 곳을 숯불에 쬐어 말려 뜨겁게 한 다음 이 가루를 뿌려 때를 제거한다. 완전히 제거되지 않았으면 다시 불에 쬐어 말리고 다시 가루를 뿌린다. 심한 경우도 5번을 넘지 않고 깨끗해진다.

또 다른 법: 기름 묻은 곳에 방분(蚌粉, 조갯가루)을 넉넉하게 뿌린 뒤, 뜨거운 다리미로 뿌린 곳을 다리면 바로 제거된다.

또 다른 법: 꿀을 사용하여 빤다.

【거가필용】[84] 기름 묻은 옷과 안료나 서화 등의 물감으로 인한 얼룩은 다음과 같이 처리한다. 용골(龍骨)[85] 1.5냥, 활석 2냥, 갑오징어뼈 2냥, 백선토(白堊

洗油汚衣

【又】滑石、天花粉, 不拘多少爲末, 將汚處以炭火烘熱, 以末糝振去之. 未盡, 再烘再糝, 甚者不過五度.

又法：以蚌粉厚糝汚處, 以熱熨斗坐糝處卽去.

又法[15]：用蜜洗之.

居家必用 治油汚衣服幷顔色、書畫等物. 龍骨一兩半、滑石二兩、烏魚骨二兩、

---

80 천남성(天南星): 천남성과 식물인 천남성의 덩이줄기를 말린 약재.
81 출전 확인 안 됨;《夜航船》, 위와 같은 곳.
82 활석(滑石): 규산마그네슘이 주성분인 광물성 약재.
83 천화분(天花粉): 박과 식물인 하눌타리의 뿌리를 말린 약재. 천과(天瓜)·과라(果臝)·과루(瓜蔞)·괄루근(栝樓根)이라고도 한다.
84 《居家必用》〈庚集〉 "洗練" '起油法'(《居家必用事類全集》, 288쪽).
85 용골(龍骨): 큰 포유동물의 뼈 화석. 이를 약재로 쓴다.
[14] 又: 저본에는 "云". 오사카본·연세대본에 근거하여 수정.
[15] 法: 저본에는 "法法". 오사카본·연세대본에 근거하여 수정.

土)[86] 2냥.

이상의 재료들을 가루 낸 뒤, 더러워진 곳에 뿌린 다음 종이를 대고 다린다. 기름 묻은 지가 오래되었으면 다시 기름 묻은 곳에 기름을 바르고 다린다.

白墡土二兩.

右爲末, 糝汚處, 紙襯熨. 油汚多日者, 再用油抹汚處熨.

거가필용[87] 기름이나 먹물 묻은 옷 빨래: 반하·갑오징어뼈·활석·백반(가열하여 탈수시킨 것) 각각 같은 양.

이상의 재료들을 가루 낸 뒤, 기름 묻은 옷은 가루를 뿌려 기름에 하룻밤 적셔 두고, 먹 묻은 옷은 가루를 뿌려 묽은 먹에 적셔 둔다. 이를 빨아서 깨끗하게 한 뒤, 등심초(燈心草)[88]로 문지르고 비벼 제거한다.

又 洗油、墨汚衣:半夏、烏魚骨、滑石、白礬(枯)各等分.

右爲末, 油汚者油潤一宿, 墨汚者[16]淡墨潤之, 洗淨, 燈草揩擦去[17].

고금비원[89] 물에 밀가루를 타서 얼룩에 바르면 마른 뒤 얼룩이 저절로 제거된다. 혹은 무 달인 물로 빨래한다. 또 활석가루를 얼룩에 뿌리고 종이를 대어 다리면 저절로 제거된다. 또 동유(桐油)[90] 묻은 옷을 빨래할 때는 콩비지로 빤다.

古今秘苑 用水調麵塗之, 乾後自去. 或以蘿蔔湯洗之. 又用滑石末隔紙熨, 自去. 又洗桐油汚衣, 以荳渣洗之.

---

86 백선토(白墡土): 빛깔이 하얗고 고운 흙.
87 《居家必用》〈庚集〉 "洗練" '洗油墨汚衣'(《居家必用事類全集》, 288~289쪽).
88 등심초(燈心草): 골풀과에 속하는 다년생 초본식물, 골풀의 줄기 속. 맛이 달고 성질이 차다.
89 《古今秘苑》〈1集〉 卷3 "油汚衣", 2쪽;《古今秘苑》〈1集〉 卷3 "桐油汚衣", 2쪽.
90 동유(桐油): 유동(油桐)의 씨에서 짜낸 기름. 점성이 높고 건조가 빠르며 도장막이 강하고 탄력이 있어 옛날부터 장판지 및 우산지의 도장유, 등유, 해충 퇴치, 설사제 등으로 많이 사용되었다. 《임원경제지 섬용지》 권3 〈색을 내는 도구〉 "기름과 옻" '동유'(풍석 서유구 지음, 임원경제연구소 옮김, 《임원경제지 섬용지》2, 풍석문화재단, 2017, 313~314쪽 참조 바람.
16 者: 저본에는 "□".《居家必用事類全集·洗練·洗油墨汚衣》에 근거하여 보충.
17 居家……擦去: 오사카본·연세대본에는 없음.

고사찰요[91] 메밀가루를 얼룩 자국의 안팎에 펴고, 종이를 그 사이에 대고 고정시켜서 다리미로 다리면 바로 흔적이 없어진다.

攷事撮要 以蕎麥末鋪上下, 紙隔定, 熨斗熨之卽無跡.

산림경제보[92] 좋은 소주를 팔팔 뜨겁게 끓이고 여기에 옷을 넣은 다음 가볍게 흔들어 헹구어서 얼룩이 저절로 떨어지게 한 뒤에 끓인 물로 빨래해서 술기운을 제거한다.

山林經濟補 用好燒酒滾熱, 輕擺之, 自脫後, 用白湯洗, 去酒氣.

동벽토(東壁土)[93]는 기름 묻은 옷의 때를 제거할 수 있다. 효과가 석회나 활석보다 낫다. 설명은《본초강목》에 보인다.[94]

東壁土可除油汚衣, 勝於石灰、滑石. 說見《本草》.

무 달인 물로 빨래하면 가장 좋다. 비록 얼룩이 오래된 경우에도 모두 효과가 있다.

蘿蔔煎水洗最好. 雖經久者皆效.

증보산림경제[95] 납설수(臘雪水)는 기름을 제거하는 데 효과가 빼어나다. 우유는 기름을 제거하는 데 매우 좋다. 콩 삶은 물로 따뜻하게 빨래한다. 끓인 물에 차조기[紫蘇][96]잎을 넣고 거품이 나도록 하여 그 물에서 옷을 흔들어 헹구고 빤다】

增補山林經濟 臘雪水去油妙. 牛乳去油甚良. 大豆湯溫洗. 白沸湯泡紫蘇擺洗[18]】

---

91 《攷事撮要》卷13〈日用門〉上 "治油汚衣法", 59쪽;《山林經濟》卷3〈雜方〉 "治油汚衣方"《農書》2, 687쪽).
92 출전 확인 안 됨;《山林經濟》, 위와 같은 곳.
93 동벽토(東壁土):동쪽 벽의 흙. 동쪽을 향하고 있어서 오랫동안 햇볕을 쬔 벽의 흙으로, 약재로 사용된다.
94 설명은……보인다:《本草綱目》卷7〈土部〉 "東壁土", 428쪽.
95 《增補山林經濟》卷16〈雜方〉 "治油汚衣方"《農書》5, 176~177쪽).
96 차조기[紫蘇]:꿀풀과 식물인 차조기의 씨를 말린 약재.
[18] 增補……擺洗:오사카본·연세대본에는 없음.

5-16) 옻칠 묻은 옷 빨래

【속사방[97] 살구속씨·천초(川椒)[98] 같은 양을 흐물 흐물하게 갈아 옻칠 묻은 곳에 발라 문지르고 깨끗 하게 빤다.

고금비원[99] 기름으로 빤다. 혹은 따뜻한 물에 대강 흔들어 헹군 뒤에 잘게 씹은 살구속씨를 묻혀서 빨 고 다시 흔들어 헹구면 흔적이 없어진다. 혹은 먼저 삼씨기름으로 빨고 다시 조각(皁角)으로 빨아도 효과 가 빼어나다.

산림경제보[100] 삼씨기름에 먼저 옷을 담가서 기름 이 옷에 스며들어 옷이 다 빠져나가게 한다. 그런 뒤 에 약간의 물에 아교를 녹여 삼씨기름을 빨아 주면 눈 깜짝할 사이에 기름이 다 빠진다. 대개 아교의 성질은 기름과 서로 달라붙기 때문이다】

5-17) 양기름 묻은 옷 빨래

【증보산림경제[101] 석회 끓인 물로 빤다】

洗漆汚衣

【俗事方 杏仁、川椒等分, 爛硏, 揩汚處, 淨洗之.

古今秘苑 用油洗. 或以溫 湯略擺, 過細嚼杏仁接洗, 又擺之, 便無跡. 或先以 麻油洗, 更用皁角洗亦妙.

山林經濟補 以麻油先漬, 透令漆出盡, 却以少水熔 膠, 洗油則頃刻可盡. 蓋 膠性, 與油相着】

洗羊脂汚衣

【增補山林經濟 以石灰湯 洗之】

---

97 출전 확인 안 됨.
98 천초(川椒):산초과 식물인 초피나무의 열매를 말린 약재. 촉초(蜀椒)·진초(秦椒)·파초(巴椒)라고도 한다.
99 《古今秘苑》〈1集〉卷3 "漆汚衣", 2쪽.
100 출전 확인 안 됨;《說郛》卷30上〈游宦紀聞〉《文淵閣四庫全書》877, 620쪽).
101《增補山林經濟》卷16〈雜方〉 "治油汚衣方"《農書》5, 177쪽).

5-18) 돼지기름 묻은 옷 빨래

【증보산림경제】102 생밤을 잘게 씹어 돼지기름 묻은 곳에 두고 비벼서 제거한다】

洗猪油汚衣

【又】以生栗嚼細, 放汚處, 揉去之】

5-19) 쇠기름 묻은 옷 빨래

【증보산림경제】103 생밤을 씹어서 빤다】

洗牛脂汚衣

【又】以生栗嚼洗⑲

5-20) 동유 묻은 옷 빨래

【증보산림경제】104 콩비지로 빤다】

洗桐油汚衣

【又】以豆渣洗之⑳

5-21) 녹반 등의 온갖 약이 묻은 옷 빨래

【증보산림경제】105 오매 끓인 물로 빤다】

洗綠礬百藥汚衣

【又】以烏梅湯洗之㉑

5-22) 담배 진액이 묻은 옷 빨래

【고금비원】106 참외속씨를 씹어 문지르면 바로 제거된다.

洗煙膏汚衣

【古今秘苑】用瓜子仁嚼擦即去.

【경솔지】107 살구속씨가루나 복숭아속씨가루를 사람젖에 타서 빨면 바로 제거된다.

【鷦蟭志】杏仁或桃仁末和人溼洗之卽去.

102《增補山林經濟》, 위와 같은 곳.
103《增補山林經濟》, 위와 같은 곳.
104 출전 확인 안 됨;《古今秘苑》〈1集〉卷3 "桐油汚衣", 2쪽.
105 출전 확인 안 됨;《古今秘苑》〈1集〉卷3 "綠凡百藥煎汚衣", 3쪽.
106《古今秘苑》〈1集〉卷3 "烟膏汚衣", 2쪽.
107 출전 확인 안 됨.
⑲ 洗羊……嚼洗 : 오사카본·연세대본에는 없음.
⑳ 洗桐……洗之 : 오사카본·규장각본·연세대본에는 없음.
㉑ 洗綠……洗之 : 오사카본·연세대본에는 없음.

왜천록(倭薦錄)[108][109] 설탕가루를 물에 타서 빨고, 생하눌타리[瓜蔞][110]의 과육을 얼룩에 묻혀 주무르면 바로 제거된다. 메주즙[末醬]으로 해도 좋다.

倭薦錄 以砂糖末和水洗之, 生瓜蔞肉揉之卽去. 末醬汁亦可.

증보산림경제[111] 생복숭아나뭇잎을 써서 옷을 주물러 때를 다 제거한 뒤에 찬물로 깨끗하게 빤다. 총백(蔥白, 파의 흰 부분)을 써서 주물러 빨면 바로 제거된다】

增補山林經濟 以生桃葉揉之, 盡去後, 冷水洗淨. 蔥白揉洗卽去[22]】

5-23) 누런 진흙 묻은 옷 빨래

洗黃泥汚衣

【속사방[112] 생강즙으로 주무른 뒤에 물에 흔들

【俗事方 生薑汁挼了, 以水

빨래하는 모습(《단원 풍속도첩》, 국립중앙박물관)

---

108 왜천록(倭薦錄): 미상.

109 출전 확인 안 됨.

110 하눌타리[瓜蔞]: 박과에 속하는 다년생의 덩굴성 초본식물. 괄루근(括蔞根) 또는 천화분(天花粉)이라 하며, 약재로 사용한다. 종자는 괄루인(括蔞仁)이라 한다.

111 《增補山林經濟》 卷16 〈雜方〉 "治南草汁汚衣方"(《農書》 5, 178쪽).

112 출전 확인 안 됨;《增補山林經濟》 卷16 〈雜方〉 "治黃尼汚衣方"(《農書》 5, 177쪽).

[22] 鷓鴣……卽去:오사카본·연세대본에는 없음.

어 헹군다】

擺之】

5-24) 해황(蟹黃)[113] 묻은 옷 빨래

洗蟹黃汚衣

【속사방[114] 게 안쪽의 아가미로 문지르면 제거된다】

【又 用蟹中靨揩之則去】

5-25) 피 묻은 옷 빨래

洗血汚衣

【속사방[115] 찬물로 빨면 제거된다.

【又 用冷水洗之卽去.

고금비원[116] 잘게 씹은 무를 바로 비비면 제거된다. 또 찬물로 빨면 깨끗해진다. 심한 종기의 고름과 피가 묻은 경우에는 우피교(牛皮膠)[117]로 빨래한다.

古今秘苑 嚼細蘿葍旋擦
卽去. 又冷水洗卽淨. 苦瘡
中膿血, 用牛皮膠洗.

증보산림경제[118] 피 묻은 옷은 오줌을 팔팔 끓도록 달여 그 김을 옷에 훈증하고, 하룻밤 지나서 다음날 빤다. 또 생마름[生菱][119]의 과육으로 비벼 빤다.

增補山林經濟 血汚衣, 用
溺煎滾, 以其氣熏衣, 一宿
來日洗之. 又用生菱肉摩
洗[23].

고사촬요[120] 찬물로 빤다. 만약 끓는 물을 쓰면 피

攷事撮要 用冷水洗. 如用

---

113 해황(蟹黃) : 암게의 딱지 속에 붙은 노란 난소와 소화선.

114 출전 확인 안 됨 ;《增補山林經濟》卷16 〈雜方〉 "治蟹黃汚衣方"(《農書》5, 177쪽).

115 출전 확인 안 됨.

116 《古今秘苑》〈1集〉卷3 "血汚法", 2쪽.

117 우피교(牛皮膠) : 소가죽으로 만든 갖풀. 아교(阿膠)의 이칭으로 쓰인다. 부치교(傅致膠)라고도 한다.

118 《增補山林經濟》卷16 〈雜方〉 "格物抄"(《農書》5, 202쪽) ;《增補山林經濟》卷16 〈雜方〉 "治血汚衣法"(《農書》5, 175쪽).

119 생마름[生菱] : 쌍떡잎식물 이판화군 도금양목 마름과의 한해살이풀.

120 《攷事撮要》卷13 〈日用門〉上 "治血汚衣法", 59쪽 ;《增補山林經濟》卷16 〈雜方〉 "治血汚衣法"(《農書》5, 175쪽).

[23] 又用……摩洗 : 오사카본·연세대본에는 없음.

가 익어 빠지지 않는다.

熱湯, 血熟不落.

경솔지 [121] 먼저 뜨거운 죽의 김으로 훈증하고 소뼈 태운 재를 뿌리고서 빤다】

鵬蟀志 先熏熱粥氣, 以 牛骨灰滌洗[24]】

5-26) 고름 묻은 옷 빨래

【고금비원 [122] 자질구레한 고름 흔적은 좋은 술을 팔팔 끓여 옷을 넣고 가볍게 흔들어 헹구면 제거된다. 그 후에 끓인 물로 술기운을 제거한다】

洗瘡膿污衣

【古今秘苑 微跡用好[25]酒 滾熱輕擺之則去. 後用白 湯去酒氣】

5-27) 채색 염료 묻은 옷 빨래

【거가필용 [123] 아교물에 한나절 담가 둔 후에 따뜻한 물로 빤다】

洗彩色污衣

【居家必用 膠水浸半日, 然後溫湯洗之[26]】

5-28) 청대(靑黛, 쪽)즙 묻은 옷 빨래

【고금비원 [124] 살구속씨를 씹어 옷에 묻혀 빤다】

洗靑黛污衣

【古今秘苑 [27] 嚼杏仁洗】

5-29) 고약 묻은 옷 빨래

【고금비원 [125] 신 쌀뜨물에 2~3일 담가 두면 제거

洗膏藥污衣

【又 酸泔水浸二三日卽去.

---

121 출전 확인 안 됨.
122 《古今秘苑》〈1集〉卷3 "瘡膿污衣", 2쪽.
123 《居家必用》〈庚集〉"洗練" '洗彩色法'(《居家必用事類全集》, 288쪽).
124 《古今秘苑》〈1集〉卷3 "靑黛", 2쪽.
125 《古今秘苑》〈1集〉卷3 "膏藥污衣", 2~3쪽.
24 鵬蟀……滲洗 : 오사카본·연세대본에는 없음.
25 用好 : 저본에는 "秘苑". 오사카본·규장각본·연세대본·《古今秘苑·瘡膿污衣》에 근거하여 수정.
26 洗彩……洗之 : 오사카본·연세대본에는 없음.
27 古今秘苑 : 오사카본·연세대본에는 "又".

된다. 또 백주(白酒)[126] 아래 가라앉은 찌꺼기를 팔팔 끓여 고약 묻은 부분을 3~5차례 살짝 담근다. 다시 손으로 1번 비비고 맑은 물에 1번 흔들어 헹구면 바로 빠진다】

又用白酒脚[28]煎滾, 將膏 藥上微浸三五次, 再手一 搓, 清水一擺, 立下】

5-30) 똥 묻은 옷 빨래

【고금비원[127] 흙속에 24시간 묻어 두었다가 꺼 내서 빨래하면 더러운 기운이 저절로 없어진다】

洗糞汚衣

【又 埋土中一伏時, 取出 洗之, 則自無穢氣】

5-31) 벼룩똥 묻은 옷 빨래

【증보산림경제[128] 쌀뜨물에 2일간 담근 뒤에 빤 다.

洗蚤屎汚衣[29]

【增補山林經濟 米泔浸二 日後濯之.

경솔지[129] 쌀뜨물에 담가 변소 앞에 둔 지 1일 뒤에 빨면 저절로 제거된다】

鷓蟀志 浸米泔水置廁前 一日後濯洗, 自去】

5-32) 철장(鐵漿)[130] 묻은 옷 빨래

【화한삼재도회[131] 쌀식초로 빤다】

洗鐵漿汚衣

【和漢三才圖會 以米酢洗 之】

---

126 백주(白酒) : 중국 술의 통칭. 소주(燒酒)·노백간(老白幹)·소도자(燒刀子)라고도 한다. 빛과 맛이 좋은 미 주(美酒)를 의미하기도 한다.

127 《古今秘苑》〈1集〉卷3 "糞汚衣", 3쪽.

128 《增補山林經濟》卷16〈雜方〉"治蚤屎汚衣衾方"(《農書》5, 178쪽).

129 출전 확인 안 됨.

130 철장(鐵漿) : 농차(濃茶, 진한 차)에 태운 고철부스러기·술·엿·오배자가루를 넣어서 만든다. 또는 녹슨 철 을 처마 밑에 놓거나 물을 부어 주어 시일이 지나서 빨간 녹물이 우러나면 식초를 1/10정도 섞어 일주일 후 사용하기도 한다. 일본에서는 헤이안[平安] 시대 말기까지 15세 전후의 결혼 적령기의 여자가 철장으로 이 를 까맣게 물들이는 풍습이 있었다고 한다.

131 《和漢三才圖會》卷28〈衣服類〉"衣服之用" '裸'(《倭漢三才圖會》3, 528쪽).

28 脚:《古今秘苑·膏藥汚衣》에는 "卽日".

29 洗蚤屎汚衣 : 여기서부터 권제3의 마지막 기사까지 오사카본·연세대본에는 없음.

5-33) 낙숫물이 묻은 옷 빨래

【증보산림경제[132] 소금물로 빤다】

洗屋漏水汚衣

【增補山林經濟 以鹽水洗
之[30]】

5-34) 괴화(槐花, 회화나무꽃)즙 묻은 옷 빨래

【증보산림경제[133] 신 매실로 빤다】

洗槐花汚衣

【又 以酸梅洗之】

5-35) 소방목(蘇方木)[134]즙 묻은 옷 빨래

【증보산림경제[135] 유황 연기에 훈증하고 빨면 제
거된다】

洗蘇方木汚衣

【又 以硫黃煙熏洗之卽去】

5-36) 양매(楊梅)[136]즙 묻은 옷 빨래

【증보산림경제[137] 양매가 묻은 곳을 유황 연기
에 훈증하고 빤다】

洗楊梅汚衣

【又 以硫黃煙熏汚處洗之】

5-37) 감즙이나 배즙 묻은 옷 빨래

【증보산림경제[138] 찬물로 빤다. 뜨거운 물은 해
가 된다.

洗柿、梨汚衣

【又 以冷水濯之. 熱水爲
害.

---

132 출전 확인 안 됨.

133 《增補山林經濟》卷16 〈雜方〉 "治槐花汚衣方"《農書》5, 177쪽).

134 소방목(蘇方木):소목(蘇木)의 이칭. 콩과에 속하는 상록 교목. 혈액순환·지혈(止血)·소염 등의 효능이 있
어서 한방에서는 심재(心材)를 약재로 사용했으며, 염료로도 쓰였다.《본초강목》에 따르면 소방국(蘇方
國)이라는 섬나라가 이 나무의 산지였으므로 그 이름을 따서 소방목(蘇方木)이라 부른다고 했다.《본초강
목》〈목부〉 "소방목"에 나온다.

135 《增補山林經濟》, 위와 같은 곳.

136 양매(楊梅):소귀나무, 또는 그 열매. 나무껍질은 회색이고, 오랫동안 갈라지지 않으며, 청갈색 반점이 있
다. 나무껍질은 검은색을 내는 염료 및 약용으로 쓰인다.

137 《增補山林經濟》卷16 〈雜方〉 "治楊梅汚衣方"《農書》5, 178쪽).

138 《增補山林經濟》卷16 〈雜方〉 "治柿梨水汚衣方"《農書》5, 178쪽).

30 洗鐵……洗之:규장각본에는 '양매가 묻은 옷 빨래[洗楊梅汚衣]' 기사 다음 위치에 있다.

빨래터(《단원 풍속도첩》, 국립중앙박물관)

화한삼재도회 [139] 감의 떫은 즙에 물들면 등심초 달
인 즙을 차갑게 해서 빤다】

和漢三才圖會 柿澁汁染,
燈心煎湯汁冷洗】

5-38) 식초나 간장 묻은 옷 빨래

洗醋醬汚衣

【증보산림경제 [140] 연근으로 문지르면 흔적이 없
어진다】

【增補山林經濟 以藕根擦
之無跡】

139 《和漢三才圖會》 卷28 〈衣服類〉 "衣服之用" '裸'(《倭漢三才圖會》3, 528쪽).
140 《增補山林經濟》 卷16 〈雜方〉 "治酒醬汚衣方"(《農書》5, 178쪽).

5-39) 술 묻은 옷 빨래

【증보산림경제】[141] 깨끗한 강물로 빨아서 저절로
마르게 한다】

洗酒汚衣

【又 淨河水洗, 令自乾】

5-40) 습기로 눅눅한 옷 빨래

【증보산림경제】[142] 동아·은행·마늘[大蒜]로 빤
다. 또 생도라지를 흐물흐물하게 찧어 물에 며칠간
담갔다가 빤다. 습기에 생긴 얼룩이 바로 제거된다.

洗濕蒸變浥汚衣

【又 冬瓜、銀杏、大蒜洗.
又生桔梗爛擣, 浸水數日,
濯之. 濕蒸成斑者卽去.

경솔지 [143] 상의와 치마가 습기로 망가졌을 때에는
먼저 물에 적셨다가 그 다음 무즙으로 빤다.

鶊蟀志 衣裳蒸壞, 先以
水沈濕, 次用蘿葍汁洗之.

만가휘요 [144] 매우(梅雨, 5~6월에 내리는 장맛비)에 적시
고, 매화나뭇잎 끓인 물로 빤다. 또 5월 매우에 옷
이 상한 경우에는 매실즙으로 빤다. 또 장마 기간의
찜통 더위에 옷이 땀에 절었을 때 비파(枇杷)[145]의 씨
를 갈아 곱게 가루 내어 빨면 그 반점이 저절로 제거
된다】

萬家彙要 梅雨浥汗, 梅葉
湯洗. 又五月梅雨中衣物
懲者, 用梅汁洗之. 又梅
蒸衣汗, 以枇杷核研細末
洗之, 則其斑點自去】

5-41) 흑공단(黑貢緞)[146] 빨래

【고금비원】[147] 치자 달인 물로 빤다】

洗黑貢緞汚

【古今秘苑 以梔子水洗之】

141《增補山林經濟》卷16〈雜方〉"治酒汚衣方"(《農書》5, 177쪽).
142《增補山林經濟》卷16〈雜方〉"治衣服蒸濕變浥方"(《農書》5, 178쪽).
143 출전 확인 안 됨.
144 출전 확인 안 됨;《說郛》卷22下〈物類相感志〉"衣服"(《文淵閣四庫全書》877, 289쪽).
145 비파(枇杷):장미과에 속하는 상록소교목.
146 흑공단(黑貢緞):검은 빛깔의 무늬 없는 비단.
147《古今秘苑》〈1集〉卷3 "洗皁色衣", 3쪽.

5-42) 홍단(紅緞, 홍색 비단) 빨래

【증보산림경제[148] 마늘을 바르고 문지르면 그 색이 복구된다】

5-43) 대홍주(大紅紬, 짙은 홍색 명주) 빨래

【고금비원[149] 독한 증류주로 빤다】

5-44) 기름때 묻은 갓 빨래

【고금비원[150] 갓에 기름때가 묻거나 지밑대[151]에 땀이 배어 얼룩이 졌을 때에는 검은콩 달인 진한 물로 뜨거울 때 빤다. 또 오두(烏頭)[152] 달인 물로 뜨거울 때 빨면 그 기름때가 저절로 제거된다】

5-45) 두건의 기름때 빨래

【증보산림경제[153] 끓는 물에 소금을 넣고 두건을 흔들면서 헹구어 빨면 기름때가 저절로 떨어진다. 혹은 국수 끓인 물에 빨래해도 효과가 빼어나다】

洗紅緞汚

【增補山林經濟 以大蒜塗擦, 其色復舊】

洗大紅紬[31]

【古今秘苑 以火酒洗之】

洗笠子油汚

【又 笠子油汚或本汗透汚, 黑豆煎濃湯, 乘熱洗之. 又以烏頭煎湯, 熱洗之, 其汚自去】

洗油頭巾汚

【增補山林經濟 用沸湯入鹽, 擺洗則自落. 或洗于熱麵湯亦妙】

148《增補山林經濟》卷16〈雜方〉"治衣服蒸濕變浥方"《農書》5, 178쪽).

149《古今秘苑》〈1集〉卷3 "大紅油汚", 3쪽.

150《古今秘苑》〈1集〉卷3 "笠子油汚或汗透", 3쪽.

151 지밑대 : 갓 모자의 밑 둘레 밖으로 둥글넓적하게 된 양태와 모자 부분의 총모자를 이어주는 부분. 양태 안쪽에 인두로 지밑대를 붙여 총모자와 이어지도록 만든다.

152 오두(烏頭) : 바꽃의 뿌리를 채취하는 시기와 형태에 따라 오두, 부자(附子), 천웅(天雄), 측자(側子) 등으로 분류하는데, 봄에 채취하는 바꽃의 뿌리를 오두라 한다. 주로 한약재로 사용한다.

153《增補山林經濟》卷16〈雜方〉"治油頭巾方"《農書》5, 179쪽).

[31] 紬:《古今秘苑·大紅油汚》에는 "油".

5-46) 직물의 염색 물리기

【 화한삼재도회 [154] 목화씨 태운 재에 내린 즙으로
빨래하면 염색한 색이 빠져서 제거된다】

退染色布帛

【 和漢三才圖會 用綿實灰
汁洗, 則其染色脫去】

전공지 권제3 끝

展功志卷第三

---

[154] 《和漢三才圖會》卷28 〈衣服類〉"衣服之用" '裸'(《倭漢三才圖會》3, 528쪽).

4

전공지 권제 4
展功志 卷第四

임원십육지 31
林園十六志三十一

잠실난로는 잠실에 있는 화감(火龕, 불 피우는 감실)이다. 일반적으로 누에가 부화하면, 잠실 안의 사방 벽 앞에 빈 감실을 쌓는다. 그 모양은 삼성(參星)과 같게 하되, 영롱(玲瓏)한 무늬모양이 되도록 애써 만들어야 한다. 여기에 곧 숙화(熟火, 은은한 숯불)를 넣고 따뜻한 기운이 통하여 사방에 골고루 퍼지도록 한다.

누에 치는 집에서 숙화를 쓰지 않고 그때그때 땔나무로 불을 피우면 연기가 대바구니를 훈증한다. 그리하여 누에가 열기의 독을 계속 받아 대부분 검게 말라버린다.

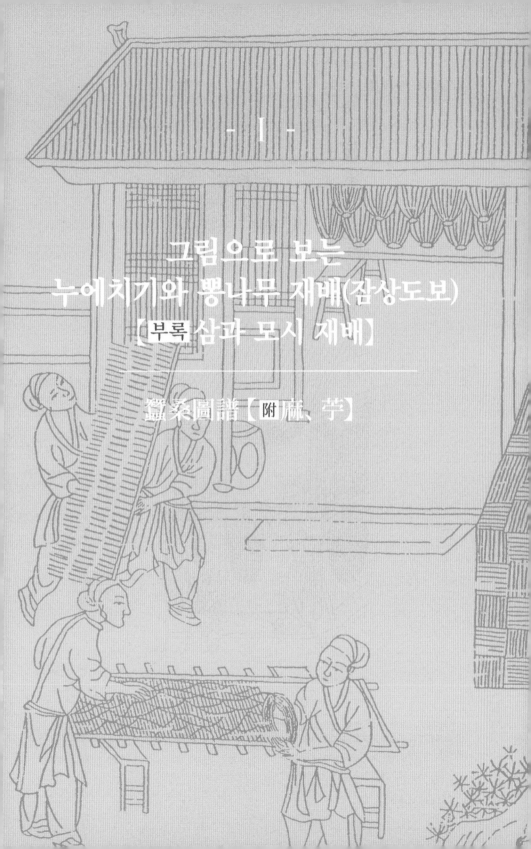

그림으로 보는
누에치기와 뽕나무 재배(잠상도보)
【부록 삼과 모시 재배】

蠶桑圖譜【附 麻、苧】

1) 잠실(蠶室, 누에 치는 건물)

蠶室

〈원도1〉 잠실(蠶室)[1]

---

1 이하의 원도는 모두 규장각본에 실려 있는 그림(보경문화사의 영인본을 옮김)이다. 인용문헌인 《왕정농서 (王禎農書)》의 그림과 비교할 수 있도록 하버드대학교 옌칭도서관에 소장된 《왕정농서》의 그림도 함께 수 록했다.

잠실(하버드대학교 옌칭도서관 소장본 《왕정농서(王禎農書)》)

잠실에 대해서는 《예기(禮記)》 〈제의(祭義)〉에서 다음과 같이 말했다. "예전에는 천자(天子)와 제후(諸侯)는 모두 공상잠실(公桑蠶室)² 을 가지고 있었으며, 냇가 가까운 곳에 만들었다. 이를 위해 건물을 지었으니, 그 높이가 1인(仞, 길) 3척이었다. 멧대추나무[棘]를 담장에 심었으며 바깥에서 문을 여닫게 했다. 삼궁(三宮)³의 부인(夫人)과 세부(世婦)⁴ 중에 길(吉)

蠶室, 《記》曰: "古者, 天子、諸侯皆有公桑蠶室, 近川而爲之. 築宮, 仞有三尺, 棘墙而外閉之. 三宮之夫人、世婦之吉者, 使入蠶室, 奉種浴於川, 桑於公桑."

---

2 공상잠실(公桑蠶室): 나라에서 백성들에게 양잠의 모범을 보이기 위한 용도로 운영하던 뽕밭과 누에치기 시설.

3 삼궁(三宮): 천자(天子)·태후(太后)·황후(皇后)를 지칭하는 말. 후대에는 제후(諸侯)를 지칭하는 의미로도 사용되었다.

4 세부(世婦): 제사(祭祀)와 빈객(賓客)을 관장하는 비빈(妃嬪). 대부의 아내를 지칭하는 의미로도 사용되었다.

한 사람을 잠실로 들여보내어 냇가에서 누에씨 씻는 일[種浴]과 공상(公桑)에서 뽕잎 따는 일을 받들게 했다."[5]

이것이 공상잠실의 제도이다.

민간의 잠실은 반드시 잠택(蠶宅, 누에 치는 집)을 가려 설치하되, 그늘을 등지고 햇볕을 향하며 땅은 평탄하면서 시원한 곳으로 자리잡는다.《왕정농서》[6]

此公桑蠶室也.

其民間蠶室, 必選置蠶宅, 負陰抱陽, 地位平爽.《王氏農書》

누에를 치는 집에는 반드시 잠실이 있다.《예기》에서 언급한 '공상잠실'은 곧 후비(后妃, 임금의 부인)가 직접 누에를 치는 곳이다. 한(漢)나라 원제(元帝)[7]의 왕황후(王皇后)[8]가 견관(繭館)[9]을 아꼈으며, 진(晉)나라 무제(武帝)[10] 태강(太康)[11] 연간 중에 잠궁(蠶宮, 누에 치는 건물)을 설립한 사례가 모두 이것이다.

養蠶之家必有蠶室.《禮》所稱"公桑蠶室"乃后妃親蠶之所. 漢 元帝 王皇后幸繭館, 晉 武帝 太康中立蠶宮, 皆此也.

그중 민간의 잠실 제도는 고금의 누에치기 전문 서적들에 갖추어 기재된 내용이 매우 상세하다. 널빤지로 만든 방에 조명창[照牕]과 걸개 발과 불을 밝히는 등을 통해 누에의 본성에 맞추어 온도를 조절했다.

其民間蠶室之制, 古今蠶書備載甚詳, 有版室照牕、挂簾、著火等, 節順蠶性而調寒燠.

대개 사람의 기운이 누에의 기운과 서로 훈증되

蓋人氣與之相薰, 不但害

---

5 예전에는……했다:《禮記正義》卷48〈祭義〉《十三經注疏整理本》15, 1552쪽).

6 《王禎農書》〈農器圖譜〉16 "蠶繰門" '蠶室', 374쪽 ;《農政全書》卷33〈蠶桑〉 "蠶事圖譜" '蠶室'《農政全書校注》, 913쪽).

7 원제(元帝) : B.C. 76~B.C. 33. 중국 한나라의 11대 황제인 고종(高宗, 재위 B.C. 48~B.C. 33). 본명은 유석(劉奭). 이전 황제들보다 더 유교를 중시한 정책을 실시했다.

8 왕황후(王皇后) : 중국 한나라의 11대 황제 원제(元帝)의 정실 왕후. 성명 미상.

9 견관(繭館) : 중국 한나라 궁중에서 왕후가 직접 누에를 치던 잠실.

10 무제(武帝) : 236~290. 중국 서진(西晉)의 초대 황제. 본명은 사마염(司馬炎). 그의 조부가 위(魏)나라의 대신으로, 촉(蜀)의 제갈량(諸葛亮)과 결전을 벌이고 노년에 정권을 잡은 사마의(司馬懿)이다.

11 태강(太康) : 중국 서진(西晉) 무제(武帝)의 3번째 연호(280~289년).

면 누에에게 해가 될 뿐 아니라 사람의 몸도 손상시킬 수 있다. 그러므로 별도의 방을 하나 만들어서 두 기운이 서로 뒤섞이지 않도록 해야 한다.

우리나라에서 누에를 치는 법은 매우 어리석고 황망하여 누에시렁, 누에발, 잠망, 누에섶 등의 도구를 강행(講行, 익혀 시행함)한 적이 없다. 잠실의 제도는 고려할 만한 정도의 수준이 더욱 아니어서 갓 태어난 개미누에를 사람이 사는 침소에 어지럽게 펼쳐 놓는 지경에 이르니, 이것은 참으로 해서는 안 될 일이다.

《왕정농서》를 살펴보면, 이미 잠실이 있었던 데다 또 누에섶[簇]에 누에를 올릴 때에는 비어 있는 건물에 누에섶을 두려고[12] 했다. 이것은 잠실과 족원(簇院, 누에섶 두는 건물)으로, 2개의 공간이 있었던 셈이다.

이를 지금 누에 치는 집과 견주어 보면, 법도에 따라서 별도로 잠실을 만들어 놓고, 먹이고 기르는 일을 갖추도록 한다. 그러다 누에 치는 일이 끝날 무렵에는 다른 건물을 쓰지 않고 그대로 이 잠실에 누에섶을 두고, 고치가 되기를 기다린다. 이렇게 하여 비용을 아낄 수도 있고 편리함을 얻을 수도 있을 것이다. 《경솔지(鶊蟀志)》[13]

於蠶, 亦可以損人, 故另搆一室, 使毋相淆也.

我東養蠶之法, 極其鹵莽, 槌、箔、網、簇, 無所講行. 蠶室之度, 尤非慮到, 及其生蟻亂鋪於居人之寢, 甚不可也.

考《王氏農書》, 既有蠶室, 又於上簇之時, 欲於空院置簇, 此則蠶室與簇院, 有二所也.

今擬蠶家, 別搆蠶室如度, 以備飼養. 及其終也, 仍於此室置簇以候成繭, 庶可省費而得便也.《鶊蟀志》

---

12 비어……두려고 : 이에 대한 설명과 그림은 아래 "누에섶[蠶簇]" 항목에 자세하게 나온다.
13 출전 확인 안 됨.

2) 잠실난로[火倉, 화창]

火倉

〈원도3〉 대로(擡爐)

火倉

〈원도2〉 잠실난로[火倉]

대로(《왕정농서》)

火倉 槌爐 寸

잠실난로(《왕정농서》)

잠실난로는 잠실에 있는 화감(火龕, 불 피우는 감실)이다. 일반적으로 누에가 부화하면, 잠실 안의 사방벽 앞에 빈 감실을 쌓는다. 그 모양은 삼성(參星)[14]과 같게 하되, 영롱(玲瓏)[15]모양이 되도록 애써 만들어야 한다. 여기에 곧 숙화(熟火, 은은한 숯불)를 넣고 따뜻한 기운이 통하여 사방에 골고루 퍼지도록 한다.

누에 치는 집에서 숙화를 쓰지 않고 그때그때 땔나무로 불을 피우면 연기가 뽕잎대바구니를 훈증한다. 그리하여 누에가 열기의 독을 계속 받아 대부분 검게 말라 버린다.

지금 대로(擡爐, 이동식 화로)를 만들 때는, 먼저 밖에서 땔감이나 똥【소똥】을 태운다. 그것을 들어다 잠실 안에 넣고, 각각의 감실 안에 적당한 양의 불을 피워 두고, 온도에 따라서 더하거나 줄여 나간다. 만약 온도가 고르지 않으면 나중에 누에가 자고 일어나는 시간이 반드시 고르지 않을 것이다【이상의 내용은 여러 누에치기 전문서적에 나온다[16]】.

《농서(農書)》에는 다음과 같이 말했다. "누에는 화(火)에 속한 종류라, 불을 써서 길러야 한다. 불을

火倉, 蠶室火龕也. 凡蠶生, 室內四壁挫疊空龕, 狀如參[1]星, 務要玲瓏, 頓藏熟[2]火, 以通煖氣四向均停.

蠶家或用旋燒柴薪, 煙氣薰籠, 蠶蘊熱毒, 多成黑蔫.

今制爲擡爐, 先自外燒過薪、糞【牛糞】. 舁入室內, 各龕約量頓火, 隨寒熱添減. 若寒熱不均, 後必眠起不齊【已上出諸蠶書】.

《農書》云:"蠶, 火類也, 宜用火以養之. 用火之法, 須

---

14 삼성(參星):28수 중 21번째 별자리. 10개의 별로 구성되었다. 28수 중 자성(觜星)과 합하면 서양의 별자리 오리온과 일치한다. 감실이 일정한 높이에 있지 않고 삼성처럼 사방으로 흩어진 모양을 표현한 말이다.

15 영롱(玲瓏):영롱은 파도무늬, 이어진 고리 모양, 옛 노전 모양과 같은 구조를 띤다. 깊게 뚫린 굴과 같은 부분이 광채가 찬란하고 안팎이 서로 비추기 때문에 '영롱'이라 하였다. 이러한 무늬를 이용하여 쌓은 담장을 '영롱담(玲瓏墻)'이라고 하며 이에 대해서는 《섬용지》 권1 〈건물 짓는 제도〉 "담장" '영롱담'에 나온다.

16 이상의……나온다:《전공지》 권2에서 《제민요술》과 《무본신서》를 인용하여 설명했다.

[1] 參:저본에는 "三". 《王禎農書·農器圖譜·蠶繅門·火倉》·《農政全書·蠶桑·蠶事圖譜·火倉》에 근거하여 수정.

[2] 熟:저본에는 "熱". 《王禎農書·農器圖譜·蠶繅門·火倉》·《農政全書·蠶桑·蠶事圖譜·火倉》에 근거하여 수정.

쓰는 법은 다음과 같다. 별도로 작은 화로 1개를 만들어 들고 잠실에 출입할 수 있도록 해야 한다. 불은 잠실 바깥에서 피워 숙화(熟火)로 만들어야 한다. 곡식의 겨를 태운 재로 불을 덮으면 불이 격렬하지 않고, 불꽃도 생기지 않는다."[17]

무릇 대로(擡爐)의 제도는, 한결같이 낮은 책상처럼 만든다. 그 내부에 화로 넣을 자리를 깊숙하게 만들고, 양옆에 손잡이를 내고 2명이 들고서 숙화(熟火)를 옮겨 잠실 안으로 들여보낸다.《왕정농서》[18]

別作一爐, 令可擡昇出入. 火須在外燒熟, 以穀灰蓋之, 卽不暴烈生焰."

夫擡爐之制, 一如矮床, 內嵌燒爐, 兩傍出柄, 二人昇之以送熟火.《王氏農書》

---

17 누에는……않는다 :《農書》卷下〈用火採桑之法〉4(《文淵閣四庫全書》730, 190쪽).《전공지》권2〈누에치기와 길쌈(하)〉 "누에치기" '온도 총론'에 나온다.

18 《王禎農書》〈農器圖譜〉16 "蠶繅門" '火倉', 376쪽 ;《農政全書》卷33〈蠶桑〉"蠶事圖譜" '火倉'(《農政全書校注》, 914~915쪽).

3) 누에시렁[蠶槌, 잠추]

蠶槌

〈원도4〉 누에시렁[蠶槌]

누에시렁(《왕정농서》)

누에시렁[蠶槌]【'槌'는 음이 추(墜)이다】에 대해서는 《예기(禮記)》에서 "계춘지월(季春之月, 3월)에 곡(曲)과 식(植)을 갖춘다."[19]라 했다. 식(植)은 곧 추(槌, 기둥)이다. 《무본직언(務本直言)》[20]에서는 "곡우날에 누에시렁을 세운다."[21]라 했다.

무릇 누에시렁은 4개의 나무를 세운다. 각각의 나무를 잠실기둥의 높이보다 높게 하여 잠실을 따라

蠶槌【音墜】,《禮》:"季春之月, 具曲、植." 植, 卽槌也. 《務本直言》云:"穀雨日竪槌."

夫槌, 立木四莖, 各過梁柱之高, 隨屋每間竪之. 其

19　계춘지월(季春之月, 3월)에……갖춘다:《禮記正義》卷15〈月令〉(《十三經注疏整理本》14, 568쪽).
20　무본직언(務本直言):중국 원나라의 학자 수정익(修廷益, ?~?)이 저술한 농서. 총 3권으로 이루어져 있으나, 원서는 일실되고 그 내용 중 일부가 《왕정농서》에 전한다.
21　곡우날에……세운다:출전 확인 안 됨.

칸마다 설치한다. 세운 나무의 바깥쪽에 톱니모양처럼 홈을 새겨 깊게 파고, 각각 기둥마다 뽕나무껍질로 줄을 만들어 둘러싼다【누에에게는 삼[麻]껍질이 좋지 않다】.

立木外旁, 刻如鋸③齒而深, 各每莖掛桑皮圓繩【蠶不宜麻】.

4개의 모서리[角]에 2개의 긴 잠연(蠶椽, 누에발받침가로대)22을 설치하고, 그 가로대 위에 갈대발을 평평하게 깔되, 조금 늘어뜨린다. 일반적으로 누에시렁에 10층으로 갈대발을 걸쳐 놓을 때, 각 층 사이의 거리를 0.9척 정도 떨어뜨려서 갈대발을 놓는다. 누에를 옮겨서 누에에게 뽕잎을 먹이는 시간에 누에발을 모두 위아래로 옮길 수 있다.

四角按二長椽, 椽上平鋪葦箔, 稍下縋之. 凡槌十④懸, 中離九寸以居箔, 擡飼之間, 皆可移之上下.

《농상직설(農桑直說)》23에는 다음과 같이 말했다. "누에시렁마다 상중하(上中下) 칸에 누에발 1개씩 모두 3개를 깐다. 그중 맨 위에 있는 발은 먼지를 받고, 그중 맨 아래에 있는 발은 습기를 막으며, 중간에 있는 발은 누에를 나누어 옮기는 데 쓴다."24《왕정농서》25

《農桑直說》云: "每槌上中下間鋪三箔, 上承塵埃, 下隔濕潤, 中備分擡." 《王氏農書》

---

22 잠연(蠶椽, 누에발받침가로대) : 자세한 설명은 다음의 '5. 잠연(蠶椽)' 항목에 나온다.
23 농상직설(農桑直說) : 중국 원나라 이전에 편찬된 농서로 추정되나, 원서는 일실되었다. 《왕정농서》에 그 내용 일부가 전한다.
24 누에시령의……준비한다: 출전 확인 안 됨.
25 《王禎農書》〈農器圖譜〉16 "蠶繅門" '蠶槌', 377쪽;《農政全書》卷33〈蠶桑〉"蠶事圖譜" '蠶槌'《農政全書校注》, 916~917쪽).
③ 鋸 : 저본에는 "鉅". 《王禎農書·農器圖譜·蠶繅門·蠶槌》·《農政全書·蠶桑·蠶事圖譜·蠶槌》에 근거하여 수정.
④ 十 : 저본에는 "下". 《王禎農書·農器圖譜·蠶繅門·蠶槌》·《農政全書·蠶桑·蠶事圖譜·蠶槌》에 근거하여 수정.

4) 누에발[蠶箔, 잠박]

蠶箔

蠶箔

〈원도5〉 누에발[蠶箔]

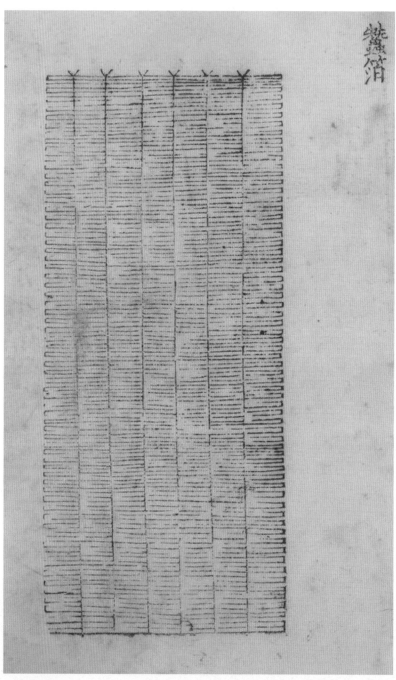

누에발(《왕정농서》)

누에발은 곡부(曲簿)[26]이다. 누에를 받치는 도구이다. 《예기》에 "곡(曲)과 식(植)을 갖춘다."[27]라 했다. 곡(曲)은 곧 박(箔, 발)이다. "주발(周勃)[28]은 부곡(簿曲)을 짜서 생계로 삼았다."라 했다. 안사고(顏師古)[29]의 주(注)에는 "위부(葦簿)가 곡(曲)이다."[30]라 했다.

북쪽 지방에는 누에를 치는 집이 많아서 농가의 뒷뜰이나 원포(園圃, 동산과 채소밭) 주변에 물억새[萑]나 갈대를 많이 심어 누에발의 재료로 쓴다. 가을이 지나면 베어 취한다. 그래서 북쪽 지방 사람들은 모두 자력으로 누에발을 짤 수 있다.

누에발은 각각의 넓이를 모두 합해서 사방 400척²넓이 정도가 되도록 나누어 만든다. 그런 다음 2개의 잠연(蠶椽, 누에발받침가로대)을 누에시렁 위에 걸쳐 놓고 누에밭을 안친다. 누에를 누에발에 나누어 옮기고 누에발 깔개를 제거할 때, 말거나 펴는 데에 사용하기 쉽도록 한다.

남쪽 지방은 물억새나 갈대가 매우 많으므로, 농가에서 이용하기 더욱 알맞아 누에치기에 널리 활용된다. 《왕정농서》[31]

蠶箔, 曲薄, 承蠶具也. 《禮》: "具曲, 植." 曲, 卽箔也. "周勃以織簿曲爲生." 顏師古注云: "葦簿爲曲".

北方養蠶者多, 農家宅院後或園圃間, 多種萑、葦, 以爲箔材. 秋後艾取, 皆能自織.

方可四丈, 以二椽棧之, 懸于槌上. 至蠶分擡去蓐時, 取其卷舒易用.

南方萑、葦甚多, 農家尤宜用之以廣蠶事. 《王氏農書》

---

26 곡부(曲簿) : 누에발[蠶箔]의 이칭.

27 곡(曲)과……갖춘다 : 《禮記正義》 卷15 〈月令〉 《十三經注疏整理本》 14, 568쪽).

28 주발(周勃) : ?~B.C. 169. 중국 한나라 초기의 장군. 어려서부터 가난했으므로 부곡(簿曲)을 짜서 생계를 삼았다고 전해진다. 진(秦)나라 말기 유방(劉邦)을 도와 한(漢)나라의 창건에 기여했다.

29 안사고(顏師古) : 581~645. 중국 당(唐)나라의 경학자(581~645). 이름은 주(籒)이고, 자는 사고(師古)이다. 태종(太宗)의 칙명으로 유교 경전을 주석하는 편찬 사업에 참여하여 많은 주소(注疏) 작업을 하였다.

30 주발(周勃)은……곡(曲)이다 : 《漢書》 卷40 〈張陳王周傳〉 10 《二十四史》 2, 2050쪽).

31 《王禎農書》 〈農器圖譜〉 16 "蠶繰門" '蠶箔', 378~379쪽 ; 《農政全書》 卷33 〈蠶桑〉 "蠶事圖譜" '蠶箔' 《農政全書校注》, 915쪽).

5) 잠연(蠶椽, 누에발받침가로대)   蠶椽

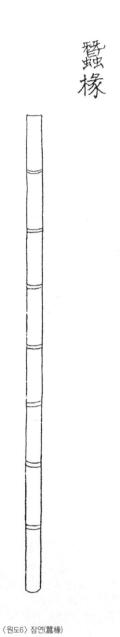

蠶椽

〈원도6〉 잠연(蠶椽)   잠연(《왕정농서》)

잠연은 누에발을 받치는 나무이다. 대나무를 쓰기도 한다. 길이는 12척이고, 모두 2개를 짝으로 삼아 누에시렁에 설치하여 누에발을 받친다.

반드시 곧고 가벼운 잠연이라야 상등품이다. 오래되어도 좀먹지 않는 잠연 역시 상등품이다【누에가 뽕잎을 먹을 때, 잎 위에 떨어진, 잠연을 좀먹어 생긴 가루를 먹게 되면 누에가 배변을 잘 할 수 없다】.《왕정농서》[32]

蠶椽, 架蠶箔木也. 或用竹. 長一丈二尺, 皆以二莖爲偶, 控于槌上以架蠶箔. 須直而輕者爲上. 久不蠹者又爲上【爲蠶因食葉上椽之蠹屑, 不能透砂】.《王氏農書》

---

32 《王禎農書》〈農器圖譜〉16 "蠶繅門" '蠶椽', 378쪽 ;《農政全書》卷33 〈蠶桑〉 "蠶事圖譜" '蠶椽'(《農政全書校注》, 917~918쪽).

6) 잠비(蠶筐, 누에광주리)　　　　　　　蠶筐

蠶
蚰
筐

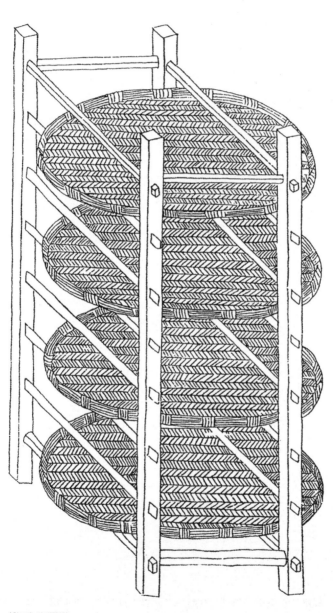

〈원도7〉 잠비(蠶筐)

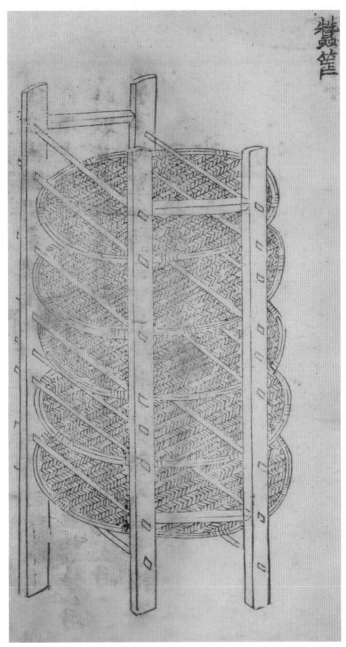

잠비(《왕정농서》)

잠비는 예전에 폐백(幣帛)을 담던 대그릇[竹器]이다. 지금은 이것으로 누에를 기른다. 그 이름 또한 같다.

대개 모양과 제도가 서로 비슷하다. 모양이 둥글면서도 조금 길쭉하며, 깊이가 얕지만 테두리가 있어서 누에가 살기에 적합하다. 개미누에를 누에발에 나누어 옮길 때 쓴다. 대나무시렁에 층층이 올려 놓으면 여기에 누에를 나누어 옮겨서 뽕잎을 먹이기 쉽다.

매요신(梅堯臣)33의 시(詩)에서는 "서로 더불어 잠곡 (蠶曲, 누에발) 만들고, 다시 특별히 균비(筠篚, 대광주리) 만드네."34라 했다.

북쪽에서는 누에발[蠶箔]을 사용하고, 남쪽에서는 잠비(蠶篚)를 사용한다. 이것들은 모두 잠구(蠶具, 누에치기도구)이다. 그러나 이 2가지를 가지고 논한다면, 남쪽과 같은 경우에는 누에가 클 때 누에발을 사용하는 반면 북쪽과 같은 경우에는 누에가 작을 때 잠비를 사용한다. 모두 그 적합한 용도를 얻었으니, 양쪽 모두 한 가지만 사용하지는 않는다. 《왕정농서》35

蠶篚, 古盛幣帛竹器, 今用育蠶, 其名亦同.

蓋形制相類, 圓而稍長, 淺而有緣, 適可居蠶. 蠶蟻及分居時用之. 閣以竹架, 易于擡飼.

梅聖兪詩云: "相與爲蠶曲, 還殊⑤作筠篚."

北箔南篚, 皆爲蠶具. 然彼此論之, 若南蠶大時用箔, 北蠶小時用篚, 庶得其宜, 兩不偏⑥也.《王氏農書》

---

33 매요신(梅堯臣) : 1002~1060. 중국 송나라의 시인. 자는 성유(聖兪), 호는 완릉(宛陵). 구양수(歐陽脩, 1007~1072)의 추천으로 국자감직강(國子監直講)이 되었다. 구양수 등의 시인과 함께 성당(盛唐, 당나라의 전성기)의 시를 바탕으로 삼았으나, 새로운 송시(宋詩)의 풍조를 열었다. 시집으로《완릉집(宛陵集)》60권이 있다.

34 서로……만드네:《宛陵集》卷51〈蠶薄〉《文淵閣四庫全書》1099, 367쪽).

35 《王禎農書》〈農器圖譜〉16 "蠶繅門" '蠶篚', 379쪽;《農政全書》卷33〈蠶桑〉"蠶事圖譜" '蠶筐'《農政全書校注》, 916쪽).

⑤ 殊 : 저본에는 "珠".《王禎農書·農器圖譜·蠶繅門·蠶篚》·《農政全書·蠶桑·蠶事圖譜·火蠶筐》·《宛陵集·蠶薄》에 근거하여 수정.

⑥ 偏 : 저본에는 "徧".《王禎農書·農器圖譜·蠶繅門·蠶篚》·《農政全書·蠶桑·蠶事圖譜·蠶筐》에 근거하여 수정.

7) 잠반(蠶槃, 네모진 누에광주리)

蠶槃

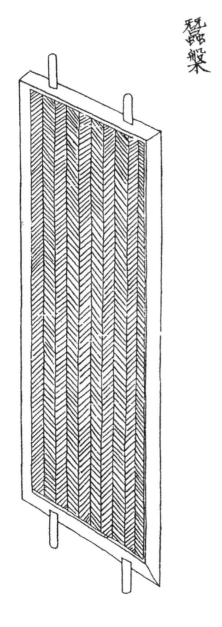

〈원도8〉잠반(蠶槃)

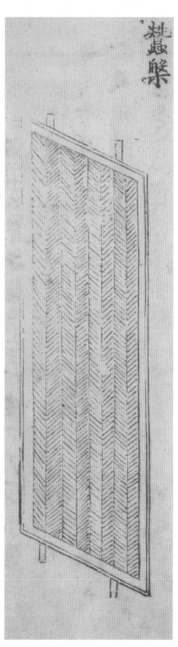

잠반(《왕정농서》)

잠반은 누에를 담는 그릇이다. 진관(秦觀)[36]의《잠서(蠶書)》에 다음과 같이 말했다. "사방 1척² 넓이 안에 붙어 있는 누에씨가 고치가 될 즈음에는 사방 400척² 넓이를 차지한다. 물억새나 갈대를 짜고, 푸르고 어린 대나무[蒼筤竹, 창랑죽]【'랑(筤)'은 래(來)와 당(唐)의 반절이다】로 틀을 삼아, 길이 7척 너비 5척으로 네모진 광주리[筐]를 만든다. 네모진 광주리는 위아래 0.9척 간격으로 안친다. 일반적으로 시렁 1개에 네모진 광주리를 10층으로 안쳐서 여기에 식잠(食蠶)[37]이 살도록 한다."[38]

지금은 네모진 광주리[筐]를 '반(槃)'이라 부른다. 또 나무로 틀[框]을 만들고 성글게 짠 대자리[簟]로 바닥을 삼아 나무시렁에 올려 둔다. 사용하는 법은 위와 같다.《왕정농서》[39]

蠶槃, 盛蠶器也. 秦觀《蠶書》云: "種變方尺, 及乎將繭, 乃方四丈. 織萑、葦、範以蒼筤【來唐切】竹, 長七尺, 廣五尺, 以爲筐. 懸筐中間九寸. 凡槌十[7]懸, 以居食蠶."

今呼筐爲"槃". 又有以木爲框, 以疏簟爲底, 架以木槌, 用與上同.《王氏農書》

---

36 진관(秦觀): 1049~1100. 중국 송나라의 시인. 자는 소유(少游). 저서로 누에치기 관련 농서인《잠서(蠶書)》가 있다.

37 식잠(食蠶): 개미누에에서 고치누에 이전까지 뽕잎을 먹고 성장하는 단계의 누에.

38 사방……한다:《蠶書》〈制居〉(《文淵閣四庫全書》730, 193쪽).《전공지》권2〈누에치기와 길쌈(하)〉"누에치기" '누에시렁 안치기'에 이미 나온 내용이다.

39 《王禎農書》〈農器圖譜〉16 "蠶繅門" '蠶槃', 380쪽;《農政全書》卷33〈蠶桑〉"蠶事圖譜" '蠶盤'(《農政全書校注》, 916쪽).

[7] 十: 저본에는 "下".《蠶書·制居》·《王禎農書·農器圖譜·蠶繅門·蠶槃》·《農政全書·蠶桑·蠶事圖譜·蠶盤》에 근거하여 수정.

8) 잠가(蠶架, 누에시렁)

蠶架

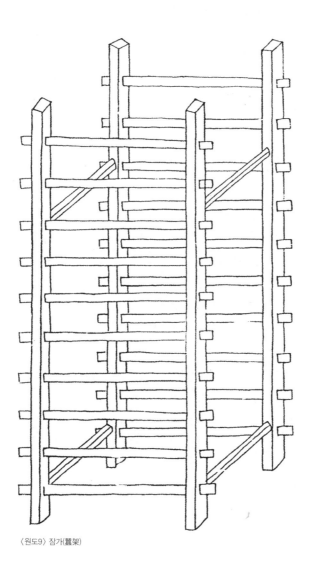

蠶架

〈원도9〉 잠가(蠶架)

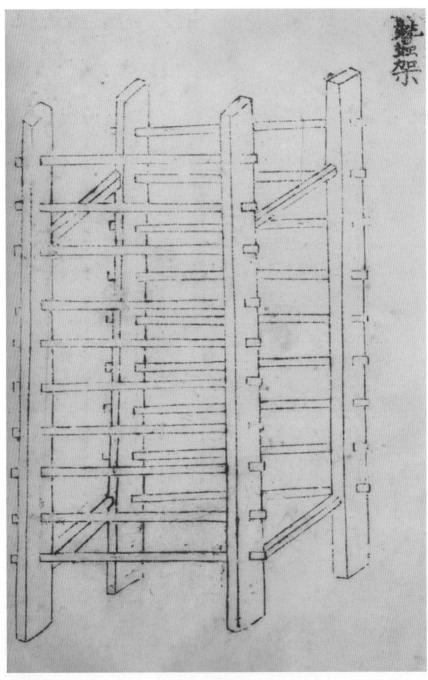

잠가(《왕정농서》)

잠가는 잠반(蠶槃)이나 잠비(蠶篚) 등을 층층이 올려 놓는 기구이다. 가느다란 나무기둥[枋]을 4개 세우는데, 그 높이는 8~9척 정도로 한다. 기둥 위부터 아래까지 대나무를 끼워서 10층의 가로대를 만든다.

층마다 모두 누에 기르는 잠반이나 잠비를 올려 놓되, 잠가의 크기에 맞추어 쓴다. 대개 잠비는 작은 잠가를 쓰고, 잠반은 큰 잠가를 쓴다.

이처럼 남쪽 지방의 잠반이나 잠비에 잠가가 함께 있는 방식은 북쪽 지방의 잠연(蠶椽)과 누에발에 누에시렁이 함께 있는 방식과 같다. 《왕정농서》[40]

蠶架, 閣蠶槃、篚具也. 以細枋四莖豎之, 高可八九尺, 上下以竹通作橫桄十層.

每層皆閣養蠶槃、篚, 隨其大小. 蓋篚用小架, 槃用大架.

此南方槃、篚有架, 猶北方椽、箔之有槌也. 《王氏農書》

---

40 《王禎農書》〈農器圖譜〉 16 "蠶繅門" '蠶架', 380쪽;《農政全書》卷33 〈蠶桑〉 "蠶事圖譜" '蠶架'(《農政全書校注》, 918쪽).

9) 잠망(蠶網, 누에그물)   蠶網

蠶網

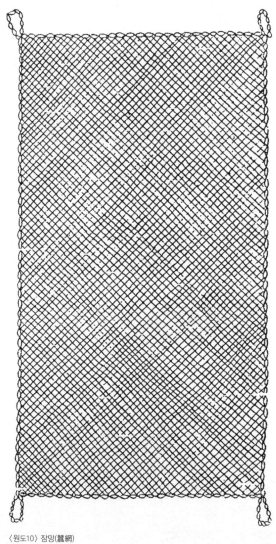

〈원도10〉 잠망(蠶網)

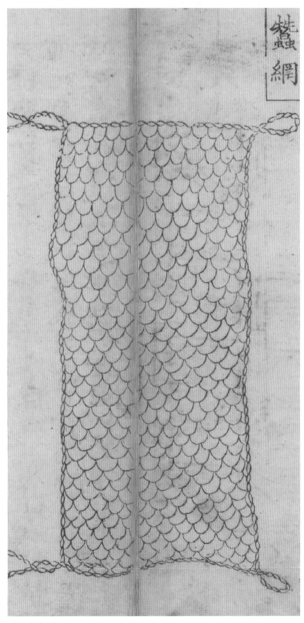

잠망(《왕정농서》)

잠망은 누에를 옮기는 도구이다. 노끈을 얽어 만드니, 어망(魚網) 제도와 같다. 그 길이와 너비는 누에가 놓여 있는 잠반(蠶槃)의 크기를 살펴 그에 맞게 만든다.

옻기름[漆油, 칠유]으로 잠망을 적셔 주면, 광택이 나면서 질겨지고 잘 망가지지 않는다. 벼리줄[網索][41]을 잠망 가장자리에 꿰어서 누에를 옮기면 옮길 때 그물의 형태를 유지하기가 많이 편리하다. 누에가 있는 잠반을 바꾸어 옮겨야 할 때에는 먼저 그위에 잠망을 깔고 난 뒤 뽕잎을 뿌린다. 누에가 뽕잎 냄새를 맡으면 모두 잠망의 그물눈을 뚫고 올라와서 뽕잎을 먹는다.

누에가 뽕잎으로 일제히 올라오면 두 사람이 잠망을 들어 별도의 잠반으로 옮겨 놓는다. 빠져서 남은 누에는 집어서 버린다. 누에를 손으로 옮기는 수고에 비했을 때 2배 이상 노동력을 줄일 수 있다.

남쪽 지방에서는 누에 기를 때 대부분 이 법을 쓴다. 북쪽 지방에서는 누에가 작을 때 역시 이 방법을 써야 한다. 《왕정농서》[42]

蠶網, 擡蠶具也. 結繩爲之, 如魚網之制. 其長短廣狹, 視蠶槃大小制之.

沃以漆油, 則光緊難壞; 貫以網索, 則維持多便. 至蠶可替時, 先布網于上, 然後灑桑. 蠶聞葉香, 皆穿網眼上食.

候蠶上葉齊, 共手提網, 移置別槃. 遺餘拾去. 比之手替, 省力過倍.

南蠶多用此法. 北方蠶小時, 亦宜用之. 《王氏農書》

---

41 벼리줄[網索] : 원문의 망(網)을 강(綱, 벼리)으로 풀었다. 《농정전서교주》, 932쪽 주35번 참조.
42 《王禎農書》〈農器圖譜〉16 "蠶繅門" '蠶網', 381쪽 ; 《農政全書》卷33 〈蠶桑〉 "蠶事圖譜" '蠶網'(《農政全書校注》, 918~919쪽).

10) 잠표(蠶杓, 누에 구기[43])

蠶杓

蠶杓

〈원도11〉 잠표(蠶杓)

잠표《왕정농서》

---

43 구기 : 술이나 물을 푸는 국자 모양의 기구.

잠표에 대해서 《집운(集韻)》[44]에는 "표(杓, 구기자루)는 작(勺, 구기)으로 쓴다."[45]라 했다. 이것은 양기(量器, 계량하는 도구)이다. 《주례(周禮)》에는 "작(勺)은 1승(升)을 담을 수 있다."[46]라 했다. 이것은 술을 뜨기 위한 용도이다. 《설문해자》에는 "표(杓)는, 음이 표(摽)이다."[47]라 했다.

지금은 물건을 뜨는[酌] 기구를 표(杓)라 한다. 이 중에서 잠표(蠶杓)를 만들 적에는 나무를 베어 깎아내되, 머리의 크기는 술잔과 같고, 손잡이의 길이는 3척 정도로 한다. 가령 잠반(蠶槃) 위에 누에가 없는 곳이 있거나, 먹이는 뽕잎이 지나치게 적은 곳이 있으면 반드시 이 잠표로 누에나 뽕잎을 옮겨서 그곳을 보충한다.

누에가 익어서 누에섶으로 들어갈 때 혹 모여 있는 누에의 밀도가 고르지 않으면 역시 잠표를 써서 고르게 펴 준다. 혹시 거리가 멀어 닿지 않는 곳이 있으면 다시 대나무를 그 자루에 붙여 자루의 길이를 길게 한다. 이것은 남쪽 지방 민간에서 누에 치는 법이다.

북쪽 지방의 누에발이나 누에섶은 상당히 커서 팔로 이곳저곳 모두 닿을 수 없는 경우가 있다. 이때

蠶杓, 《集韻》: "杓作勺." 量器也. 《周禮》: "勺容一升." 所以斟酒. 《說文》: "杓, 音摽."

今云酌物爲杓. 此作蠶杓, 斲木劚之, 首大如杯, 柄長三尺許. 如槃蠶空隙, 或飼葉偏疏, 則必持此迻之以補其處.

至蠶老歸簇, 或稀密不倫, 亦用均布. 倘有不及, 復以竹接其柄. 此南俗蠶法.

北方箔、簇頗大, 臂指間有不能周徧, 亦宜假此以便

44 집운(集韻) : 중국 북송의 음운학자 정도(丁度, 990~1053) 등이 왕명을 받아 편찬한 운서. 글자를 206개의 운(韻)으로 나누고 그에 따라 5만여 자를 배열하였다.

45 표(杓, 구기 자루)는……쓴다 : 《集韻》 卷10 〈入聲下〉 "藥" 18 '杓'(《文淵閣四庫全書》236, 748쪽).

46 작(勺)은……있다 : 《周禮注疏》 卷41 〈冬官考工記〉下 〈梓人〉(《十三經注疏整理本》9, 1334쪽).

47 표(杓)는……표(摽)이다 : 현재 전하는 《설문해자》에서는 이 구절이 확인되지 않는다. 《강희자전》에서는 《집운》을 인용하여 이 글자의 발음을 '卑遙切' 즉 '표(標)'라 표기했다. 《說文解字》 6篇上 〈木部〉 '杓'(《說文解字注》, 261쪽) ; 《御定康熙字典》 卷14 〈辰集中〉 "木部" '杓'(《文淵閣四庫全書》 230, 28쪽) 참조.

에도 역시 이 도구를 빌려서 일을 편리하게 해야 한 다. 그러므로 행여라도 이 도구를 소홀히 여기지 말 아야 한다. 《왕정농서》[48]

其事, 幸毋忽諸. 《王氏農 書》

---

[48] 《王禎農書》〈農器圖譜〉16 "蠶繰門" '蠶杓', 382쪽 ; 《農政全書》卷33 〈蠶桑〉"蠶事圖譜" '蠶杓'(《農政全書校注》, 919쪽).

11) 누에섶[蠶簇, 잠족]　　　　　　　　　蠶簇

蠶簇

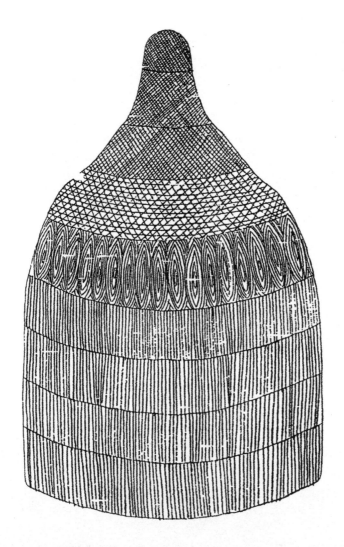

〈원도12〉 단족(團簇)

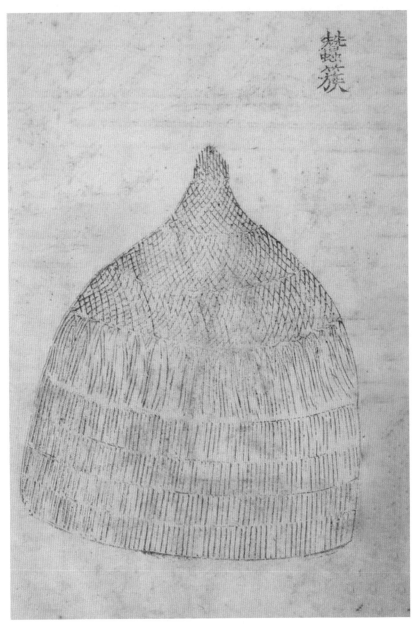

잠족((왕정농서))

馬頭簇

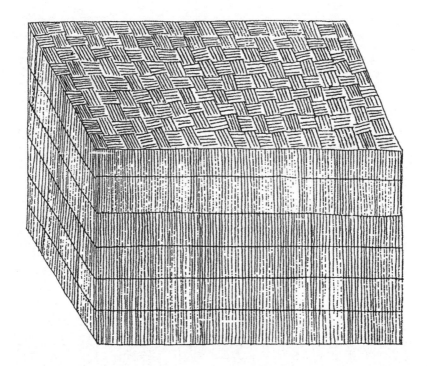

〈원도13〉 마두족(馬頭簇)

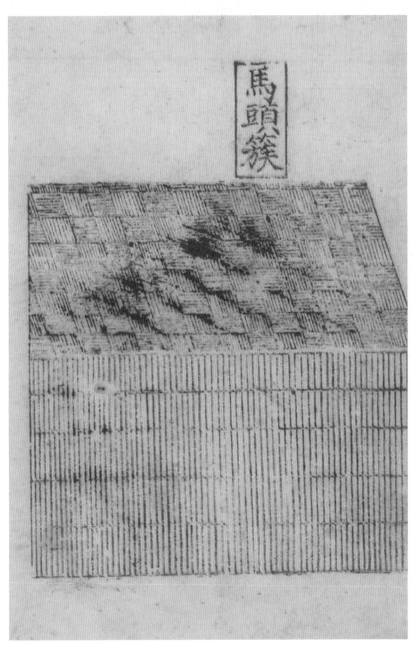

마두족《왕정농서》

空院置簇

〈원도14〉집 안 공터에 누에섶을 설치하다[空院置簇]

누에섶을 올리다(《왕정농서》)[49]

49 누에섶[蠶簇] : 그림에 적혀 있는 "잠족(蠶簇)"은 "상족(上簇, 누에섶을 올리다)"으로 수정되어야 한다. 《왕정농서》, 383쪽 ; 《농정전서교주》 932~933쪽, 주 43번 참조.

누에섶에 대해서는 《농상직설(農桑直說)》에 "누에섶을 만드는 재료로는 쑥우듬지[蒿梢]·떨기섶[叢柴]50·이엉 등을 쓴다."51라 했다.

일반적으로 누에섶을 만들 때는, 먼저 족심(簇心)을 세운다. 긴 가로대[椽] 5개를 사용하여 그 위쪽 끝의 한 곳을 교차하여 한데 묶고 고정시킨다. 바깥쪽에는 갈대발[蘆箔]을 얽어서 결합시킨다. 이것이 족심(簇心)이다.

이어서 주위에 쑥우듬지를 고르게 세운다. 누에를 섶에 다 펼쳐 놓고 나서 다시 누에발로 둘러싸거나 이엉으로 얽어 놓는다. 누에섶의 꼭대기에는 둥근 정자지붕처럼 만든다. 이것이 단족(團簇)52이다.

蠶簇,《農桑直說》云: "簇, 用蒿梢、叢柴、苫席等也."

凡作簇, 先立簇心. 用長椽五莖, 上撮一處繫定, 外以蘆箔繳合, 是爲簇心.

仍周圍均豎蒿梢. 布蠶簇訖, 復用箔圍及苫繳, 簇頂如圓亭者, 此團簇也.

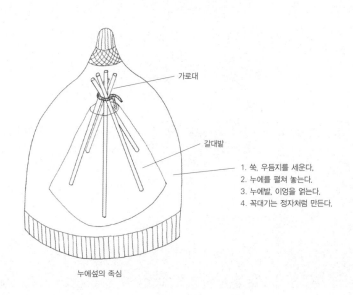

가로대

갈대발

1. 쑥, 우듬지를 세운다.
2. 누에를 펼쳐 놓는다.
3. 누에발, 이엉을 얽는다.
4. 꼭대기는 정자처럼 만든다.

누에섶의 족심

---

50 떨기섶[叢柴]: 더부룩하게 무더기로 모아 놓은 땔감.
51 누에섶을……쓴다: 출전 확인 안 됨.
52 단족(團簇): 누에가 소량일 때 주로 사용하는, 둥근 모양의 누에섶.

또 마두장족(馬頭長簇, 길이가 긴 마두족)[53]이 있다. 양쪽 끝에 기둥을 세운 다음 중앙에 횡량(橫梁, 가로 놓인 들보)을 건다. 이어서 양옆에 가느다란 가로대를 서로 덮어서 족심을 만든다. 나머지는 보통의 방법대로 한다. 이것은 횡족(橫簇)이다. 단족과 마두족 모두 북쪽 지방의 누에섶 만드는 법이다.

예전에 남쪽 지방의 누에섶을 보니, 다만 잠실의 잠반(蠶槃) 위에 짧은 풀을 깔아 섶으로 삼았다. 이 때문에 사람은 노동력을 줄인 데다 누에 역시 손상이 없었다.

또 남쪽 지방의 잠서(蠶書)를 살펴보면 "누에섶이나 누에발[簇箔]을 놓기 위해서는 삼나무[杉木]를 쪼개어 격자[枋][54]를 만드는데, 격자는 길이가 6척이고 너비가 3척이다. 격자 위에 화살대[箭竹]로 마안도(馬眼橢)[55]를 만들고 띠풀[茅]을 꽂되, 간격을 적당하게 한다. 여기에 다시 잎이 없는 조릿대[竹篠, 죽소]를 가로세로로 덮는다. 섶 뒤쪽에는 갈대발을 깔고 대껍질[竹篾, 죽멸]로 뒤쪽과 앞쪽을 꿰어 동여맨다. 그러면 누에가 여기에 발을 디딜 수 있어서 거꾸러지거나 떨어질 걱정이 없다."[56]라 했다. 이것은 모두 남쪽의 누에섶이다.

위에 있는 글에서 설명한 북쪽 누에섶에 비하면

又有馬頭長簇. 兩頭植柱, 中架橫梁, 兩傍以細椽相搭爲簇心, 餘如常法. 此橫簇, 皆北方蠶簇法也.

嘗見南方蠶簇, 止就屋內蠶槃上, 布短草簇之, 人旣省力, 蠶亦無損.

又案南方蠶書云: "簇、箔, 以杉木解枋, 長六尺, 闊三尺. 以箭竹作馬眼橢, 插茅, 疏密得中. 復以無葉竹篠縱橫搭之. 簇背鋪蘆箔, 而以竹篾透背面縛之, 卽蠶可駐足, 無跌墜之患." 此皆南簇.

較之上文北簇, 則蠶有多

---

53 마두장족(馬頭長簇, 길이가 긴 마두족):누에가 대량일 때 주로 사용하는, 직육면체모양의 누에섶.
54 격자[枋]:방(枋)은 방(方)과 같다. 《농정전서교주》, 933쪽 주45번.
55 마안도(馬眼橢):마안은 바둑판무늬이다. 도(橢)는, 칸을 나눈 기물(器物)을 뜻한다. 마안도는 마름모모양의 바둑판처럼 칸을 나눈 기물을 말한다.
56 누에섶이나……없다:출전 확인 안 됨;《農書》卷下〈簇箔藏繭之法〉5(《文淵閣四庫全書》730, 191쪽).

누에의 양이 다르기 때문에 누에섶에도 그 크기와 제작의 난이도가 같지 않은 것이다.

그러나 이전에 논한 적이 있듯이, 남쪽과 북쪽의 누에섶 만드는 법은 모두 중도를 얻지 못했으니, 어째서인가? 무릇 남쪽의 누에섶은 누에가 적어서 그 규모가 협소하기 때문에 거의 재미삼아 발휘한 기술과 같다. 이 때문에 얻는 이익도 적었다.

반면 북쪽의 누에섶은 비록 규모가 크지만 그 폐단도 상당히 많다. 쑥이나 떨기섶을 겹쳐 쌓아 놓아서 고치를 덮어 누르는 폐해가 없지 않다. 바람을 맞고 비에 젖기도 하고, 뒤집어질 우려가 있기도 하다【비를 맞아서 누에섶이 뒤집어지는 경우를 말한다】.

게다가 안과 밖의 온도가 고르지 않거나, 누에섶의 높이나 밀도가 적절하지 않아, 누에섶 안에서 병이 생기게 된다. 따라서 고치가 줄어드는 일은 모두 이 이유로 인해 일어난다. 그러나 이 습속이 이미 오래되었기에 갑자기 바꿀 수는 없었다.

최근에 누에를 잘 치는 사람의 좋은 법 하나를 들었다. 그 법은 다음과 같다. 자기 집에서 기르는 누에의 분량을 대략 헤아려, 집 안의 공터를 잘 고른 다음 가로대나무와 이엉(누에섶 덮개용) 등의 재료를 올리고 등마루가 길게 이어진 큰 건물을 짓는다. 보통 때에는 다른 용도로 쓰다가 누에가 익을 때가 되면 그 건물 안에 누에섶을 설치한다. 건물의 길이에 따라서 먼저 족심(簇心)을 짜맞추고 밑에는 동굴처럼 곧게 비운다.

땅을 파서 기다란 구유모양의 홈을 만들되, 너비

少, 故簇有大小、難易之不同也.

然嘗論之，南北簇法俱未得中, 何哉? 夫南簇蠶少, 規制狹小, 殆若戱技, 故獲利亦薄.

北簇雖大, 其弊頗多. 蒿、薪積疊, 不無覆壓之害. 風雨浸浥, 亦有翻倒之虞【謂經雨倒簇】.

復內外寒燠之不均, 或高下、稀密之易所, 以致簇內病生, 繭少皆由此故. 習俗既久, 未能遽革.

今聞善蠶者一法. 約量本家育蠶多少, 選於院內空地, 就添椽木、苫草等物, 作連脊廈屋. 尋常別用, 至蠶老時, 置簇於內, 隨其長短, 先構簇心, 空直如洞.

就地掘成長槽, 隨宜闊狹,

는 적당하게 한다. 그 옆으로 사람이 출입할 수 있게 하여 화후(火候)를 대비한다【화후는 불을 쓰는 법을 말한다】.

건물 바깥에서는 층을 낸 누에시렁을 두루 만든다. 층마다 쑥우듬지를 펴서 깔고 누에의 거처를 고르게 해 준다. 섶 올리기가 끝나면 이를 겹 누에발[箔]로 둘러싼다.

만약 누에가 적고 건물의 공간이 많으면 창문을 열어 놓고 건물 안에서 누에섶을 올려도 된다. 이처럼 하면 위에는 덮개가 있고 아래는 습기가 없으며, 누에시렁은 모두 널찍하고 평평하여 누에가 저절로 평온하게 자랄 것이다. 또 모든 누에섶에 불을 사용하면 보살피기에 편리하다.

남쪽과 북쪽의 제도 중에서 단점은 제거하고 장점만 취해서 이처럼 좋은 법으로 만들어 모두 이용하도록 하면 처음부터 끝까지 부족함이 없을 것이다.

그러므로 매요신의 〈잠족(蠶簇)〉이라는 시에 "비바람 차가울까 매우 두려우니, 바깥에 두면 집 안에 둠만 못하네."[57]라 했으니, 바로 이를 말하는 것이다.《왕정농서》[58]

旁可人出入以備火候【謂用火法也】.

外則周以層架, 隨層臥布蒿梢以均蠶居. 旣畢, 用重箔圍之.

若蠶少屋多, 疏開牕戶, 就內簇之亦可. 如此則上有苫覆, 下無濕潤, 架旣寬平, 蠶乃自若. 又總簇用火, 便於照料.

南北之間, 去短就長, 制此良法, 皆宜用之, 則始終無慊矣.

故梅聖兪《蠶簇》詩云"競畏風雨寒, 露置未如屋", 正謂此也.《王氏農書》

---

57 비바람이⋯⋯못하네:《宛陵集》卷51〈蠶簇〉(《文淵閣四庫全書》1099, 367쪽).
58《王禎農書》〈農器圖譜1〉16 "蠶繰門" '蠶簇', 382~384쪽;《農政全書》卷33〈蠶桑〉"蠶事圖譜" '蠶簇'(《農政全書校注》, 919~921쪽).

12) 견옹(繭甕, 고치항아리)

〈원도15〉 견옹(繭甕)

견옹(일본 국립공문서관 소장본 《왕정농서》)[59]

---

59 이하 《왕정농서》 그림 중 하버드대학교 옌칭도서관 소장본에 누락된 그림은 일본 국립공문서관 소장본의
그림으로 대체했다.

견옹에 대해서는 잠서(蠶書)에 다음과 같이 말했다. "일반적으로 고치가 축축해지면, 땅 위쪽에 큰 항아리를 줄지어 묻고 항아리 안에 먼저 대자리[竹簀]를 편다. 다음에 큰 오동잎으로 대자리를 덮는다. 그제야 여기에 고치를 깔고 소금을 뿌린다."[60]

繭甕, 蠶書云: "凡浥繭, 列埋大甕地上, 甕中先鋪竹簀, 次以大桐葉覆之, 乃鋪繭, 摻鹽."

【안 이 인용문은 원편(原編)에 상세하게 보인다[61]】

【案 其文詳見原編】

대개 고치가 많으면 미처 다 켜지 못하기 때문에 곧 소금으로 보관한다. 그러면 누에나방이 바로 나오지 못한다. 게다가 소금으로 보관하면 실이 부드러우면서도 질기고 윤기가 난다. 또 고르면서 가늘게 뽑을 수 있다.

蓋爲繭多不及繅取, 卽以鹽藏之, 蛾乃不出. 其絲柔韌潤澤, 又得均細.

이는 남쪽 지방의 고치를 소금에 담그는 법으로, 항아리를 사용하는 경우가 매우 많다. 그러니 미리 준비하지 않을 수 있겠는가? 《왕정농서》[62]

此南方淹繭法, 用甕頗多, 可不預備? 《王氏農書》

60 일반적으로……뿌린다 : 출전 확인 안 됨;《農書》 卷下 〈簇箔藏繭之法〉 5(《文淵閣四庫全書》 730, 191쪽).

61 이……보인다 : 진부의 《농서》의 인용부분이 원편인 《전공지》 본문에 보인다는 말이다. 이 내용은 《전공지》 권2 〈누에치기와 길쌈(하)〉 "고치에서 실켜기(소견)" '고치 골라서 손질하기[擇治]'에 나온다.

62 《王禎農書》 〈農器圖譜〉 16 "蠶繅門" '蠶甕', 386쪽;《農政全書》 卷33 〈蠶桑〉 "蠶事圖譜" '繭甕'(《農政全書校注》, 921쪽).

13) 견롱(繭籠, 고치광주리)　　　　　　　　繭籠

繭籠

〈원도16〉 견롱(繭籠)

견롱(일본 국립공문서관 소장본 《왕정농서》)

견룡은 고치를 찌는 기구이다. 《농상직설(農桑直說)》에 다음과 같이 말했다. "대바구니 3개를 이용하되, 먼저 연한 풀로 만든 발 1개를 솥아가리에 올리고, 대바구니 2개를 그 위에 앉힌다. 대바구니 안에 고치를 균일하게 편다. 이때 두께는 손가락 3개 포갠 정도의 높이이다.

고치 위에 자주 손을 대고 열기를 확인해본다. 만약 손이 뜨거움을 견디지 못할 정도이면 아래쪽의 대바구니 1개는 꺼내도 된다. 바로 이어서 세 번째 대바구니 1개를 솥에 찌던 대바구니 위에 올린다."[63]

이와 같이 위아래로 교체해 주어야 하기 때문에 반드시 견룡을 사용해야 한다. "이때 또한 고치가 너무 쪄지면 안 된다. 너무 쪄지면 고치의 실마리가 연해지기 때문이다. 또 덜 쪄져도 안 된다. 덜 쪄지면 누에나방이 반드시 고치를 뚫고 나오기 때문이다. 손등이 뜨거움을 견디지 못할 정도면 고치가 거의 알맞게 쪄진 것이다."[64] 이것이 견룡으로 고치를 찌는 법이다.

【이미 쪄 낸 고치는 잠실 시렁의 누에발 위에는 그 한쪽 끝에서부터 대바구니의 쪄진 고치를 놓은 다음 손으로 펴 준다. 누에발 위에 고치가 가득 차

繭籠, 蒸繭器也.《農桑直說》云:"用籠三扇, 以軟草扎圈, 加於釜口, 以籠兩扇坐於其上. 籠內均鋪繭, 厚三指許.

頻於繭上, 以手試之. 如手不禁熱, 可取去底扇, 却續添一扇在上."

如此登倒上下, 故必用籠也."不要蒸得過了, 過則軟了絲頭; 亦不要蒸得不及, 不及則蛹必鑽了. 如手不禁熱, 恰得合宜."此用籠蒸繭法也.

【將已蒸過繭, 於蠶房槌箔上, 後頭合籠內[8]繭在上, 用手撥動. 如箔上繭滿,

---

63 대바구니……올린다: 출전 확인 안 됨;《農桑輯要》卷4〈簇蠶、繰絲等法〉"蒸餾繭法"(《農桑輯要校注》, 150~151쪽);《農政全書》卷31〈蠶桑〉"總論"(《農政全書校注》, 861~862쪽).

64 이때……것이다: 출전 확인 안 됨;《農桑輯要》卷4〈簇蠶、繰絲等法〉"蒸餾繭法"(《農桑輯要校注》, 151쪽);《農政全書》卷31〈蠶桑〉"總論"(《農政全書校注》, 862쪽).

⑧ 內: 저본에는 "冷".《農政全書·蠶桑·蠶事圖譜·繭籠》에 근거하여 수정.

면 곧바로 다시 하나의 발을 편다. 열이 다 식으면 위를 가는 버드나무 가지로 살짝 덮어 둔다.

그 고치는 바로 당일에 모두 쪄야 한다. 만약 모두 찌지 않으면 다음날 반드시 누에나방이 나오게 되어 있다. 이와 같이 하면 고치를 켤 실은 한결같이 잘 켜질 것이다.

솥의 끓는 물에 소금 2냥과 기름 1냥을 넣으면 쪄지는 고치는 그 실마리가 마르지 않는다. 만약 찔 고치가 많으면 기름과 소금을 필요할 때마다 그때그때 넣어 준다】《왕정농서》[65]

打起更攤一箔. 候冷定, 上用細柳梢微覆了.
其繭只於當日都要蒸盡, 如蒸不盡, 來日定要蛾出. 如此, 繰絲有一般快.

釜湯內, 用鹽二兩、油一兩, 所蒸繭, 不致乾了絲頭. 如鍋小繭多, 油、鹽旋入】《王氏農書》

---

65 《王禎農書》〈農器圖譜〉16 “蠶繅門”‘繭籠’, 387쪽 ;《農政全書》卷33 〈蠶桑〉“蠶事圖譜”‘繭籠’(《農政全書校注》, 921~922쪽).

14) 누에알받이종이[蠶連, 잠련]　　　蠶連

누에알받이종이(일본 국립공문서관 소장본 《왕정농서》)

누에알받이종이는 잠종지(蠶種紙)[66]이다. 예전에는 연이대지(連二大紙)[67]를 사용했다. 개미누에가 알에서 깨어난 뒤 누에알받이종이를 실로 길게 연결되도록[連] 듬성하게 꿰매어 모두 하나의 누에알받이종이로 만든다. 그렇기 때문에 '연(連)'이라 했다. 종이 만드는 장인이 일찍이 별도로 뽑아 만들어 팔았다.

《무본신서(務本新書)》에 "누에알받이종이는 두터운 종이가 제일 좋다. 얇은 종이는 젖는 피해를 막을 수 없다. 가령 알받이종이로 소회지(小灰紙)[68]를 쓰면 효과가 더욱 빼어나다."[69]라 했다. 누에알받이종이는 반드시 적당한 때에 물로 씻어야 한다. 《왕정농서》[70]

蠶連, 蠶種紙也. 舊用連二大紙. 蛾生卵後, 又用線長綴, 通作一連, 故因日"連". 匠者, 嘗別抄以鬻之.

《務本新書》云: "蠶連, 厚紙爲上, 薄紙不禁浸浴. 如用小灰紙, 更妙." 連須以時浴之. 《王氏農書》

---

66 잠종지(蠶種紙): 누에치기할 때 사용하는, 누에의 알을 붙인 종이.

67 연이대지(連二大紙): 연사지(連史紙)의 일종으로, 바탕이 백색이며 질기고 고운 종이.

68 소회지(小灰紙): 중국 사천성(四川省) 성도(成都)에서 주로 생산하던 고급 종이. 쌍류지(雙流紙)라고도 한다.

69 누에알받이종이는……빼어나다: 출전 확인 안 됨;《農桑輯要》卷4〈養蠶〉"收種"(《農桑輯要校注》, 126쪽).《전공지》권2〈누에치기와 길쌈(하)〉"누에치기" '누에씨 거두기'에 나온다.

70 《王禎農書》〈農器圖譜〉16 "蠶繅門" '蠶連', 393~394쪽;《農政全書》卷33〈蠶桑〉"蠶事圖譜" '蠶連'(《農政全書校注》, 921~926쪽).

15) 상궤(桑几, 뽕잎 따는 걸상)

桑几

桑几

〈원도18〉 상궤(桑几)

상궤(일본 국립공문서관 소장본 《왕정농서》)

상궤의 모양은 높은 걸상[凳]과 같다. 다리 사이에 횡목을 2개씩 가로로 꽂은 다음 올라서는 계단을 만든다. 일반적으로 유약한 뽕나무는 사다리가 기대는 힘을 이겨내지 못하므로 반드시 상궤 위에 올라서야 잎을 쉽게 딸 수 있다.

《제민요술》에는 "뽕잎을 따려면 반드시 높은 상궤를 써야 한다."[71]라 했다. 《사농필용》에는 "높은 상궤를 짊어지고 다니면서 나무 주변에 놓고 오르내리며 딴다."[72]라 했다.

지금 누에치는 집에서 저 여상(女桑)[73]을 딸 때는 이것이 편리한 기구이다.《왕정농서》[74]

桑几, 狀如高凳, 平穿二桄, 就作登級. 凡柔桑不勝梯附, 須登几上, 乃易得葉.

《齊民要術》云: "採桑, 必須高几."《士農必用》云: "擔負高几, 遶樹上下."

今蠶家採彼女桑[9], 茲爲便器.《王氏農書》

---

71 뽕잎을……한다:《齊民要術》卷5〈種桑、柘〉45(《齊民要術校釋》, 318쪽).

72 높은……딴다: 출전 확인 안 됨;《農桑輯要》卷3〈栽桑〉"科斫"(《農桑輯要校注》, 97쪽).

73 여상(女桑): 줄기가 가늘고 긴 뽕나무나 어린 뽕나무.

74 《王禎農書》〈農器圖譜〉17 "蠶繅門" '桑几', 395쪽;《農政全書》卷34〈蠶桑〉"蠶事圖譜(織紝附)" '桑几'(《農政全書校注》, 941쪽).

[9] 女桑: 저본에는 "桑女".《王禎農書·農器圖譜·蠶繅門·桑几》·《農政全書·蠶桑·蠶事圖譜·桑几》에 근거하여 수정.

16) 상제(桑梯, 뽕잎 따는 사다리)   桑梯

桑梯

〈원도19〉 상제(桑梯)

상제(일본 국립공문서관 소장본 《왕정농서》)

상제에 대해서는 《설문해자》에서 "제(梯, 사다리)는 목계(木階)이다."[75]라 했다.

무릇 뽕나무가 어리다면 상궤를 사용하여 뽕잎을 딴다. 뽕나무가 높이 자랐다면 상제에 올라서 가지를 치고[剗]【'천(剗)'은 축(丑)과 전(全)의 반절이다. 잘라 제거한다는 뜻이다】 베어 낸다.

상제가 만약 길지 않으면 가지를 끌어당기면서 가지에 매달리지 않을 수 없다. 옆의 가지가 원래대로 돌아가지 않으면 비둘기발처럼 잎이 없는 가지가 대부분 얽히고, 가지를 아래로 휘어서 잎을 따면 부러진 가지에서 유액(乳液)이 옆으로 흘러 나온다. 그렇기 때문에 반드시 높낮이에 맞추어 원하는 대로 활동하려면 상제가 길어야 한다.

《제민요술》에서는 "뽕잎을 따려면 반드시 긴 사다리가 있어야 한다. 사다리가 길지 않으면 높이 있는 가지가 부러진다."[76]라 했으니, 바로 이런 점을 말한 것이다. 《왕정농서》[77]

桑梯, 《說文》: "梯, 木階也."

夫桑之穉者, 用几採摘. 其桑之高者, 須梯剗【丑全切, 削去也】斫.

梯若不長, 未免攀附; 旁條不還, 則鳩脚多亂; 樛枝折垂, 則乳液旁出. 必欲趁於高下, 隨意去留, 須梯長可也.

《齊民要術》云"採桑, 必須長梯, 梯不長則高枝折", 正謂此也. 《王氏農書》

---

75 제(梯, 사다리)는 목계(木階)이다: 《說文解字》6篇上 〈木部〉 "梯"(《說文解字注》, 263쪽).

76 뽕잎을……부러진다: 《齊民要術》卷5 〈種桑、柘〉 45(《齊民要術校釋》, 318쪽).

77 《王禎農書》〈農器圖譜〉 17 "蠶繅門" '桑梯', 395~396쪽; 《農政全書》卷34 〈蠶桑〉 "蠶事圖譜(織紝附)" '桑梯'(《農政全書校注》, 941쪽).

17) 작부(斫斧, 뽕나무 가지치기 도끼)   斫斧

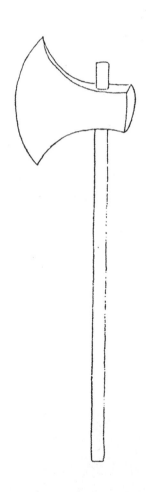

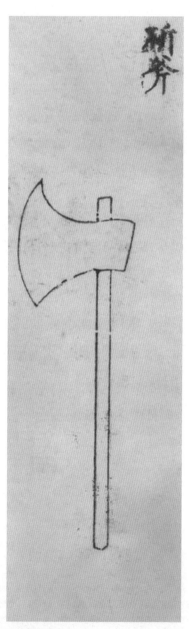

〈원도20〉 작부(斫斧)   작부(斫斧)(《왕정농서》)

작부는 상부(桑斧, 뽕나무 도끼)이다. 그 부공(斧銎)[78] 부위는 납작하고 도끼날 부위는 넓어서, 나무꾼의 도끼와는 같지 않다.

《시경(詩經)》에는 "누에 치는 달에 뽕나무 가지 치기를 하니, 저 도끼 가져다가 멀리 뻗은 가지 베네."[79]라 했다. 《사농필용》에는 "몸을 돌리며 도끼 휘두르니, 뽕나무의 가지와 잎이 바깥쪽으로 쓰러지며 떨어진다."[80]라 했다. 이것이 바로 《시경》의 "멀리 뻗은 가지 베네."를 말한 것이다.

일반적으로 도끼로 가지를 칠 때는 두세 번 치지 않고 단번에 쳐서 잘려야 좋은 도끼이다. 마른 가지의 단단한 마디를 찍더라도 저항을 받지 않으면 또한 좋다. 칼날이 강해서 이빨이 빠지지 않으며, 예리하면서도 무뎌지지 않아야 더욱 좋은 도끼이다.

그러나 도끼를 사용하는 데에도 알맞은 법이 있으니, 이는 다음과 같다. 반드시 팔을 돌려 도끼날의 방향을 바꾸어가면서 위쪽으로 쳐야, 가지의 결이 자연스럽게 잘려서 진액이 나오지 않는다. 그러면 잎은 반드시 다시 무성하게 된다. 그러므로 농가의 속담에 "도끼머리에는 스스로 2배(倍)의 잎을 가지고 있다."라 했다. 이로써 가지치기[科斫]에서 얻는 이익은 도끼꾼이 도끼를 잘 부리는 효과에 달려 있음을 알 수 있다. 《왕정농서》[81]

斫斧, 桑斧也. 其斧銎匾而刃闊, 與樵斧不同.

《詩》謂: "蠶月條桑, 取彼斧斨, 以伐遠揚." 《士農必用》云"轉身運斧, 條葉僵落於外", 卽謂"以伐遠揚"也.

凡斧所劀斫, 不煩再刃者爲上. 至遇枯枝勁節, 不能拒遏, 又爲上. 如剛而不闕, 利而不乏, 尤爲上也.

然用斧有法, 必須轉腕回刃向上斫之, 枝查旣順, 津脈不出, 則葉必復茂. 故農語云: "斧頭自有一倍葉." 以此知科斫之利勝, 惟在夫善用斧之效也. 《王氏農書》

---

78 부공(斧銎): 도끼의 손잡이 상단에 도끼날의 머리 부분이 맞물리도록 뚫은 구멍.
79 누에……베네: 《毛詩注疏》卷8〈豳風〉(《十三經注疏整理本》5, 581쪽).
80 몸을……떨어진다: 출전 확인 안 됨; 《農桑輯要》卷3〈栽桑〉 "科斫"(《農桑輯要校注》, 97쪽).
81 《王禎農書》〈農器圖譜〉17 "蠶繰門" '斫斧', 396쪽; 《農政全書》卷34〈蠶桑〉 "蠶事圖譜(織紝附)" '斫斧'(《農政全書校注》, 942쪽).

18) 상구(桑鉤, 뽕잎 갈고리)

桑鉤

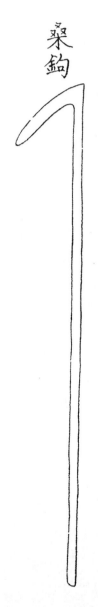

〈원도21〉 상구(桑鉤)

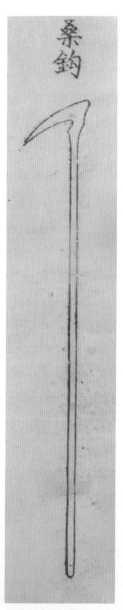

상구(《왕정농서》)

상구는 뽕잎을 채취하는 도구이다. 일반적으로 뽕나무에서 멀리 뻗어 있는 가지와 잎을 얻으려면 반드시 이들을 가까이 당겨서 따야 한다. 그러므로 구목(鉤木, 갈고리나무)[82]을 써서 팔과 손가락으로 잡아당기는 수고를 대신하도록 만든다.

예전에 후비(后妃)와 세부(世婦) 이하 여인들이 친잠(親蠶)할 때에는 모두 대광주리[筐]와 상구(桑鉤)로 뽕잎을 채취했다. 당나라 숙종(肅宗)[83] 상원(上元)[84] 초(760년)에 국보(國寶) 13가지를 지정하였는데, 그 속에 채상구(採桑鉤, 뽕잎 채취하는 갈고리) 하나가 있었다.[85] 이로써 예전에 뽕잎을 채취할 때 모두 갈고리[鉤]를 사용했음을 알 수 있다.

그러나 북쪽 지방의 습속에는 뽕나무가지를 베는 일이 많고 뽕잎을 채취하는 일은 적었으며, 남쪽 지방의 사람들은 뽕잎을 채취하는 일이 많고 가지를 베는 일은 적었다. 해마다 가지를 베면 나무가 쉽게 쇠약해지는 반면 오래도록 잎을 채취하기만 하면 가지에 울결이 많아진다. 남쪽과 북쪽에서 사정에 맞추어서 뽕잎 채취와 가지치기를 함께 사용하려 한다면 상부(桑斧)와 상구(桑鉤)가 각각 쓰일 곳이 있을 것이다. 《왕정농서》[86]

桑鉤, 探桑具也. 凡桑者, 必得遠揚枝葉, 引近就摘, 故用鉤木以代臂指扳援之勞.

昔后妃、世婦以下親蠶, 皆用筐、鉤採桑. 唐 肅宗 上元初, 獲定國寶十三, 內有採桑鉤一. 以此知古之採桑, 皆用鉤也.

然北俗伐桑而少採, 南人採桑而少伐. 歲歲伐之, 則樹木易衰; 久久探之, 則枝條多結. 欲南北隨宜, 採斫互用, 則桑斧、桑鉤各有所施也.《王氏農書》

---

82 구목(鉤木, 갈고리나무):끝이 갈고리처럼 구부러진 나무 장대.

83 숙종(肅宗):711~762. 당나라의 제7대 황제(재위 756~762). 본명은 이형(李亨)이다.

84 상원(上元):당나라 제7대 황제 숙종의 연호(760~761).

85 당나라……있었다:당나라 숙종은 760년에 여의보주(如意寶珠) 및 채상구를 비롯한 보물 13종을 국보로 정하였다.

86 《王禎農書》〈農器圖譜〉17 "蠶繅門" '桑鉤', 397쪽;《農政全書》卷34〈蠶桑〉"蠶事圖譜(織紝附)" '桑鉤'(《農政全書校注》, 942~943쪽).

19) 상롱(桑籠, 뽕잎대바구니)　　　　　　桑籠

桑籠

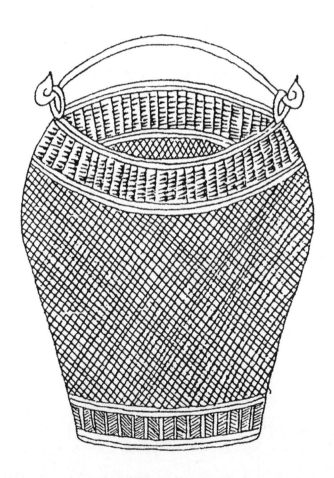

〈원도22〉 상롱(桑籠)

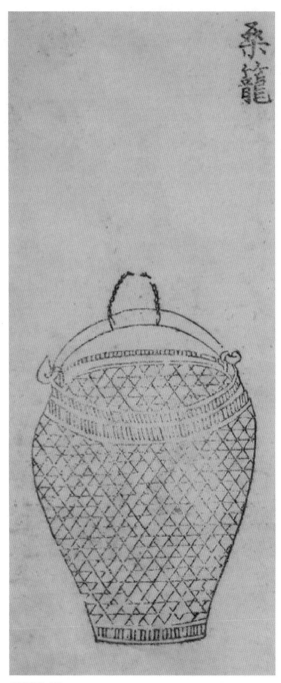

상롱《왕정농서》

상롱에 대해서는 《집운(集韻)》에 "롱(籠)은 대구(大 篝, 큰 배롱)이다."[87]라 했다. 이것은 요새 대로 엮은 광 주리[筐]를 말한다. 뽕잎 따는 사람이 들고 다니기에 편하다.

《고악부(古樂府)》[88]에 "나부(羅敷)[89]는 뽕잎 잘 따니, 뽕잎을 읍성 남쪽 모퉁이에서 따네. 청색 실로 상롱 끈 만들고, 계수나무 가지로 상롱과 상구 만드네."[90] 라 했다.

지금 남쪽 지방의 상롱은 상당히 커서 등에 지 면, 쓰기에 더욱 편리하다. 《왕정농서》[91]

桑籠,《集韻》云: "籠, 大篝 也". 今謂有係筐也, 桑者 便於提[10]挈.

《古樂府》云: "羅敷善採桑, 採桑城南隅. 靑絲爲籠繩, 桂枝爲籠鉤."

今南方桑籠頗大, 以擔負 之, 尤便於用.《王氏農書》

---

87 롱(籠)은 대구(大篝, 큰 배롱)이다 : 현재 전해지는 《집운》의 '籠' 항목에는 '大篝'라는 설명이 없다. 다른 운 서(韻書)의 오기로 추정된다. 《集韻》卷1〈平聲〉1 "東" 1 '籠'(《文淵閣四庫全書》236, 436쪽) 참조.
88 고악부(古樂府) : 중국 한(漢)나라에서 남북조(南北朝) 시대까지의 악부시(樂府詩)를 모은 서적. 악부(樂 府)는 중국 전한(前漢) 시기 음악을 관장하던 관서의 명칭이었으나, 후대에는 한시(漢詩)의 한 형식으로 되 었다. 당(唐)나라 중기 이후 만들어진 악부는 신악부(新樂府)라 한다.
89 나부(羅敷) : 고대 중국 전설상의 미녀. 현재 하북성(河北省) 지역 한단(邯鄲)에 살았으며 아쟁(牙箏)을 잘 탔다고 전한다. 그녀의 남편 왕인(王仁)은 조왕(趙王)의 부하로 있었다. 어느날 조왕이 뽕밭에서 뽕을 따고 있는 나부를 보고 욕심이 동해서 부하를 보내어 자신의 정부가 되라는 제안을 했다. 그러자 나부는 위 본 문에서 그 일부가 소개된 "맥상상(陌上桑)"이란 제목의 노래를 부르면서 그 제안을 거절했다 한다.
90 나부(羅敷)는……만드네 : 《古樂府》卷4〈陌上桑〉(《文淵閣四庫全書》1367, 474쪽).
91 《王禎農書》〈農器圖譜〉17 "蠶繅門" '桑籠', 398쪽; 《農政全書》卷34〈蠶桑〉"蠶事圖譜(織紝附)" '桑 籠'(《農政全書校注》, 943쪽).
10 提 : 《王禎農書·農器圖譜·蠶繅門·桑几》에는 "攜".

256   전공지·권제 4

20) 상망(桑網, 뽕잎 담는 자루)　　　　　　桑網

桑網

〈원도23〉 상망(桑網)

상망(《왕정농서》)

상망은 뽕잎을 담는 노끈자루이다. 먼저 나무로
둥근 테두리를 만든다. 그 테두리를 따라 노끈으로
그물코[網眼]를 만든 다음, 둥글게 드리우면서 3척
남짓한 길이로 엮는다. 그 아래는 노끈벼리[繩紀, 승
기]를 달고 잡아당겨 상망의 바닥이 되게 한다.

뽕잎 따는 사람은 이 자루를 들고 뽕잎을 그 안
에 담는다. 상망의 배[腹] 부분이 가득 찼을 때 잠
실로 돌아가면 묶었던 바닥의 노끈벼리를 풀어 쏟

桑網, 盛葉繩兜也. 先作圈
木, 緣[11]圈繩結網眼, 圓
垂三尺有餘, 下用一繩紀
爲網底.

桑者挈之, 納葉於內, 網
腹旣滿, 歸則解底繩傾之.
或人挑負, 或用畜力馱送,

---

[11] 緣 : 저본에는 "椽".《王禎農書·農器圖譜·蠶繰門·桑網》·《農政全書·蠶桑·蠶事圖譜·桑網》에 근거하여
수정.

아 낸다. 어떤 사람은 상망을 등에 지기도 하고, 혹 은 가축의 힘을 이용해 실어 보내기도 한다. 광주리 [筐]나 대바구니[籃]와 비교하자면 매우 가벼우면서 편하다. 북쪽 지방의 누에 치는 집에서 많이들 두고 쓴다.《왕정농서》[92]

比之筐、籃, 甚爲輕便. 北方蠶家多置之.《王氏農書》

---

[92] 《王禎農書》〈農器圖譜〉 17 "蠶繅門" '桑網', 398쪽 ;《農政全書》 卷34 〈蠶桑〉 "蠶事圖譜(織紝附)" '桑網'(《農政全書校注》, 943~944쪽).

21) 참도(劗刀, 가지 치는 칼)

劗刀

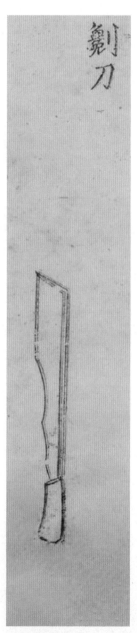

〈원도24〉 참도(劗刀)

참도(《왕정농서》)

참도는 뽕나무가지를 치는 칼[刃]이다. 칼의 길이는 1척 남짓이고, 너비는 약 0.2척이며, 나무손잡이는 한 줌[握] 두께이다.

남쪽 지방 사람들은 뽕나무가지를 베거나 칠 때 모두 이 칼을 쓴다. 북쪽 지방 사람들은 뽕나무가지를 벨 때 도끼[斧]를 쓰고, 뽕나무가지를 칠 때는 낫[鎌]을 쓴다. 하지만 낫의 날은 비록 예리해도 본래 뽕나무를 자르는 기구는 아니라서 참도만큼 가벼우면서도 자연스럽지는 않다.

만약 남쪽 지방 사람이 뽕나무가지를 벨 때 도끼[斧]를 쓰고, 북쪽 지방 사람들이 잎을 자를 때 참도를 써서, 자기네 단점은 버리고 다른 쪽 장점만 취한다면 양쪽 다 편리할 것이다. 《왕정농서》[93]

劂刀, 剗桑刃也. 刀長尺餘, 闊約二寸, 木柄一握.

南人斫桑剗桑, 俱用此刃. 北人斫桑用斧, 剗桑用鎌. 鎌刃雖利, 終非本器, 不若劂刀之輕且順也.

若南人斫桑用斧, 北人剗葉用刀, 去短就長, 兩爲便也. 《王氏農書》

---

93 《王禎農書》〈農器圖譜〉17 "蠶繅門" '劂刀', 399쪽 ; 《農政全書》卷34 〈蠶桑〉 "蠶事圖譜(織紝附)" '劂刀'(《農政全書校注》, 944쪽).

22) 절도(切刀, 뽕잎 자르는 칼)　　　　　切刀

切刀

〈원도25〉 절도(切刀)

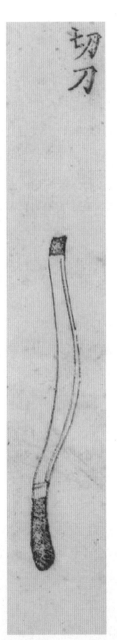

절도《왕정농서》

절도는 뽕잎을 자르는 칼이다. 개미누에일 때는 작은 칼을 사용하다가 누에가 점차 커질 때는 큰 칼을 사용한다. 혹은 작두를 사용하기도 한다.

누에가 많은 경우에는, 또 양쪽 끝에 손잡이가 있는 긴 칼로 자른다. 이것을 '나도(懶刀)'라 한다【나도는 장인이 가죽을 무두질할 때 쓰는 칼[刮刀]과 같다. 길이는 3척 정도이고, 양쪽 끝에 짧은 나무손잡이가 있다. 손으로 칼을 눌러 반은 자르고 반은 끊는 식으로 뽕잎을 썰고 구름처럼 쌓아서 10개의 누에광주리[筐]에 공급할 수 있다】.

먼저 기다란 걸상[凳] 위에 뽕잎을 고른 두께로 깔고, 사람이 그 위에 구부린 자세로 이 칼을 누르며 좌우에서 끊는다. 이 칼 하나의 예리함으로 100개의 누에발에 뽕잎을 제공할 수 있다.《왕정농서》[94]

切刀, 斷桑刃也. 蠶蟻時用小刀, 蠶漸大時用大刀, 或用漫鍘.

蠶多者, 又用兩端有柄長刀切之, 曰"懶刀"【懶刀, 如皮匠刮刀, 長三尺許, 兩端有短木柄, 以手按刀, 半裁半切, 斷葉雲積, 可供十筐】.

先於長凳上鋪葉均厚, 人於其上, 俯按此刀, 左右切之. 一刀之利, 可桑百箔.《王氏農書》

---

94 《王禎農書》〈農器圖譜〉17 "蠶繅門" '切刀', 400쪽;《農政全書》卷34〈蠶桑〉"蠶事圖譜(織紝附)" '切刀'(《農政全書校注》, 943쪽).

23) 상침(桑碪, 뽕잎 써는 도마)　　　　　桑碪

桑碪

<원도26> 상침(桑碪)

상침(《왕정농서》)

상침(桑砧)에 대해 《이아(爾雅)》에서 "침(砧)은 건(椹, 모탕)【음이 건(虔)이다】이라 한다."고 했다. 곽박(郭璞)의 주에서 "침(砧)은 목질(木礩, 나무모탕)이다."[95] 라 했다. 침(砧)은 석(石)을 따르고, 건(椹)은 목(木)을 따르니, 침(砧)은 목침(木砧, 나무상침)이다.

침(砧)은 나무를 잘라서 맷돌의 밑짝 같은 대[碢]로 만든 기구이다. 둥근 모양에 수직의 결이 있어 물건을 자르는 데 칼날에 대한 저항이 없다. 이는 북쪽 지방에서 누에가 작을 때 그 위에 뽕잎을 올려 놓고 칼로 자르는 도구이다. 혹은 상궤(桑几, 뽕잎 따는 걸상)나 상협(桑夾, 뽕잎 써는 작두)을 쓰기도 한다. 남쪽 지방에서는 누에의 크기와 관계 없이 뽕잎을 자를 때는 모두 상침을 쓴다. 《왕정농서》[96]

목침(木砧)은 뽕잎을 상하게 한다. 그러므로 오중(吳中)[97]에서는 밀짚이나 보리짚으로 만든 상침을 더 좋은 것으로 친다. 《농정전서》[98]

桑砧, 《爾雅》曰: "砧⑫, 謂之椹【音虔】." 郭璞曰: "砧⑬, 木礩⑭也." 砧從石, 椹從木, 卽木砧也.

砧, 截木爲碢. 圓形豎理, 切物乃不拒刃. 此北方蠶小時, 用刀切葉砧上, 或用几, 或用夾. 南方蠶無大小, 切桑俱用砧也. 《王氏農書》

木砧傷葉, 吳中用麥秸造者爲佳. 《農政全書》

---

95 침(砧)은……목질(木礩, 나무모탕)이다:《爾雅注疏》卷5〈釋宮〉(《十三經注疏整理本》24, 139쪽).
96 《王禎農書》〈農器圖譜〉17 "蠶桑門" '桑砧', 400~401쪽;《農政全書》卷34〈蠶桑〉"桑事圖譜" '桑砧'(《農政全書校注》, 944쪽).
97 오중(吳中): 중국의 동남부 강소성(江蘇省) 남부와 절강성(浙江省) 북부 일대.
98 《農政全書》卷34〈蠶桑〉"桑事圖譜" '桑砧'(《農政全書校注》, 944쪽).
⑫ 砧:《爾雅注疏·釋宮》에는 "椹".
⑬ 砧:《爾雅注疏·釋宮》에는 "斫".
⑭ 礩:《爾雅注疏·釋宮》에는 "櫍".

24) 상협(桑夾, 뽕잎 써는 작두)   桑夾

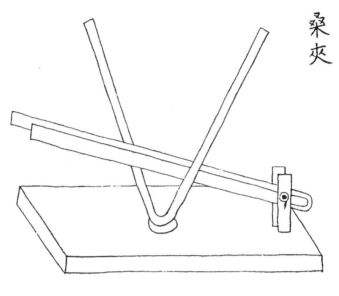

〈원도27〉 상협(桑夾)

상협(桑夾)은 뽕잎을 끼워 써는 도구이다. 위로 향
하도록 갈라진 다리를 목질(木礩, 상침)에 설치한다.
높이는 2~3척이 되도록 하고, 그 위에 날이 아래쪽
으로 가게 작두날을 설치한다. 왼손으로 뽕잎을 다
리 안쪽으로 먹이고, 오른손으로 작두날을 눌러서
뽕잎을 자른다. 이것은 상협 중에서 작은 것이다.

　　누에가 많은 집과 같은 경우는 긴 가로대 2개를

桑夾, 挾桑具也. 用木礩,
上仰置叉[15]股, 高可二三
尺, 於上順置鍘刃. 左手茹
葉, 右手按刃切之. 此夾之
小者.

　　若蠶多之家, 乃用長椽二

----
[15] 叉 : 저본에는 "又".《王禎農書·農器圖譜·蠶桑門·桑夾》에 근거하여 수정.

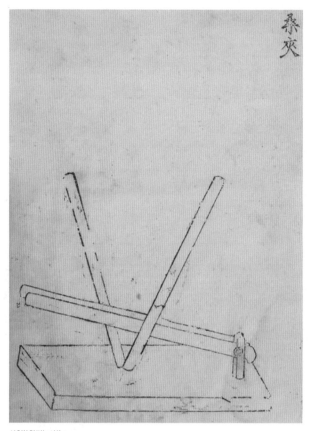

상협((왕정농서))

벽 앞에 나란히 세우고, 가로대 사이의 가운데는 1척 정도 여유롭게 한다. 여기에 뽕잎을 채워 넣되, 그 높이가 10척에 이르러도 된다. 사람이 사다리를 밟고 올라가 두 발은 뒤로 집의 벽을 디디고, 가슴은 앞을 향하여 뽕잎을 누르는 자세를 유지한다. 두 손은 긴 칼날을 세게 눌러 아래쪽으로 잘라 내린다. 이것은 상협 중에서 큰 것이다.

　남쪽 지방에서 뽕잎을 자를 때는 오직 칼과 상침

莖骿豎壁前, 中寬尺許. 乃實納桑葉, 高可及丈. 人則躡梯上之, 兩足後踏屋壁, 以胸前向壓住. 兩手緊按長刃, 向下裁截. 此桑夾之大者.

南方切桑, 惟用刀、磋, 不

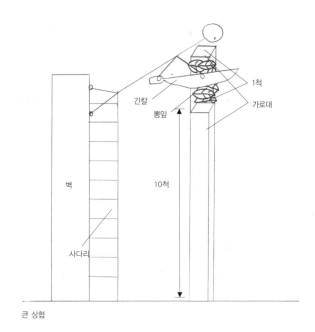

1척
긴칼
가로대
뽕잎
벽
10척
사다리
큰 상협

만을 쓰지, 이와 같은 종류의 상구(桑具, 뽕잎 다루는 도 구)는 모른다. 그러므로 특별히 일일이 기록하여 그 이익을 넓히고자 한다. 《왕정농서》[99]

識此等桑具. 故特歷記[16] 之, 以廣其利.《王氏農書》

[99] 《王禎農書》〈農器圖譜〉17 "蠶桑門" '桑夾', 401쪽 ; 《農政全書》卷34 〈蠶桑〉 "桑事圖譜" '桑夾'(《農政全書校注》, 945쪽).

[16] 記 : 《王禎農書·農器圖譜·蠶桑門·桑夾》·《農政全書·蠶桑·桑事圖譜·桑夾》에는 "說".

25) 구지(漚池, 삼 담그는 웅덩이)

漚池

〈원도28〉 구지(漚池)

구지(《왕정농서》)

구지(漚池)에서 구(漚)는 담가 적시는 것이요, 지(池)는 웅덩이와 같다. 《시경》에서 "동문(東門)의 못, 삼 담글 수 있다네."[100]라 했다. 일반적으로 삼을 재배하는 마을에는 물이 없는 곳과 같은 경우 땅을 파서 못을 만들어야 한다. 혹은 벽돌로 벽을 쌓고 그 안에 물을 가두어 구소(漚所, 삼줄기를 담가 두는 곳)를 만든다【안 삼 담그는 법은 원편(原編)에 상세히 보인다[101]】.

또 《시경》에서 "동문(東門)의 못, 모시 담글 수 있

漚池, 漚, 浸漬也; 池, 猶泓也. 《詩》云: "東門之池, 可以漚麻." 凡藝麻之鄉, 如無水處則當掘地成池, 或甃以磚石, 蓄水於內, 用作漚所【案 漚麻法詳見原編】.

又《詩》云: "東門之池, 可以

---

100 동문(東門)의……있다네:《毛詩注疏》卷12〈國風〉"陳"'東門之池'(《十三經注疏整理本》4, 521쪽).
101 삼……보인다:《전공지》권3〈삼베류 길쌈[麻績, 마적]〉"길쌈(방직)"'삼을 물에 담가 두었다 삼실 삼기'에 나온다.

다네.”[102]라 했다. 이를 통해서 모시도 그 줄기를 물에 담가 둘 수 있음을 알겠다.

남쪽 지방의 모시 만드는 사람에게 물어보면 모시의 성질은 본래 부드럽게 만들기가 어려워 삼줄기를 물에 담그는 법과는 같지 않다고 한다. 반드시 먼저 모시를 삼고 실을 자아 모시굿[繀, 실타래]이 완성되면 그제야 건석회(乾石灰)를 섞어 여러 날 동안 둔다【여름에는 3일, 겨울에는 5일, 봄·가을에는 대략 그 가운데(4일)로 한다】.

이 과정이 끝나고 나서는 건석회를 떨어 내고 따로 석회로 삶아 낸다. 식으면 맑은 물속에서 깨끗이 씻는다. 그런 뒤에 갈대발을 수면에 평평하게 펴고 그 위에 모시굿을 펴서 물에 잠길 듯 말 듯한 상태로 볕에 말린다. 밤이 되면 거두어 들였다가 물이 다 빠지면 다음날 앞과 같이 한다.

모시굿이 매우 희어지면 그제야 베를 짤 수 있다. 이것이 곧 모시 담그는 법이다. 모시를 물에 담그고 볕에 말리는 과정을 거쳐야 완성된다. 이는 북쪽 사람들은 살펴본 적이 없는 법이다. 지금 이 법을 기록하니, 남쪽 지방과 북쪽 지방에서 모두 이 방법을 쓰기를 바란다.《왕정농서》[103]

漚苧.” 以此知苧亦可漚.

問之南方造苧者, 謂苧性本難軟, 與漚麻不同, 必先績苧, 以紡成繀, 乃用乾石灰拌和累日【夏天三日, 冬天五日, 春秋約中】.

旣畢抖去, 別用石灰煮熟⑰. 候冷, 于淸水中濯淨. 然後用蘆簾平鋪水面, 攤繀於上, 半浸半曬. 遇夜收起, 瀝訖⑱, 次日如前.

候繀極白, 方可起布. 此則漚苧之法, 須假水浴日曝而成, 北人未之省也. 今錄之, 冀南北通用.《王氏農書》

---

102 동문(東門)의……있다네 :《毛詩注疏》, 위와 같은 곳.
103 《王禎農書》〈農器圖譜〉20 “麻苧門” ‘漚池’, 421~422쪽;《農政全書》卷36〈蠶桑廣類〉“麻” ‘漚池’(《農政全書校注》, 999~1000쪽).
⑰ 熟 : 저본에는 “熱”.《王禎農書·農器圖譜·麻苧門·漚池》·《農政全書·蠶桑廣類·麻·漚池》에 근거하여 수정.
⑱ 訖 :《王禎農書·農器圖譜·麻苧門·漚池》·《農政全書·蠶桑廣類·麻·漚池》에는 “乾”.

26) 증석(蒸石, 삼 찌는 돌)

【蒸石】

〈원도29〉 증석(蒸石. 표제어만 있고 그림은 누락)

삼길쌈 과정에 있는 증석법(蒸石法)은 우리나라의 풍속이다.

증석법은 다음과 같다. 삼을 베어 잎을 다 잘라 낸 다음 새끼로 삼줄기를 단단히 묶는다. 이 묶음을 서로 엇갈리도록 쌓아 하나의 큰 묶음으로 만든다. 그러면 높이가 20척이 될 수 있고, 둘레는 2~3아름 이 된다.

그 곁 가까이에 구덩이를 2척 정도 판 뒤 섶나무 땔감을 펴고 그 위에 돌을 무수히 옮겨 놓는다. 또 이를 섶나무로 덮어 준 다음 불을 놓아 태운다.

돌이 불처럼 뜨거워지면 여러 일꾼이 삼묶음을 운반하여 돌 위 사방에 올리고 거적으로 단단히 싸

績麻之有蒸石法, 我國之俗也.

其法: 刈麻蔓葉訖, 用藁索緊束麻莖, 交互堆疊爲一大棬, 高可二丈, 圍數三抱.

就於傍近掘坎二尺許, 鋪柴薪, 搬石於其上無算. 又以薪覆之, 縱火燒之.

候石烘熱如火, 衆夫運麻棬, 植於石上四周, 裹以

서 틈이 없도록 한다. 일꾼 한 명은 사다리로 삼묶음 꼭대기에 올라가 물을 계속 부어 준다. 이때 틀림없이 신속하게 처리해야지, 느리게 하면 삼묶음의 아래쪽이 그을리게 된다.

물이 돌에 뿌려지면 증기가 위로 치솟으면서 연기처럼 뭉게뭉게 피어 올라 주위까지 적신다. 또한 거적으로 꼭대기를 덮어 주었다가 밤이 지나 식은 뒤에 걷어 내면 삼이 다 익어 있다. 삼껍질은 날로 벗기면 이롭지 않으므로 반드시 쪄서 익혀야 벗기는 데 애로가 없다.

그러므로 길쌈할 삼이 많은 경우에는 이 법을 쓰거나 여러 사람의 힘으로 처리한다. 만약 길쌈할 삼

藁苫緊密無罅. 一夫梯以升於蔂頂, 灌水無算. 政須速辦, 緩則蔂本焦矣.

水潑于石, 蒸氣上騰, 融融如烟, 及其周洽. 又以藁苫覆頂, 經宵候冷發之, 麻盡熟矣. 麻皮不利於生剝, 必經蒸熟, 乃無礙也.

故績多者, 用此法或衆力辦之. 如績少者, 用釜蒸

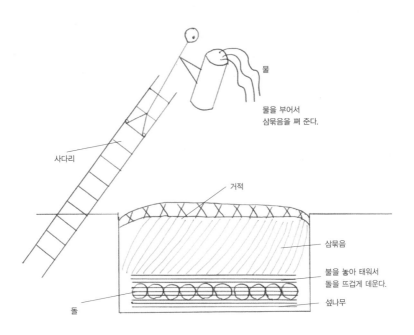

물

물을 부어서
삼묶음을 쪄 준다.

사다리

거적

삼묶음

불을 놓아 태워서
돌을 뜨겁게 데운다.

돌

섶나무

증석법

이 적은 경우에는 솥으로 삼을 쪄 내도 된다. 지금 여러 책을 조사해봐도 다만 구지(漚池)만 있지, 찌는 법은 없다.

그러나 중국의 풍속은 먼저 물에 담근 이후에 또 잿물에 삶는 절차가 있다. 우리나라 풍속은 먼저 찐 이후에 또 물에 빨고 잿물에 담그는 순서가 있다. 이 두 가지 법은 비록 다르지만 만드는 원리는 하나이다. 다만 재주에 정교함과 졸렬함의 차이가 있을 뿐이다.

또 날로 삼껍질을 벗긴 다음 물에 담그지도 찌지도 않고 여러 차례 잿물로 마전하는 과정을 거쳐서 실올을 만드는 경우도 있다. 중국과 우리나라에는 모두 이 법이 있다. 다만 날로 길쌈하는 경우는 반드시 먼저 여러 날 동안 볕에 말린 뒤에 다시 물에 담갔다가 껍질을 벗긴다. 이렇게 하면 힘이 너무 많이 들어 쪄서 하는 쉬운 공정만 못하다. 《경솔지》[104]

出亦可. 今考諸書, 但有漚池, 無蒸法也.

然華俗先漚而後, 又有灰湅水煮之節. 我俗先蒸而後, 又有水濯灰淋之序. 法雖不同, 製造則一. 但手法有工拙耳.

又有生剝麻皮, 不漚不蒸, 屢經灰湅而成縷者, 華、東皆有此法. 但生績者必先晒乾多日, 然後更浸以水而剝之, 費力太多, 不若蒸之之易也. 《鷦蟀志》

---

104 출전 확인 안 됨.

27) 예도(刈刀, 삼 베는 칼)　　　　　　　　刈刀

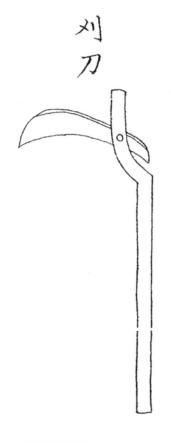

刈刀

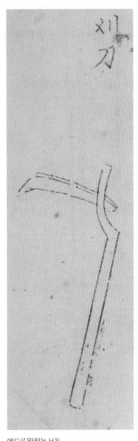

〈원도30〉 예도(刈刀)　　　　　　　　　예도(《왕정농서》)

　예도는 삼을 수확하는 칼이다. 양날로 만들기도
한다. 낫자루[鎌柯]【안 사(柯)는 자루이다】에만 그
날을 바로 꽂는다. 이렇게 하면 몸을 구부리고 예도
를 당겨서 베므로 평온하게 작업할 수 있고 편리한
점을 취한 것이다.

刈刀, 穫麻刃也.　或作兩
刃, 但用鎌柯【案 柄也】,
旋揷其刃.　俯身控刈, 取其
平穩便易.

북쪽 지방에서는 삼을 매우 많이 심으므로 삼밭이 100묘[1경(頃)]나 이어지기도 한다. 이럴 경우 따로 도공(刀工)을 두고 각기 이 도구를 갖춰 줄기를 벤 다음 우듬지와 잎을 잘라 내니, 매우 빠르고 효과가 좋다.

《제민요술》에 "삼꽃가루가 재처럼 뿌옇게 날리면[105] 바로 벤다. 삼의 단은 작아야 하고, 펴 놓을 때는 얇아야 한다. 수확은 깔끔하게 해야 한다."[106]라 했다. 이는 삼 베는 법이다. 그러나 남쪽 지방에서는 삼을 베지 않고 오직 뿌리째 뽑아서 취하므로 공력이 매우 많이 든다. 《왕정농서》[107]

北方, 種麻頗多, 或至連頃. 另有刀工, 各具其器, 割刈根莖, 劉削梢葉, 甚爲速效.

《齊民要術》曰: "麻勃如灰, 便刈. 欀欲小, 穛[19]欲薄, 穫欲淨." 此刈麻法也. 南方[20], 惟用拔取, 頗費工力. 《王氏農書》

---

[105] 삼꽃가루가……날리면: 삼은 암수딴그루로 삼 수그루의 꽃가루가 날리는 성화기(盛花期)에 삼껍질이 성숙하여 수확할 수 있다. 이 시기가 지나면 색상이 잿빛으로 어둡게 변하므로 품질과 수확량에서 손해를 본다.

[106] 삼꽃가루가……한다: 《齊民要術》卷2〈種麻〉(《齊民要術校釋》, 118쪽). 《전공지》권3〈삼베류 길쌈[麻績, 마적]〉"길쌈(방직)"'삼을 물에 담가 두었다 삼실 삼기'에 보인다.

[107]《王禎農書》〈農器圖譜〉20 "麻苧門"'刈刀', 422~423쪽;《農政全書》卷36〈蠶桑廣類〉"麻"'刈刀'(《農政全書校注》, 999쪽).

[19] 穛: 규장각본에는 "縛".《王禎農書·農器圖譜·麻苧門·刈刀》에 근거하여 수정.

[20] 方:《農政全書·蠶桑廣類·麻·刈刀》에는 "東".

28) 저괄도(苧刮刀, 모시껍질 벗기는 칼)　　　苧刮刀

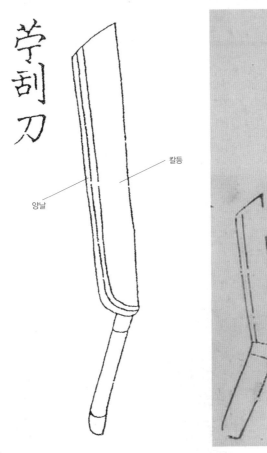

〈원도31〉 저괄도(苧刮刀)　　　　저괄도(《왕정농서》)

　　저괄도는 모시껍질 벗기는 칼이다. 쇠를 두드려 만든다. 길이는 0.3척 정도이다. 쇠를 말아서 홈을 만들고 그 안에 짧은 칼자루를 꽂는다. 양날은 위로 향하게 하고 무디게 만들어 쓴다. 칼은 손아귀에 날

　　苧刮刀, 刮苧皮刃也. 煆鐵爲之, 長三寸許, 捲成槽[21], 內插短柄. 兩刃向上, 以鈍爲用. 仰置手中. 將所剝

───────
[21] 槽:《王禎農書·農器圖譜·麻苧門·苧刮刀》에는 "小槽".

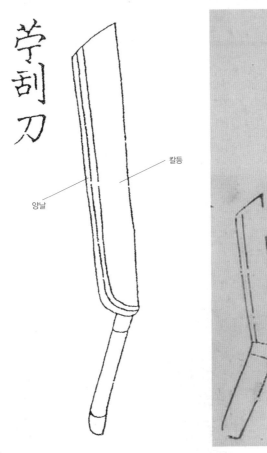

이 위를 보도록 둔다.[108] 벗기려는 모싯대의 껍질 부분을 칼날 위에 가로로 올린 다음 엄지손가락으로 모시줄기를 눌러서 훑으면 모시껍질이 바로 벗겨진다.

《농상집요》에는 "모시는 베어 낼 때 손으로 껍질을 벗겨 내고 칼로 훑어 내면 그 준피(皴皮, 껍질의 주름 부분)는 저절로 제거된다."라 했다. 또 "모시는 그 껍질을 벗겨 낸 다음 대나무칼로 껍질의 겉을 훑어 내면 두꺼운 곳은 저절로 벗겨진다. 섬유질과 같은 속껍질을 얻으면 삶아서 실을 삼는다."[109]라 했다. 지금의 제도는 양날의 쇠칼이어서 더욱 쓰기에 편하다. 《왕정농서》[110]

苧皮, 橫覆刃上, 以大指就按刮之, 苧膚卽蛻.

《農桑輯要》云: "苧刈倒時, 用手剝下皮, 以刀刮之, 其浮皴自去." 又曰, "苧, 剝去其皮, 以竹刮其表, 厚處自蛻, 得裏如筋者, 煮之用績[22]." 今制爲兩刃鐵刀, 尤便於用.《王氏農書》

모시칼(국립민속박물관)

모시칼(국립민속박물관)

---

108 양날은……둔다: 저괄도는 횡단면이 'V'자 모양을 이루는 날이 무딘 양날칼이다. 'V'자의 양끝이 날이고, 접힌 부분이 칼등이다.

109 모시는……삼는다:《農桑輯要》卷2〈播種〉"苧麻"(《農桑輯要校注》50, 52쪽).

110《王禎農書》〈農器圖譜〉20 "麻苧門" '苧刮刀', 423쪽;《農政全書》卷36〈蠶桑廣類〉"麻" '苧刮刀'(《農政全書校注》, 1000쪽).

[22] 績:《農桑輯要·播種·苧麻》에는 "緝".

29) 저증방(苧蒸房, 모시 찌는 방)

苧蒸房

苧
蒸
房

〈원도32〉 저증방(苧蒸房, 표제어만 있고 그림은 누락)

모시 찌는 방은 우리나라 풍속이다. 일반적으로 모시를 짜서 베를 만들면 이 베를 좋은 잿물에 담갔다가 볕에 2~3차례 말린다. 그제야 집의 따뜻한 구들에 불을 때서 매우 뜨겁게 하고, 틈을 꼭 막아 바람이 통하지 않게 한다.

말린 모시베를 다시 잿물에 담가 적신 뒤에 구들 위에 펴서 차곡차곡 다 쌓으면 두껍게 덮어 준다. 밤이 지나 모시베가 식으면 이를 꺼내 씻는다. 이를 볕에 2~3차례 말리면 모시베가 눈처럼 하얗게 된다.

왕정(王禎)이 모시 담그기를 논하면서 "양자강물이나 한수(漢水)물로 빨래하고, 가을볕에 말리니, 참으로 깨끗하게 희어서 여기에 더 보탤 것이 없구나."[111]라 한《맹자》의 구절[112]을 인용했으니, 이것이

苧之蒸房, 我國俗也. 凡苧經織成布, 浸於好灰水, 晒乾二三次, 乃於室之煖炕, 蒸火極熱, 緊塞罅隙, 不令透風.

將苧布復浸灰水淋漓, 鋪於炕上, 堆疊訖, 厚覆之, 經宵候冷, 取出濯之, 晒乾二三次, 布白如雪.

王禎論漚苧, 稱"江, 漢以濯之, 秋陽以暴之, 皞皞乎不可尙已", 此可以當之矣. 布少者, 用甑蒸之.

---

111 양자강물이나……없구나:《王禎農書》〈農器圖譜〉20 "麻苧門" '漚池', 421~422쪽.
112《맹자》의 구절:《孟子注疏》卷5〈滕文公〉下《十三經注疏整理本》25, 176쪽).

바로 이에 해당할 수 있겠다. 베가 적은 경우에는 베를 시루에 찐다.

첨사룡(詹士龍)의 베 짜는 법에서 언급한 '시루에서 쪄 낸다.'[113]는 말은 바로 우리나라의 모시베 짜는 법을 가리키는 것으로, 중국에는 이런 작업이 없다. 지금 모시를 짜는 고장에서는 찌는 방[房]이 있거나 간혹 따로 방[室] 하나를 지어 둔다. 《경솔지》[114]

詹雲卿織布法所云"甑中蒸出"者, 即指我國苧布法, 中華無此事也. 今織苧之鄉有蒸房, 或另搆一室以處之. 《鶊蟀志》

대체로 우리나라 사람들의 의복과 이불의 수요는 오로지 목화를 좋아하고, 삼과 모시는 그 다음이며, 누에고치실은 또 그 다음이다. 그러나 국토가 협소하고 견문이 그에 따라 국한되니 목화를 심어(이하 결락됨)[115]

大抵我人衣被之需專尚木棉, 麻、苧次之, 蠶又次之. 然壤地旣褊, 見聞隨局, 植棉

전공지 권제4 끝

展功志卷第四

113 시루에……낸다: 《農政全書》 卷36 〈蠶桑廣類〉 "麻" '布機'(《農政全書校注》, 1004쪽).

114 출전 확인 안 됨.

115 여기서 내용이 끝나서 매우 아쉽다. 《전공지》 권4~5는 규장각본이 유일본이라 더 이상의 글을 확보할 수 없었다. 혹 북한에 《전공지》 필사본이 있다면 결락된 부분의 추가내용이 있는지 확인해보아야 할 것이다. 아마도 《경솔지》에 있었던 내용으로 추정된다. 내용의 전개상으로 추측컨대, 이후는 목화농사를 줄이고 다른 직물의 수요를 늘여야 한다는 주장이 나올 듯하다.

5

전공지 권제 5
展功志卷第五

임원십육지 32
林園十六志三十二

Ⅰ. 그림으로 보는 길쌈(방직도보)

실뭉치[絲團]는 북쪽 지방의 법이다. 복숭아씨나 살구씨에다 실을 감는다. 손으로 꼬면
감아서 배모양이나 주먹모양과 같이 만들면 솜씨가 좋기는 좋다. 하지만 손을 들어올
리면서 하는 작업이 매우 느리기 때문에 일을 하느라 허비하는 날이 너무 많다.

따라서 한 필(匹)의 직물을 준비하기 위해 전체 물량[歲計]으로 헤아려본다면, 실뭉
치 만드는 방식을 사용하지 않는 것도 좋겠다. 평안도와 함경도에서는 대부분 얼레
를 쓴다.

그림으로 보는 길쌈(방직도보)

紡織圖譜

1) 얼레[絲𥯤, 사확][1]

絲𥯤

絲
𥯤

〈원도1〉 얼레[絲𥯤]

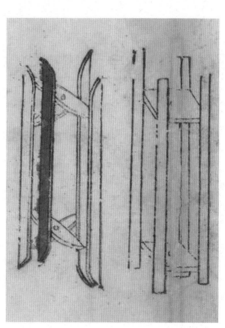

〈원도1〉 얼레[絲𥯤]

---

1 얼레[絲𥯤, 사확]: 실을 감아 두는 도구.

얼레에 실이 감겨진 모습(《한산 세
모시짜기·청양 춘포짜기》, 134쪽)

얼레와 얼레틀(《한산 세모시짜기·청양 춘포짜기》, 133쪽)

얼레에 실 감는 모습(《한산 세모시짜기·청양 춘포짜기》, 134쪽)

얼레[絲篗]【확(篗)은 왕(王)과 박(縛)의 반절이다】는
실을 감는 도구이다. 《양자방언》에 "원(楥)【음은 원
(爰)이다】은, 연(兗)[2]·예(豫)[3]·하(河)[4]·제(濟)[5]의 지역
에서는 '원(楥)'이라 한다."라 했다【곽박(郭璞)의 주에
는 "실을 감는 것이다."[6]라 했다】.

絲篗【王[1]縛切】, 絡絲具
也.《方言》曰: "楥【音爰】,
兗、豫、河、濟之間, 謂之
'楥[2]'【郭璞注云: "所以絡
絲"】.

---

2 연(兗): 지금의 중국 산동성(山東省) 북부 일대.
3 예(豫): 지금의 중국 호북성(湖北省), 호남성(湖南省) 일대.
4 하(河): 지금의 중국 요동성(遼東省) 일대.
5 제(濟): 지금의 중국 산동성(山東省) 남부 일대.
6 원(楥)……것이다: 《輶軒使者絕代語釋別國方言》卷5 (《文淵閣四庫全書》221, 318쪽).
[1] 王: 저본에는 "玉".《王禎農書·農器圖譜集·織紝門》에 근거하여 수정.
[2] 楥: 저본에는 "輚".《王禎農書·農器圖譜集·織紝門》에 근거하여 수정.

날틀(국립민속박물관)

《설문해자(說文解字)》에 "확(籰)은 실을 거두는 도구이다."[7]라 했다. 또는 '간(䈛)'이라고도 쓴다. 글자가 각(角)을 따르고 음은 간(間)이다. 지금 쓰는 글자인 확(籰)은 죽(竹)을 따르고 또 확(矍)을 따른다. 대나무로 만든 기구이기 때문이고, 사람이 얼레를 잡고서 빠른 손놀림으로[矍矍然] 움직이는 모습을 따른 것이다. 이것이 확(籰)의 의미이다. 그러나 얼레의 구멍에 굴대[軸][8]를 끼워야 비로소 쓰임에 알맞게 된다. 실을 가지런히 모으기 위해 미리 준비하는 도구이다. 《왕정농서》[9]

우리나라의 법: 실을 켠 뒤에 광체(軖體, 왕챙이)【이대로 민간에서 부른다】에다 감았으면 실에 습기가

《說文》曰: "籰, 收絲者也." 或作䈛, 從角間[3]聲. 今字從竹, 又從矍, 竹器, 從人執之矍矍然, 此籰之義也. 然[4]竅貫以軸, 乃適于用, 爲理絲之先具也. 《王氏農書》

我東之法: 繰絲旣繞於軖體【仍俗名】, 俟濕氣收了,

---

7 확(籰)은……도구이다:《說文解字注》5篇上〈竹部〉"籰", 191쪽.
8 굴대[軸]:구멍에 끼우는 긴 나무 막대나 쇠막대.
9 《王禎農書》集18〈農器圖譜〉"織紝門"'絲籰', 402쪽;《農政全書》卷34〈蠶桑〉"桑事圖譜"(《農政全書校注》, 946쪽).
③ 間:저본에는 "聞".《王禎農書·農器圖譜集·織紝門》에 근거하여 수정.
④ 然:《王禎農書·農器圖譜集·織紝門》에는 "然必".

없어지기를 기다렸다가 다시 확(籰)【민간에서는 '얼
레(檗來)'라 한다】에 팽팽하게 감은 다음 날틀[經架]10
에 펼쳐 배열한다. 대개 광체는 거칠고 크기 때문에
반드시 작은 얼레로 옮겨 감은 다음에야 쓰기에 편
하다. 《경솔지》11

更用緊絡於籰【俗名"檗
來"】, 將以攤排於經架也.
蓋軒體麤大, 故必用小籰
移絡, 然後便於用也. 《鵙
蟀志》

---

10 날틀[經架] : 베를 짤 때에 날실을 도투마리에 감아서 가락에 감긴 실이 잘 풀리고 가지런히 공급되도록 하
   는 기구. 중국의 날틀은 모양과 크기가 다르다.
11 출전 확인 안 됨.

2) 실통[絲筒, 사통]과 실뭉치[絲團, 사단]

〈원도2〉 실통[絲筒]

〈원도3〉 실뭉치[絲團]

대나무통[竹筒]에 실감기는 우리나라 남쪽 지방의 법이다. 큰 대나무를 잘라 길이 0.3~0.4척으로 대나무통을 만든다. 따로 네모난 판 한 면의 가운데에 작은 기둥 2개를 마주보게 세운다.

이 기둥에 구멍 1개씩을 뚫는다.

또 작고 둥근 나무막대 1개는 그 가운데를 대나무통 끼울 부위[轂腹, 곡복]로 삼고, 양끝을 깎아 굴대를 만든다. 이를 작은 기둥의 구멍에 꽂아 나무막대가 매끄럽게 돌 수 있게 한다.

대나무통을 나무막대의 대나무통 끼울 부위에 끼운다. 굴대 끝에는 손잡이가 있어서 손잡이를 손으로 흔들면서 실을 대나무통으로 끌어당겨 감는다. 대나무통 1개에 다 감았으면 이를 분리해 벗겨내고, 다시 대나무통 1개를 놓는다. 실올이 이미 다 감겼으면 대나무통을 들고 나란히 세운 다음 날틀

竹筒絡絲, 我國南方之法也. 截大竹, 長三四寸爲筒, 另於方板一面當中, 竪二小柱, 對立.

柱穿一竅.

又以小圓木一條, 中爲轂腹, 削兩頭爲軸, 串於柱竅, 令可滑轉.

安竹筒於轂腹. 軸末有柄, 用手掉之, 引絲於筒而絡之, 一筒旣積, 脫而卸下, 更安一筒. 絲縷旣盡, 提筒列立, 以候經架之攤排. 比於簀, 繞似稍便矣. 《鶊

에 펼쳐 배열하기를 기다린다. 실통은 얼레에 비하면 실 감기가 조금 편한 듯하다. 《경솔지》[12]

蟀志》

실뭉치[絲團]는 북쪽 지방의 법이다. 복숭아씨나 살구씨에다 실을 감는다. 손으로 실을 돌려가며 감아서 배모양이나 주먹모양과 같이 만들면 솜씨가 좋기는 좋다. 하지만 손을 들어올리면서 하는 작업이 매우 느리기 때문에 일을 하느라 허비하는 날이 너무 많다.

따라서 한 필(匹)의 직물을 짜는 재료를 마련하기 위해 번번이 시일이 오래 걸리므로, 실뭉치 만드는 방식을 사용하지 않는 것도 좋겠다. 평안도와 함경도에서는 대부분 얼레를 쓴다. 《경솔지》[13]

絲團, 北方之法也. 用桃、杏核絡絲. 手以搓纏, 如梨如拳, 巧則巧矣. 擧手太緩, 費日太多.

欲辦一匹之材, 動以歲計, 勿之亦可也. 西、北關則多用籰矣. 同上

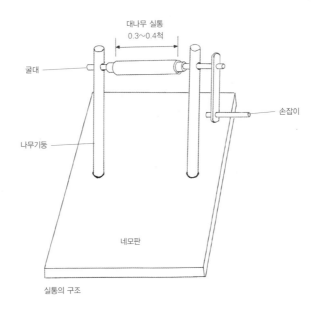

대나무 실통
0.3~0.4척

굴대

손잡이

나무기둥

네모판

실통의 구조

---

12 출전 확인 안 됨.
13 출전 확인 안 됨.

3) 소차(繅車, 실잣는 기구)[14]

繅車

〈원도4〉 남소차(南繅車)

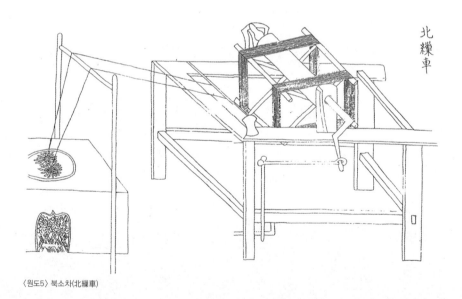

〈원도5〉 북소차(北繅車)

---

14 소차(繅車, 실잣는 기구):누에고치에서 실을 뽑아 내는 기구. 여기서 소개하는 기구는 조선에서 사용하지
않았다.

남소차《왕정농서》

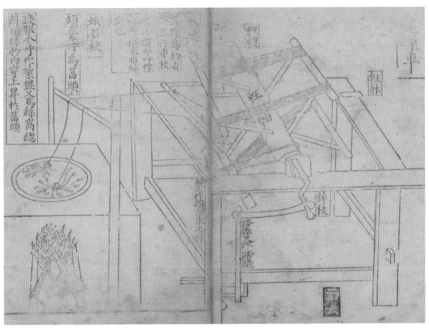

북소차《왕정농서》

소차(繅車)는, 실을 켤 때 솥 표면에서 실을 당겨 전안(錢眼, 동전구멍)에 꿰고 쇄성(鏁星)으로 올린다. 쇄성은 차(車)의 움직임에 맞추어 움직이면서 실이 첨제(添梯)를 지나가게 한다. 실이 비로소 광(軖)【광(軖)은 거(去)와 왕(王)의 반절이다. 실 켜는 바퀴이다】에 이르러야 소차를 이루게 된다.

繅車, 繅絲, 自鼎面引絲以貫錢眼, 升於鏁星. 星應車動以過添梯, 乃至於軖【去王切, 繅輪也】, 方成繅車.

진관(秦觀)이 저술한 《잠서》의 소차 제도는 다음과 같다. "전안(錢眼)은 나무판으로 만든다. 길이는 솥 표면보다 길며, 너비는 0.3척이고 두께는 9서(黍, 즉 0.09척)[15]이다. 두께 부위의 가운데에 큰 동전 1개를 꽂는다. 나무판의 끝을 솥의 지름 밖으로 나오도록 하여 솥귀를 가로지르게 한 뒤에 나무판을 돌로 눌러 준다.

秦觀《蠶書》繅車之制: "錢眼爲版, 長過鼎面, 廣三寸, 厚九黍. 中其厚, 插大錢一. 出其端, 橫之鼎耳, 後鎭以石.

쇄성(鏁星)은 갈대관 3개로 만든다. 관의 길이는 0.4척이다. 둥근 나무로 지도리[樞][16]를 만든다. 대나무 2개를 세워, 솥귀에 끼운다. 그리고 대나무에 지도리를 묶는다. 이렇게 가운데 갈대관을 차(車)로 돌리면서 아래에는 곧장 전안으로 연결되어 있는 장치를 '쇄성'이라 한다. 쇄성은 차의 움직임에 맞추어 움직이면서 실이 첨제를 지나가게 한다.

鏁星爲三蘆管, 管長四寸, 樞以圓木. 建兩竹夾鼎耳, 縛樞于竹. 中管之轉以車, 下直錢眼, 謂之"鏁星". 星應車動以過添梯.

【《농상직설》에 "대나무통은 가늘어야 한다. 쇠막대를 대나무통에 꽂는다. 양쪽에 세운 말뚝도 쇠

【《農桑直說》云: "竹筒子宜細. 鐵條子串筒, 兩樁[5]子

15 서(黍): 옛날의 길이 및 용량과 중량의 단위. 평균 크기의 기장 낟알을 하나씩 일렬로 세워 기장 100개가 세워진 길이를 1척으로 했다. 그러므로 1서(黍)는 1푼(分)과 같다. 또 1,200개 기장의 분량[容量]이 1홉이 되고, 10홉이 1승이 된다. 1,200개 기장의 무게[重量]가 12수가 되고, 24수가 1냥이 된다.

16 지도리[樞]: 장부가 구멍에 들어가 회전할 수 있게 해주는 부품.

[5] 樁: 저본에는 "捲". 《農桑輯要·簇蠶繅絲等法·繅絲》에 근거하여 수정.

북소차의 구조(유튜브 TD小導《소사차(繅絲車)》)

로 만들어야 한다."[17]라 했다】

첨제(添梯)는 우선 차의 왼쪽 끝에 환승(環繩, 원형 벨트모양의 노끈)을 설치한다. 그 앞으로 1.5척 떨어진 거리가 광상(軖牀)의 왼쪽다리 위에 해당한다. 여기에 길이가 0.15척인 자루를 세운다. 이 자루에 북모양의 고(鼓)를 꽂아 덮어씌운다. 고에다 환승을 이끌어 줄 홈을 만들어 환승을 걸 수 있게 한다.

환승은 차의 움직임에 맞추어 끝없이 돌아간다. 고(鼓)도 그로 인해 돌아간다. 고에 물고기모양의 어(魚)를 만든다. 어의 절반이 고(鼓)에서 나와 있다. 이렇게 나와 있는 어(魚)의 가운데에 0.05척인 자루를 세워 위로 첨제를 받치게 한다.

첨제는 길이가 2.5척인 얇은 대나무이다. 그 위에

亦須鐵也"】

添梯, 車之左端置環繩. 其前尺有五寸, 當牀左足之上, 建[6]柄, 長寸有半. 匝柄爲鼓, 鼓生其寅以受環繩.

繩應車運, 如環無端, 鼓因以旋. 鼓上爲魚, 魚半出鼓, 其出之中, 建柄半寸, 上承添梯.

添梯[7]者, 二尺五寸片竹

---

17 대나무통은……한다:《農桑輯要》卷4〈簇蠶繅絲等法〉"繅絲"'軖車'(《農桑輯要校注》, 228쪽).

[6] 建:《蠶書·添梯》에는 "連".

[7] 添梯:저본에는 없음.《王禎農書·農器圖譜集·繅車》에 근거하여 보충.

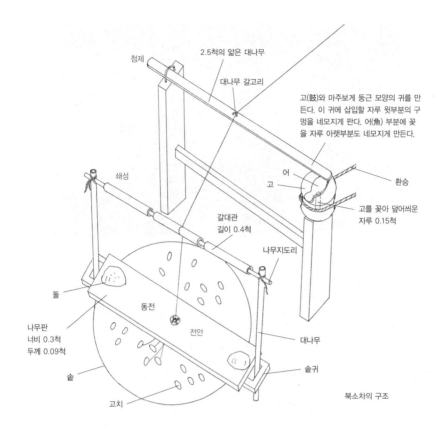

첨제

2.5척의 얇은 대나무

대나무 갈고리

고(鼓)와 마주보게 둥근 모양의 귀를 만든다. 이 귀에 삽입할 자루 윗부분의 구멍을 네모지게 판다. 어(魚) 부분에 꽂을 자루 아랫부분도 네모지게 만든다.

쇄성

어

고

환승

갈대관
길이 0.4척

고를 꽂아 덮어씌운
자루 0.15척

나무지도리

돌

나무판
너비 0.3척
두께 0.09척

동전

전안

대나무

솥

솥귀

고치

북소차의 구조

는 대나무를 휘어 갈고리를 만듦으로써 실이 지나는 길을 조절하게 한다. 첨제의 왼쪽 끝에 홈을 내서 자루에 맞추도록 한다. 고(鼓)와 마주보게 귀를 만들고 자루 꽂을 어(魚) 부분의 구멍을 네모지게 파서 첨제를 끼워 고정시킨다.[18]

그러므로 차의 움직임으로 인해 환승을 당기면 환승이 고에 힘을 전달하여 고를 회전시킨다. 회전

也. 其上, 揉竹爲鉤, 以防絲; 竅左端以應柄. 對鼓爲耳, 方其穿以閉添梯.

故車運以牽環繩, 繩簇鼓, 鼓以舞魚, 魚振添梯, 故絲

---

18 끼워 고정시킨다 : 원문의 '폐(閉)'를 옮긴 것이다. '閉'는 《잠서》의 '한(閑)'의 오자이며, '閑'은 '관주(關住)'의 의미이다. 《농정전서교주》, 938쪽 주 72번 참조.

하는 고가 어를 춤추게 하며, 춤추는 어가 첨제를 좌우로 왔다갔다 하게 흔들기 때문에 실이 지나치게 한쪽으로만 치우쳐 감기지 않는다.

不過偏.

차(車)를 만들 때는 도르래[轆轤]의 원리와 같이 만든다. 반드시 바퀴통[輻]¹⁹ 2개를 뺐다 끼웠다 할 수 있게 해서 실을 벗겨 내기 쉽게 한다."²⁰

制車如轆轤. 必活⁸兩輻以利脫絲."

내 생각으로는 위 문장에서 말한 '차(車)'는 지금 '광(軖)'이라 부른다. 광은 반드시 광상(軖牀)을 이용하여 광의 굴대를 받친다.

竊謂上文云"車"者, 今呼爲"軖". 軖必以牀, 以承軖軸.

굴대의 한 끝은 쇠로 요도(裊掉)²¹를 만들고, 다시 굽은 나무를 요도에 끼워 뺐다 끼웠다 할 수 있는 굴대를 만든다. 왼쪽 다리로 발판을 밟아 움직이게 하면 광은 바로 이에 맞게 회전하면서 아래로부터 실을 당겨 광으로 올린다. 이 작업을 하는 기구를 통틀어 '소차'라 한다.

軸之一端, 以鐵爲裊掉, 復用曲木擐作活軸. 左足蹈動, 軖卽隨轉, 自下引絲上軖. 總名曰"繰車".

노래에 다음과 같이 읊었다.

詠曰:

"남쪽 지방에서는 냉분(冷盆) 자랑하고

"南州誇冷盆,

북쪽 민간에서는 열부(熱釜) 높이 친다네.

北俗尚熱釜.

이는 곧 지금 남과 북에서 고루 장점으로 삼는 바이니,

卽今南北均所長,

열부와 냉분이 모두 이 광에 갖춰졌네.

熱釜、冷盆俱此軖.

광의 끝에서 기계 돌리려면 발로 밟아야 하고,

軖頭轉機須足踏,

---

19 바퀴통[輻]: 광상의 기둥에 만든, 굴대를 걸 수 있게 한 홈.
20 전안(錢眼)은……한다:《蠶書》〈錢眼〉"鑠星"《文淵閣四庫全書》730, 194쪽). 인용 부분은 4쪽에 달하는 양이다.
21 요도(裊掉): 발판의 동력을 차의 굴대에 전달하는 역할을 하는 부속품.
⑧ 活: 저본에는 "添".《王禎農書·農器圖譜集·繰車》에 근거하여 수정.

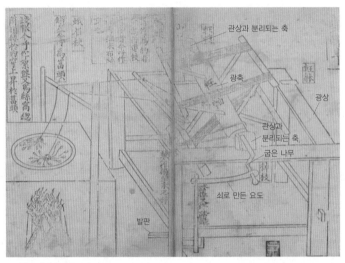

관상과 분리되는 축

광축

광상

관상과 분리되는 축

굽은 나무

쇠로 만든 요도

발판

요도와 그 주변 부속물의 구조

전안과 첨제가 실을 매끄럽게 이끈다네."[22] 《왕정농서》[23]

광상(軖牀)은 아래쪽 솥에서 1척이다. 굴대의 길이는 2척이며, 굴대 가운데 부분의 지름은 0.4척이고, 굴대 양끝의 지름은 0.3척이다. 굴대 재료는 느릅나무나 회화나무를 쓴다. 4각 또는 6각의 바큇살은 전체 길이가 각각 3.5척이다. 6각은 4각만 못하다. 광(軖)이 작으면 실을 벗기기가 쉽다. 《한씨직설》[24]

錢眼、添梯絲度滑."《王氏農書》

軖牀, 下鼎一尺, 軸長二尺, 中徑四寸, 兩頭三寸. 用楡、槐木. 四角或六角輻, 通長三尺五寸. 六角不如四角, 軖小則絲易解. 《韓氏直說》

22 남쪽……이끈다네:이상의 내용을 종합한 소차에서, 각각의 위치는 위의 그림과 같다.
23 《王禎農書》集16〈農器圖譜〉"繅車", 388~390쪽;《農政全書》卷34〈蠶桑〉"蠶事圖譜"(《農政全書校注》, 922~924쪽).
24 출전 확인 안 됨;《王禎農書》集16〈農器圖譜〉"繅車", 390쪽;《農政全書》卷34〈蠶桑〉"蠶事圖譜"(《農政全書校注》, 924쪽).

【안 광상은 우리나라의 민간에서 '광체(軖體, 왕챙이)'라 한다. 지금 평안도 사람들이 많이 쓴다】

【案 軖牀, 我東俗名"軖體", 今西關人多用之】

소차(繅車)는 커다란 톱니바퀴[牙輪]로 만든다. 소차의 양끝 또한 톱니바퀴로 만들어져 있어 쉴 새 없이 저절로 회전한다. 고치를 수십 보 밖에서 삶는다. 그 사이에는 수십 층의 시렁을 설치한다. 시렁 끝마다 쇳조각을 세워서 구멍을 바늘귀처럼 뚫고, 그 구멍에 실을 들인다.

繅車爲大牙輪, 兩頭亦爲牙輪, 不息自轉. 烹繭於數十步之外, 而中間⑨設數十層架, 每架頭豎鐵片穿孔如針耳, 納絲其孔.

기계가 움직이면 바퀴가 돌고, 바퀴가 돌면 얼레가 따라 회전한다. 그 톱니바퀴가 돌면서 이처럼 맞물려 빠르지도 않고 느리지도 않게 자연스럽게 돈다. 실이 쇠구멍을 두루 지나면서 실의 잔털도 깎아내고 까끄라기도 떨어뜨린다. 또 얼레에 들어가기도 전에 실은 이미 물기가 없이 마른다.

機動而輪旋, 輪旋而簨轉, 交牙互齒, 不疾不徐, 任其自然, 徧歷鐵孔, 刊毛落芒, 未及入簨, 體已燥曬.

반면 우리나라는 오직 수작업만 알고 차(車)를 쓸 줄 모른다. 사람의 손놀림은 자연스럽게 운용하는 기세를 이미 잃어 버린 데다 작업의 속도도 알맞지 않아 실이 어지럽게 섞이기 때문에 차례가 없게 된다. 《열하일기(熱河日記)25》26

我東惟知手汲, 不識用車, 人之運手, 已失天機, 疾徐不適, 棼雜無緒矣. 《熱河日記》

---

25 열하일기(熱河日記) : 연암 박지원(朴趾源, 1737~1805)이 1780년에 지은 책. 저자가 중국 청나라에 가는 사신을 따라 열하강(熱河江)까지 갔을 때의 기행문이다. 중국 희본(戲本)의 명목(名目)과 태서(泰西)의 신학문을 소개하였고, 《허생전》·《호질》등의 단편 소설이 실려 있다.
26 《熱河日記》卷1〈馹汛隨筆〉"車制", 569쪽.
⑨ 間 : 저본에는 없음. 《熱河日記·馹汛隨筆》에 근거하여 보충.

4) 자새[繅絲轆轤, 소사녹로][27]와 소저(繅筯, 실 잣기 젓가락)[28]

繅絲轆轤、 繅筯

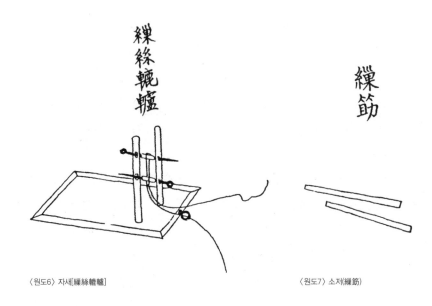

〈원도6〉 자새[繅絲轆轤]　　　　　　　　〈원도7〉 소저(繅筯)

　자새[繅絲轆轤]는 우리나라의 법이다. 그 제도는 다음과 같다. 사방 1척 남짓한 크기의 나무판으로 밑판을 만든다. 판 끝에는 작은 기둥 2개를 서로 마주보게 세운다.

　기둥의 길이는 0.4척이다. 한 기둥에 각각 구멍 2개씩을 뚫는다. 두 구멍 사이의 간격은 0.1척 남짓이다. 작은 붓대 같은 모양의 화살대[箭竹, 전죽] 2개를 쓰되, 그 길이는 0.2척 남짓이다. 여기에 작은 쇠를 끼워 굴대로 삼는다. 이를 기둥구멍에 끼워 놓아서 매

繅絲轆轤, 我國之法也. 其制: 用木板方一尺餘爲質, 板端立二小柱相對.

長四寸, 柱穿二竅, 二竅之間一寸餘. 用箭竹二个如小毫筆柄, 長二寸餘, 貫以小鐵爲軸, 安於柱竅, 令可滑轉, 是名"轆轤".

27　자새[繅絲轆轤, 소사녹로] : 누에고치에서 뽑은 실을 합쳐서 꼬아 주는 도구.
28　소저(繅筯, 실 잣기 젓가락) : 누에고치를 넣은 솥을 저어 실마리를 건져 올려 자새에 감을 수 있게 해준다.

300　전공지·권제 5

끄럽게 돌아갈 수 있게 한다. 이 기구를 '녹로(轆轤)'
라 한다.

다시 굵은 철사로 동전크기만 하게 만들되, 녹두
만 한 1개의 구멍을 만든다. 이를 기둥 아래쪽에 끼
워 놓는다. 끼워 놓을 때는 판 바닥의 밖으로 그 구
멍을 나오게 한다. 판은 고치를 삶는 질솥[土銼]²⁹ 곁
에 두어 구멍이 질솥의 바로 위에 위치하도록 한다.

고치를 삶았으면 고치에서 분리된 익은 실들을
젓가락으로 휘젓는다. 이때 실 여러 가닥을 이끌어
내어 하나로 모으고 처음 나온 거친 실은 버린 다음
그 뒤의 깨끗한 실을 전안(鐵眼)에 꿴다. 이 실은 녹로
에 둘렀다가 끌어 낸 다음 한 손으로 잡아당긴다.³⁰

復以鐵條如錢大, 穿一眼
如菉豆, 嵌於柱下. 板底出
其眼, 置板於煮繭土銼旁,
令眼當銼.

候煮繭, 湯熱繰者, 以筯
攪之. 惹衆系湊爲一端, 去
其初出麤絲, 以其精者串
於鐵眼, 繞轆轤而引去, 以
一手挽之.

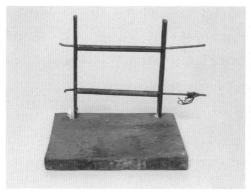

실 켜는 자새(국립민속박물관)

고치실켜기(《한산 세모시짜기·
청양 춘포짜기》, 130쪽)

---

29 질솥[土銼]: 질흙으로 구워 만든 솥.
30 이때……잡아당긴다: 이 과정을 보다 자세히 보여 주는 설명은 다음과 같다. 누에고치 표면이 부드러워져
    섬유간의 교착이 풀어지면서 실마리가 따라 올라온다. 실마리를 당겨 왼손에 모아 쥐고 광주리에 사려 놓
    은 다음 이 실의 중간을 끊는다. 이어서 실끝을 자새의 쇠고리에 끼우고 잡아당겨 자새의 아래쪽 굴대와
    위쪽 굴대에 한 바퀴씩 감고 내려오면서 3번을 꼬아 주고 다시 아래 실을 잡아당겨 3번을 꼬아 주어 실이
    잘 합쳐지게 한다. 심연옥, 《한산 세모시짜기·청양 춘포짜기》, 2011, 민속원, 126쪽 참고.

실 켜기 도구 준비하기(《한산 세모시짜기·청양 춘포짜기》, 127쪽)

무릇 이 제도는 매우 투박하다. 사람이 손으로 실을 잡아당기는 데다 고치 켜는 물의 끓는 속도도 고르지 않고, 이 과정에 들어가는 힘의 낭비가 너무 심하다. 그리하여 종일토록 녹로에서 실을 끌어 돌려도 수고가 멈추지 않는다. 비록 연약한 여자의 손가락이 갈라지고 허리가 시큰거리도록 일해도 켜 놓는 실은 겨우 한 움큼의 형클어진 실마리일 뿐이므로, 진실로 탄식할 만하다. 《경솔지》[31]

夫此制甚樸矣. 人旣手挽, 其熱之遲疾不均, 其力之勞費太甚, 終日牽轉, 勤苦不已. 雖弱女之指裂腰酸, 而其所繰, 纔一掬亂緖而已, 誠可歎也. 《鵙蟀志》

소저(繰筯)는 뜨거운 물에서 고치를 휘젓기 위한 도구이다. 대나무막대나 나무막대 2개로 만든다. 식사용 젓가락처럼 만들어 고치를 고루 젓는다. 끓는 물에서 고치가 벗겨져 번데기가 드러나면 또한 이 젓가락으로 잡아 골라 낸다. 《경솔지》[32]

繰筯, 所以攪熱湯者也. 以竹條或木條二枚爲之, 制如飯𩜁用, 以調均繭. 湯有繭脫而露蛹者, 亦以此箝而挑出之. 同上

---

31 출전 확인 안 됨.
32 출전 확인 안 됨.

고치에서 실머리를 찾아 자새에 걸기(《한산 세모시짜기·청양 춘포짜기》, 127쪽)

5) 사편(絲匾, 사반대)[33]   絲匾

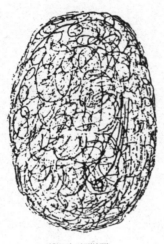

〈원도8〉사편(絲匾)

사편(絲匾) 또한 우리나라의 법이다. 녹로에서 실을 켜면서 그 곁에 겹쳐 쌓아 놓으면 실이 어질러져 차례가 없어질 것이다. 그렇다 해서 만약 나누어 흩어 둔다면 그 형세는 얼레 같은 도구에 둘러 감는 모습이 되어야 할 것이다. 그러므로 겹쳐 쌓아 놓은 실에 물을 뿌려 실끼리 서로 붙게 하고, 이를 수건이나 베로 싸고 돌로 눌러 놓은 채로 불에 쬐어 말렸

絲匾, 亦我國之法也. 自轆轤繅絲, 堆疊於傍, 亂無倫次. 若有分散, 勢將縈繞. 故將絲堆, 以水沃之, 令相粘付, 裹以巾布, 用石壓之, 烘乾而出之. 是成絲匾, 俗呼爲"絲盤臺".

---

33 사편(絲匾, 사반대): 실을 켜서 쌓아 놓은 실떡.

자새로 만든 사편. 자새를 거쳐 실을 뽑은 다음 왕챙이에 감지 않고 그대로 쌓아서 실떡을
만드는 모습(《한국전통직물》)

다가 꺼낸다. 이것이 사편(絲匾)이 된다. 민간에서는
'사반대(絲盤臺)'라 부른다.

　참깨를 압착한 깻묵처럼 실을 누르고, 톱질하여
자른 거친 나무판처럼 얇게 만들므로, 이는 천하에
없는 법이다. 우리나라 사람들은 옛 관습에 익숙해
져 소차와 광상의 제도를 익혀서 행할 수 없었다. 단
지 서툰 손놀림으로 실을 켜서 이렇게 사편을 만드
는 법이 되었을 뿐이다.

　다만 불에 쬘 때 너무 급하게 말리면 실이 그을려
져서 누런 점이 생기고, 습기가 가득 찬 상태로 밤
을 보내면 썩어서 곰팡이가 핀다. 만약 쓸 일이 생
겨 다시 실을 끌어 내려 하면 실가닥이 굳게 붙어 있
다. 그럼에도 실을 멋대로 끌고 억지로 당기면 실은
끝없이 뜯기거나 끊어진다. 그 결과 실이 약해져서
당기는 힘을 감당하지 못할 것이니, 이런 실을 어디
에 쓰겠는가?

　무릇 우리나라 사람들의 양잠 기술은 본래 거칠

壓如笮麻之枯餠, 薄如切
鋸之麤板, 此天下所無之
法也. 我邦之人狃於故習,
繅車、軖牀之制, 不能講
行, 只以劣手繅絲, 爲此作
匾之法.

但烘火太急, 則焦而點黃;
濕鬱經宵, 則爛而發黴.
若遇所用, 復欲引起, 則
絲縷緊貼, 亂抓勒挽, 扯
斷無已, 脆軟不勝, 將何爲
哉?

夫我人養蠶, 本是麤鹵. 必

고 어리석다. 반드시 누에의 본성을 억눌러 그 삶을 제대로 이어나가지 못하게 하여 양잠할 때 이미 고치들을 쇠약하게 했으므로 어찌 고운 비단을 짤 수 있겠는가?

비록 그렇더라도 이왕에 이런 고치로 실을 켠다면, 마땅히 실의 성질을 따라 그 천성을 보존해야 좋다. 그런데 지금은 뽑은 실을 돌로 열심히 눌러 놓아서 반드시 그 실을 가늘고 약하게 만드니, 어떻게 하겠는가?

예전에 중국의 법령을 보았더니, 호사(湖絲)[34] 중에 품질이 좋은 실로는 최고급 견직물인 단(緞)을 모두 짜게 하고, 품질이 그 다음인 호사만을 수출품으로 허락했다. 그럼에도 불구하고, 중국산 실 중에 우리나라로 수출하게 한 실은 모두 견고하고 질기면서 매끄럽고 윤택하다. 비록 우리나라의 실 중에서 최상품을 고르더라도 중국산에 비해 품질이 열등함은 막을 수 없다.

어찌 하늘이 고치를 낼 때 중국에만 후하게 하고, 우리나라에는 박하게 해서이겠는가? 이는 오로지 모두 누에 치는 사람들의 솜씨의 좋고 나쁨에 달려 있음이 분명하다.

고금의 잠서(蠶書)를 일일이 살펴보고, 또 일본의 여러 책을 열람해 보아도 거기에는 모두 사편을 만

使抑其性, 而不遂其生, 蠶之旣萎繭, 何能緻?

雖然旣以此繭繅絲矣, 當順絲之性而保其天可也. 今壓而勤之, 必使之纖弱, 何也?

嘗觀中華之令, 湖絲之善者, 皆令織緞, 其次者, 方許賣買出疆, 而令華絲之東出者, 皆勁韌滑澤. 雖以東絲之極選, 不能抵其劣焉.

豈天之生繭, 厚於華而薄於東哉? 全係人功之巧拙明矣.

歷觀古今蠶書, 又閱日本諸書, 皆無絲區之法. 雖屬

---

34 호사(湖絲): 중국 절강성(浙江省) 북부의 태호(太湖) 남쪽 기슭에 있는 호주(湖州)에서 나는 특산품 비단실. 청의 건륭 황제는 서양 상인이 사갈 수 있는 수량과 등급을 제한해 낮은 호사(湖絲)만 거래하고, 고급의 호사는 해외수출을 금지시켰다.

드는 법이 없다. 비록 사편이 자잘한 기술에 속하지만, 참으로 한탄하고 애석히 여길 만하다. 그러므로 특별히 이 점을 논하여 우리나라 사람들이 굼뜨고 변변하지 못한 일단을 보여 주고자 했다. 《경솔지》[35]

細務, 良可歎惜. 故特著論之, 以見我人鈍劣之一端云. 《鷦蟀志》

---

[35] 출전 확인 안 됨.

6) 열부(熱釜, 누에고치를 삶는 솥)[36]

熱釜

〈원도9〉 열부(熱釜)

---

36 열부(熱釜, 누에고치를 삶는 솥):뜨거운 솥에서 누에고치의 실을 켜는 도구.

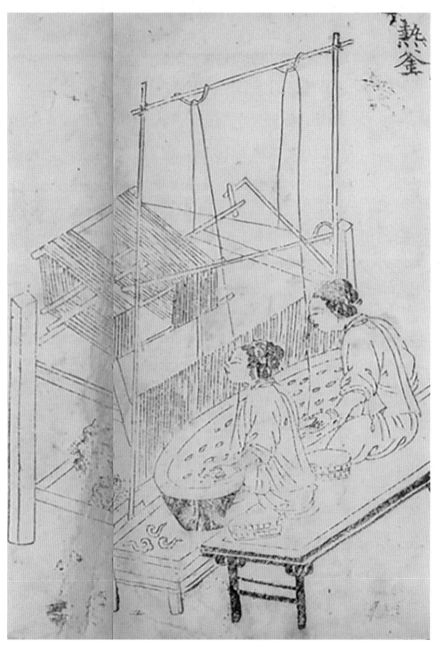

열부《왕정농서》

열부에 대해서는 진관(秦觀)의 《잠서》에서 "실을 켤 때 솥 안의 수면에서 실을 당겨 전안에 바로 꿴다."[37]라 했다. 이와 같이 실을 켤 때는 반드시 솥을 사용해야 한다. 지금 농가에서는 솥의 깊고 큰 모양을 본떠 시루를 솥의 아가리에 맞붙였다. 그렇게 해도 솥을 대신할 만하다.

그러므로 《농상직설》에서 다음과 같이 말했다. "솥은 커야 하며, 부뚜막 위에 설치한다【부뚜막에서 찌는 법과 같다. 굵은 실은 단교(單繳, 1번 꼬기)[38]로 실켜기를 할 수 있는 솥이다. 쌍교(雙繳, 2번 꼬기)[39]로도 실켜기를 할 수 있다】. 솥 위에 큰 시루를 올려 솥의 아가리와 시루를 맞붙인 뒤 물을 부어 시루 안에 8/10을 채운다.

두 사람이 마주하여 실을 켤 수 있다. 물은 항상 뜨거워야 하며, 고치를 수시로 넣어야 한다. 그러나 고치를 한 번에 많이 넣으면 고치가 너무 삶아져 손상된다."[40] 일반적으로 고치가 많은 경우에는 이 열부를 사용해야 빠른 효과를 볼 수 있다."《왕정농서》[41]

熱釜, 秦觀《蠶書》云: "繅絲自鼎面引絲直錢眼". 此繅絲必用鼎也. 今農家象其深大, 以槃甀接釜, 亦可代鼎.

故《農桑直說》云: "釜要大, 置于竈上【如蒸竈法. 可繅粗絲單繳者, 雙繳者亦可】. 釜上大槃甀接口, 添水至甀中八分滿.

可容二人對繅. 水須常熱, 宜旋旋下繭, 繅之多則煮損." 凡繭多者, 宜用此釜, 以趨速效.《王氏農書》

---

37 실을……꿴다:《蠶書》〈錢眼〉 "鍊星"(《文淵閣四庫全書》730, 193쪽).

38 단교(單繳, 1번 꼬기):아미장 위에 단지 한 번 얽어 실을 만든다(《전공지》권2 〈고치에서 실 켜기〉 "열부로 실 켜는 법" 참조).

39 쌍교(雙繳, 2번 꼬기):아미장 위에 단지 두 번 얽어 실을 만든다(《전공지》권2 〈고치에서 실 켜기〉 "열부로 실 켜는 법" 참조).

40 솥은……손상된다:《農桑輯要》卷4 〈簇蠶, 繅絲等法〉 "繅絲"(《農桑輯要校注》, 148쪽);《農政全書》卷31 〈蠶桑〉 "總論"(《農政全書校注》, 858~859쪽).

41 《王禎農書》集16 〈農器圖譜〉 "蠶繅門" '熱釜', 391~392쪽;《農政全書》卷34 〈蠶桑〉 "桑事圖譜"(《農政全書校注》, 924쪽).

7) 냉분(冷盆, 차가운 동이)[42]

冷盆

冷盆

〈원도10〉 냉분(冷盆)

---

42 냉분(冷盆, 차가운 동이) : 약간 따뜻한 솥에서 누에고치의 실을 켜는 도구.

냉분(《왕정농서》)

냉분에 대해서는 《농상직설》에 "냉분은 전교(全繳, 실을 여러 차례 꼬기)[43]로 가느다란 실을 켤 수 있다. 중간 등급의 고치는 쌍교로 실을 켤 수 있다. 열부에서 켠 실과 비교하면 생기[精神] 있으며 또 질기다. 비록 냉분이라고 하지만 이 역시 아주 따뜻하다. 동이는 작아야 한다. 먼저 그 바깥쪽의 밑바닥을 진흙으로 바른다. 사용할 물은 8/10~9/10를 채워 실을 켠다."[44]라 했다. 《왕정농서》[45]

冷盆,《農桑直說》:"冷盆, 可繰全繳細絲. 中等繭可繰下繳, 比熱釜者有精神, 又堅靭也. 雖曰冷盆, 亦是火溫之. 盆要小, 先泥其外. 用時, 添水八九分滿, 繰之."《王氏農書》

---

43 전교(全繳, 실을 여러 차례 꼬기) : 이음새가 없이 만들어지게 하는 방법으로, 이 실은 둥글고 팽팽하여 실뭉침이 없어 가장 좋은 등급이라 한다(《전공지》권2 〈고치에서 실 켜기〉 "냉분으로 실 켜는 법" 참조).
44 냉분은……켠다 :《農桑輯要》卷4 〈簇蠶、繰絲等法〉 "繰絲"(《農桑輯要校注》, 148쪽);《農政全書》卷31 〈蠶桑〉 "總論"(《農政全書校注》, 859쪽).
45 《王禎農書》集16 〈農器圖譜〉 "蠶繰門" '冷盆', 392~393쪽;《農政全書》卷34 〈蠶桑〉 "桑事圖譜"(《農政全書校注》, 925쪽).

8) 경가(經架, 날틀)[46]

經架

經架

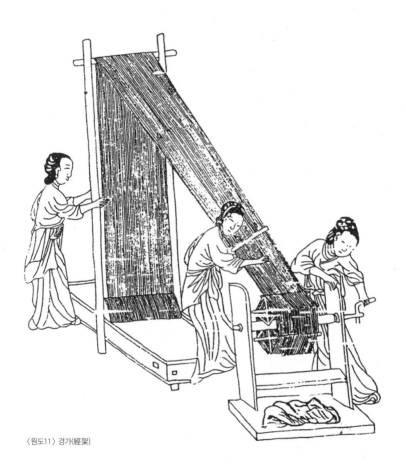

〈원도11〉 경가(經架)

---

[46] 경가(經架, 날틀) : 날실을 준비하는 도구 중 하나. 날틀을 세워 두고 긴 막대기에 구멍을 뚫어 얼레의 실을 통과하게 한다. 한 손에 모두 움켜쥐고 양쪽에 세워진 기둥의 튀어나온 막대기 부분에 왔다갔다 하면서 걸어 준다. 다른 한 사람은 얼레에 감긴 실이 잘 풀려나오게 해서 납작한 판에 정리한 실을 감아 베틀에 올릴 준비를 한다. 이 같은 조선의 경가는 본문에서 설명하는 구조와는 다르다.

경가(《왕정농서》)

현재 우리나라의 경가(《한산 세모시짜기·청양 춘포짜기》, 146쪽)

경가는 실을 끌어 내는 도구이다. 먼저 아래에는 실이 감긴 얼레[絲篗]를 배열해 둔다. 그 위로 가로 댄 대나무시렁에 고리를 늘어 세워 많은 실마리를 끌어 당기면 시렁 앞의 날실의 비(滓)【패(牌), 실을 감는 큰 실패)와 같다】에 모두 모여 감긴다. 이때 한 사람은 왔다갔다 하면서 실을 당겨 인축(紉軸, 끌어당기는 축)으로 돌린다. 그런 다음 베틀의 북[機杼]에 올린다.《왕정농서》[47]

經架, 牽絲具也. 先排絲篗於下, 上架橫竹, 列環以引衆緒, 總於架前經滓【與牌同】. 一人往來, 挽而歸之紉軸, 然後授之機杼. 《王氏農書》

[47] 《王禎農書》 集18 〈農器圖譜〉 "織紝門" '經架', 405쪽; 《農政全書》 卷34 〈蠶桑〉 "桑事圖譜"(《農政全書校注》, 946쪽).

9) 위차(緯車, 씨실 감는 물레)[48]

緯車

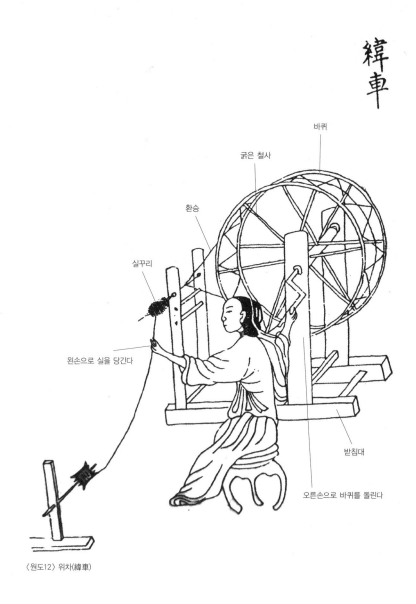

바퀴

굵은 철사

환승

실꾸리

왼손으로 실을 당긴다

받침대

오른손으로 바퀴를 돌린다

〈원도12〉 위차(緯車)

---

[48] 위차(緯車, 씨실 감는 물레):북에 넣는 씨실꾸리를 만드는 도구. 이 물레를 사용하면 속도가 빠르고 편하다.

위차(《왕정농서》)

위차는 《양자방언(揚子方言)》에서 "조(趙)[49]와 위(魏)[50] 지역에서는 '역록차(歷鹿車)'라 하고, 동제(東齊)[51]·해대(海岱)[52] 지역에서는 '도궤(道軌)'라 한다."[53]라 했다. 지금은 '쇄차(繀車)'【'繀'의 음은 쇄(碎)이다】라고도 한다. 《통속문(通俗文)》[54]에서는 "고운 실 잣는 일을 '쇄(繀)'

緯車,《方言》曰: "趙、魏之間, 謂之'歷鹿車', 東齊、海岱之間, 謂之'道軌'." 今又謂"繀【音碎】車".《通俗文》曰: "織纖謂之'繀', 受緯曰

---

49 조(趙): 지금의 중국 하북성(河北省) 일대.

50 위(魏): 지금의 중국 산서성(山西省) 일대.

51 동제(東齊): 지금의 중국 산동반도 일대.

52 해대(海岱): 지금의 중국 태산(泰山) 동쪽에서부터 발해만(渤海灣) 일대.

53 조(趙)와……한다:《輶軒使者絶代語釋別國方言》卷5《文淵閣四庫全書》221, 318쪽).

54 통속문(通俗文): 중국 후한(後漢) 시대의 학자 복건(服虔, ?~?)이 편찬한 책. 당시 민간에서 통용된 속어(俗語)를 모아 편찬한 책으로, 지금은 일실되어《원본옥편잔권(原本玉篇殘卷)》·《태평어람(太平御覽)》등에 일부 내용이 전해진다.

라 하고, 씨실 감는 일을 '부(莩)'라 한다."[55]라 했다.

그 받침대[柎] 위에 기둥을 세우고 바퀴를 설치한다. 바퀴의 근처에 굵은 철사를 가는 대통에 꿴 장치를 둔다. 그제서야 바퀴와 대통에 환승(環繩, 원형 벨트모양의 노끈)을 감는다.

오른손으로 바퀴손잡이를 돌려 바퀴를 회전시키면 대통이 바퀴를 따라 회전한다. 이때 왼손으로 실을 끌어 와 대통에 얹으면 마침내 실꾸리[絲維]가 되어 씨실[織緯]을 갖추게 된다. 《왕정농서》[56]

우리나라 풍속에서 씨실 만드는 법은 다음과 같다. 화살대[箭竹] 1개를 붓자루[筆柄]처럼 자른 다음

'莩'".

其柎上立柱置輪, 輪之上近以鐵條中貫細筒, 乃周輪與筒繚環繩.

右手掉輪, 則筒隨輪轉, 左手引絲上筒, 遂成絲維以充織緯.《王氏農書》

東俗織緯之法: 截箭竹一枚如筆柄, 其末作小叉. 先

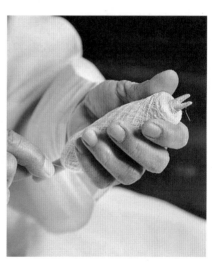

한산 모시 씨실을 감는 모습(《한산 세모시짜기·청양 춘포짜기》, 77쪽)　　손으로 씨실 감기(문화재청)

55 고운……한다 : 출전 확인 안 됨.
56 《王禎農書》 集18 〈農器圖譜〉 "織紝門" '絡車', 405쪽 ; 《農政全書》 卷34 〈蠶桑〉 "桑事圖譜"(《農政全書校注》, 946~947쪽).

화살대에 씨실이 감긴 모습(국립민속박물관)

그 한 쪽 끝은 작은 홈(V자형 홈)을 낸다. 먼저 실올 한 끝을 홈에 걸고 그 상태에서 손으로 화살대(전대)를 쥐고 실을 비비면서 감는다. 이때 실을 서로 엇갈리게 감으면서 도톰하게 만들면 실꾸리[絲縷]가 된다.

한줌에 실이 다 감겼으면 감는 작업을 멈추어 실꾸리가 북[杼] 안에 들어갈 만하게 한다. 실꾸리를 사용할 때는 화살대(전대)를 제거하고 실꾸리를 삶은 다음[57] 북에 넣고 실올 끝을 북의 구멍에 꿰어 직조할 수 있게 한다. 그러나 종일토록 손을 움직여도 겨우 꾸리[縷] 하나가 만들어지기 때문에 또한 고생스럽다고 하겠다.[58] 《경솔지》[59]

將絲縷一端係於叉, 仍以手握竹搓繞, 交互堆疊, 是成絲緯.

盈握則止, 使可容於杼內. 至其用時, 去竹煮緯, 安於杼, 以縷端穿杼孔而受織. 然盡日動手, 僅成一緯, 亦云勞矣.《鵙蟀志》

---

57 실꾸리를……다음 : 명주나 모시, 삼베의 씨실꾸리는 수분이 날아 가지 않도록 사용하기 전에 물에 담가 둔다. 그러나 무명의 씨실꾸리는 사용 전에 맹물에 넣어 삶는데, 실올을 질기게 하기 위해서이다(《나주샛골나이》, 국립문화재연구소, 2003, 169쪽).

58 종일토록……하겠다 : 우리나라는 손으로 꾸리를 만들지만 중국에서는 위차를 사용하여 씨실을 감는다. 그러므로 서유구도 효율성을 생각하여 우리나라도 중국처럼 씨실 감는 물레를 사용할 것을 권장하려는 의도가 배어 있다.

59 출전 확인 안 됨.

10) 낙차(絡車)[60]   絡車

絡車

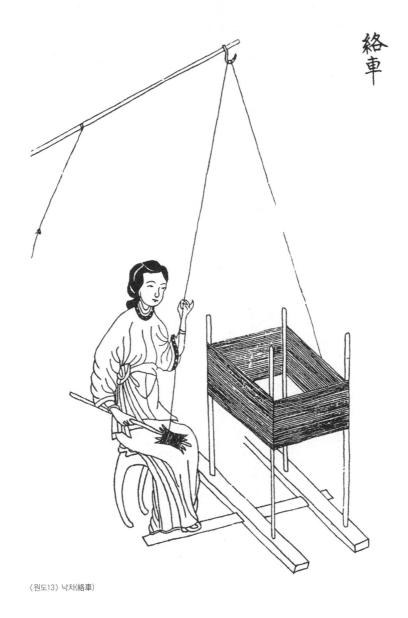

〈원도13〉 낙차(絡車)

---

60 낙차(絡車) : 실을 얼레에 옮겨 감는 데 쓰는 도구. 날틀의 전 단계에서 얼레 하나씩의 분량으로 감아 둔다.
    조선에서 썼던 '돌꼇(실을 감거나 푸는 데 쓰는 도구)'과는 다르다.

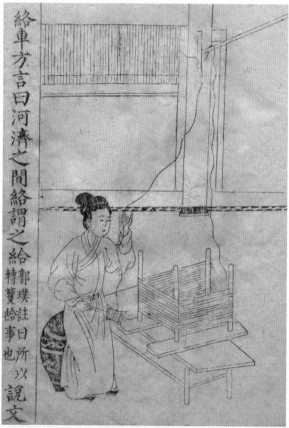

絡車方言曰河濟之間絡謂之給郭璞註曰所以轉籆絡事也說文

낙차(《왕정농서》. 저본에는 윗부분의 그림이 누락되었다.)

낙차(絡車)에 대해서,《양자방언》에 "황하(黃河)와 제수(濟水)[61] 사이 지역에서는 낙(絡)을 '급(給)'이라 한다."라 했다【곽박의 주에서는 "얼레를 회전시켜 일 거리를 공급하는 도구이다."[62]라 했다】.

《설문해자》에서는 "낙차의 받침대가 고동[梔]이 다."[63]라 했다.《주역》의 〈구괘(姤卦)〉에서는 "쇠고동 [金梔]에 연결해 놓는다."[64]라 했다.《통속문(通俗文)》 에서는 "실을 펼쳐 걸어 두는 도구를 고동[梔]이라 한 다."[65]라 했다.

대개 광차[軖]에서 벗겨낸 실을 고동에 펼쳐 건다. 그 위에는 실을 매달 수 있는 고리를 만들어 실의 끝 부분을 당겨 와 낙차에 감기게 한다.

낙차의 제도는 다음과 같다. 반드시 가는 굴대를 얼레[籰]에 끼우고 낙차 받침대의 양 기둥 사이에 놓 아 둔다【이 말의 뜻은 다음과 같다. 한 개의 기둥만 높다. 기둥의 가운데는 구멍을 만든다. 그곳으로 얼 레축의 머리 부분을 꿴다. 나머지 기둥은 낮게 만들 어 얼레축의 끝 부분을 맡도록 한다】.

사람이 굴대에 힘을 전달해 주는 줄을 당겨 굴 대가 움직이면 얼레는 축을 따라 돌면서 실이 그제 야 얼레에 감기게 된다. 이것이 북쪽 지방의 낙차이

絡車,《方言》曰: "河、濟 之間, 絡謂之'給'"【郭璞注 云: "所以轉籰給事也"】.

《說文》云: "車枸爲梔."《易 ·姤》曰: "繫於金梔."《通 俗文》曰: "張絲曰梔."

蓋以脫軖之絲, 張於梔上, 上作懸鉤, 引致緖端, 逗於 車上.

其車之制, 必以細軸穿籰, 措於車座兩柱之間【謂一柱 獨高, 中爲通槽, 以貫其籰 軸之首, 一柱下而管其籰 軸之末】.

人旣繩牽軸動, 則籰隨軸 轉, 絲乃上籰. 此北方絡絲 車也. 南人但習掉籰取絲,

---

61 제수(濟水) : 중국 하남성(河南省) 서북부를 흐르는 황하강의 지류.
62 황하(黃河)와……도구이다 :《輶軒使者絶代語釋別國方言》卷5 《文淵閣四庫全書》221, 318쪽).
63 낙차의……고동[梔]이다 :《廣韻》卷3 〈上聲〉 "旨" '梔'(《文淵閣四庫全書》236, 92쪽).《說文解字》에는 나 오지 않는다.
64 쇠고동[金梔]에……놓는다 :《周易》卷5 〈姤〉 "初六"(《十三經注疏整理本》1, 217쪽).
65 실을……한다 : 출전 확인 안 됨.

다.[66] 남쪽 사람은 단지 얼레를 움직이면서 실을 감는 데 익숙할 뿐이어서 끝내 편리하면서 빠른 낙차보다 못하다. 그러므로 이제는 낙차를 통용해야 한다. 《왕정농서》[67]

終不若絡車安且速也. 今宜通用.《王氏農書》

---

66 이상의 북쪽 지방의 낙차를 보여주는 그림은 원도에는 없다. 《왕정농서》에 그 그림이 보인다. 《농정전서》에도 이 그림이 없는 점으로 보아 서유구가 《농정전서》를 참조하면서 누락한 듯하다.

67 《王禎農書》集18〈農器圖譜〉"織紝門"'絡車', 403쪽;《農政全書》卷34〈蠶桑〉"桑事圖譜"(《農政全書校注》, 946~947쪽).

11) 직기(織機)[68]

織
機

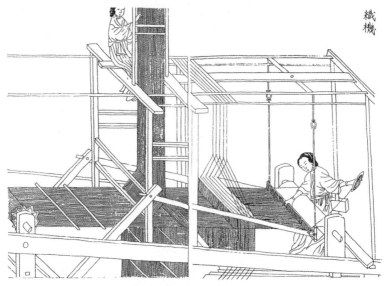

〈원도14〉 직기(織機)

직기(《왕정농서》)

---

68 직기(織機) : 날실과 씨실을 교체시켜 직물을 짜는 기계.

직기(《왕정농서》)

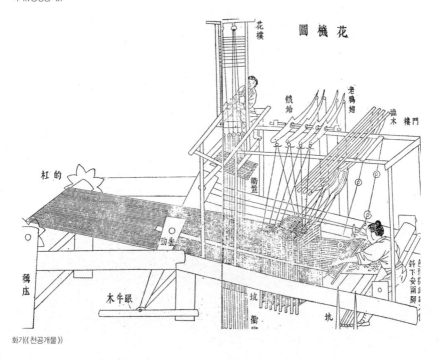

花機圖

花樓

老鴉翅

遊木樓門

鐵蛉

杠的

衢盤

木樓門

斜下安兩腳

稱庄

木牛眼

坑衢絲

坑

화기(《천공개물》)

衣 褘

휘의(《삼재도회》)

직기는 실로 직물을 짜는 도구이다. 살펴보면 황제(黃帝)[69]의 원비(元妃, 임금의 정실 부인)인 서릉씨(西陵氏)[70]를 '누조(儽祖)'라 했고, 서릉씨가 처음으로 누에 농사를 권장했다. 달이 대화(大火)[71] 구역에 있을 때[72] 뽕나무종자를 씻은 다음 부인은 부(副, 머리장식)[73]를 얹고 휘의(褘衣)[74]를 입고서 몸소 뽕잎을 딴다. 그리하여 고치와 실을 바쳐 마침내 직임(織紝, 직물짜기)의 공에 걸맞게 한다. 이를 따라 널리 옷감을 짜서 교

織[10]機, 織絲具也. 按, 黃帝元妃西陵氏曰"儽祖", 始勸蠶稼. 月大火而浴種, 夫人副褘而躬桑, 乃獻繭絲, 遂稱織紝[11]之功, 因之廣織, 以給郊廟之服. 見《路史》.

---

69 황제(黃帝):중국을 처음으로 통일한 군주이자 문명의 창시자로 숭배 받는, 중국의 국가 형성과 관련된 신화에 나타나는 삼황오제(三皇五帝) 가운데 하나.

70 서릉씨(西陵氏):?~?. 누에치기를 처음 시작했다고 알려진, 상고 시대의 신화적인 인물.

71 대화(大火):적도를 따라 하늘을 30°씩 12구역으로 구분하던 방법인 12차(次) 중의 하나. 서에서 동으로 세어 가며 붙인 12차는 수성(壽星)·대화(大火)·석목(析木)·성기(星紀)·현효(玄枵)·추자(娵訾)·강루(降婁)·대량(大梁)·실침(實沈)·순수(鶉首)·순화(鶉火)·순미(鶉尾)의 차례이다.

72 달이……때:1년의 특정 달을 가리킨 듯하지만, 무슨 달인지는 모르겠다.

73 부(副, 머리장식):'덮는다[覆]'는 뜻으로, 부녀의 머리 장식이다. 《예기집설(禮記集說)》〈제의(祭義)〉에 나오는 진호(陳浩)의 주석에서 다음과 같이 말했다. "副'之爲言, 覆也, 婦人首飾, 所以覆首者." 머리카락을 엮어서 임시 상투를 만드는 것이다(《三禮辭典》, 705쪽 참조).

74 휘의(褘衣):왕후(王后)가 입는 6가지 옷[六服] 중 하나. 송(宋)과 명(明)초까지 가장 높은 등급인, 꿩[翟] 무늬를 새겨 넣은 옷이다.

[10] 織:저본에는 없음. 《王禎農書·農器圖譜·織紝門》;《農政全書·蠶桑·桑事圖譜》에 근거하여 보충.

[11] 紝:《路史·黃帝紀》에는 "維".

문직기(한국전통문화대학교 전통섬유복원연구소 복원)

묘(郊廟)[75]에 입을 옷을 공급했다.[76] "황제의"에서 시
작한 이상의 내용은《노사(路史)》[77]에 나온다.

《부자(傅子)》[78]에 "옛날 직기는 50개 잉아[綜][79]라
면 50개의 디딤판[躡]이 있고, 60개 잉아라면 60개
의 디딤판이 있었다. 마생(馬生)[80]이라는 사람은 천
하의 이름난 장인이다. 그가 날을 허비하고 효과를
잃을까 걱정해 마침내 12개의 디딤판으로 바꿨다."[81]

《傅子》曰: "舊機, 五十綜
者五十躡, 六十綜者六十
躡. 馬生者, 天下之名巧
也, 患其遺日喪功, 乃易以
十二躡."

75 교묘(郊廟) : 천지에 대한 제사인 교(郊)와 선조에 대한 제사인 묘(廟)의 합칭.
76 황제(黃帝)의……공급했다 :《路史》卷14〈黃帝紀〉上(《文淵閣四庫全書》383, 126쪽).
77 노사(路史) : 송나라의 문인 나필(羅泌, 1131~1189)이 편찬한 역사서. 모두 47권이다.〈전기(前紀)〉9권은
삼황(三皇)·음강(陰康)·무회씨(無懷氏)에 대해 기록했고,〈후기〉14권은 태호(太昊)에서 하(夏)에 이르기
까지의 일을 기록했으며,〈국명기(國名紀)〉8권은 상고 시대에서 양한(兩漢) 말기까지 여러 나라의 성씨와
지리에 대해 기록했고,〈발휘(發揮)〉와〈여론(餘論)〉16권은 변론하고 고증했다.
78 부자(傅子) : 중국 서진(西晉, 266~316) 시대 부현(傅玄, 217~278)이 편찬한 저서. 총 120권이다.《부자》는
부현의 이름을 딴 제목이다.
79 잉아[綜] : 직조기의 날실을 위아래로 움직여 북이 들어가도록 개구를 만드는 장치.
80 마생(馬生) : 미상.
81 옛날……바꿨다 :《傅子》〈附錄〉(《文淵閣四庫全書》696, 519쪽).

라 했다.

지금 견직물을 짜는 여공들은 증(繒, 견직물의 일종)을 짤 때 오직 디딤판 2개를 쓴다. 그래서 더욱 간단하고 요긴해졌다. 일반적으로 사람들이 몸에 걸치는 옷은 모두 이것이 그 시초이다.《왕정농서》[82]

일반적으로 화기(花機)는 전체 길이가 16척이다【안 화기는 문양을 넣어 짤 수 있는 베틀이다】. 화루(花樓)[83]를 높이 솟게 만들었고, 가운데는 구반(衢盤)[84]을 설치했으며, 구각(衢脚)[85]을 아래로 드리우고 있다【물에 매끄럽게 간 대나무로 만드는데, 모두 1800개이다】.

화루 바로 밑에 2척 가량의 깊이로 구덩이를 파고 구각을 넣어 둔다【땅기운이 습하면 2척 높이의 시렁에 대신 설치한다】. 화본(문양도면)을 들어올리는 사람은 화루 위의 선반에 앉는다.

화기의 끝에는 적강(的杠, 날실을 감는 축)에 실을 감는다. 중간에 있는 첩조목(疊助木) 2개를 막대 2개에 수직으로 관통시킨다. 막대는 약 4척이다. 막대의 뾰족한 부분은 바디의 양끝에 꽂는다. 첩조목은, 사(紗)

今紅女織繒, 惟用二躡, 又爲簡要. 凡人之衣被於身者, 皆其所自出也.《王氏農書》

凡花機, 通身度長一丈六尺【案 花機者, 織花紋之機也】. 隆起花樓, 中托衢盤, 下垂衢脚【水磨竹棍爲之, 計一千八百根】.

對[12]花樓下, 掘坑二尺許以藏衢脚【地氣濕者, 架棚二尺代之】. 提花小廝坐立花樓架木上.

機末以的杠卷絲, 中用疊助木兩枝, 直穿二木, 約四尺長. 其尖插于筬兩頭. 疊助, 織紗, 羅者, 視織綾,

---

82 《王禎農書》集18〈農器圖譜〉"織紝門" '織機', 406~407쪽;《農政全書》卷34〈蠶桑〉"桑事圖譜"(《農政全書校注》, 947쪽).

83 화루(花樓):화기에서 높이 솟아 있는 장치. 화본(문양 도안)을 설치하고 사람이 앉아 무늬 도안에 따라 통사를 들어올릴 수 있는 곳이다.

84 구반(衢盤):화기에서, 무늬를 나타내는 잉아가 얽히지 않게 구분해 주는 장치.

85 구각(衢脚):화기에서, 추가 달린 막대로, 무늬 도안에 따라 들어올린 잉아들이 사람이 잡고 있는 힘이 없으면 밑에 달린 추의 무게로 인해 저절로 내려가는 장치.

[12] 對:저본에는 "刈".《天工開物·花機》에 근거하여 수정.

와 라(羅)를 짤 때는 능(綾)과 견(絹)을 짤 때에 비하면 무게가 10근 남짓 가벼워야만 효과가 빼어나다.

소라(素羅, 무늬 없는 나직물)는 무늬를 내지 않는다. 그리고 연사(軟紗, 부드러운 사)나 능(綾)·견(絹)에 물결무늬나 매화와 같은 작은 꽃무늬를 내려면 소라를 짜는 데 비해 단지 종광(椶綜)[86] 2개만 더한다.

그리하여 한 사람이 베틀의 디딤판을 밟아 스스로 짤 수 있다. 그러면 화본을 들어올리는 일꾼이 화루 위에서 한가로이 있을 필요가 없다. 또한 구반과 구각을 설치하지 않아도 된다. 《천공개물》[87]

絹者, 減輕十餘觔方妙.

其素羅不起花紋, 與軟紗、綾、絹, 踏成浪、梅小花者, 視素羅只[13]加椶二扇,

一人踏織自成. 不用提花之人, 閒[14]住花樓, 亦不設衢盤與衢脚也.《天工開物》

---

86 종광(椶綜): 날실을 아래위로 벌려서 씨실이 투입되는 개구를 만들어 주는 장치. 평직물은 하나의 종광만으로도 직물을 짤 수 있지만 문양을 만들기 위해서는 문양에 맞춰 들어올리는 날실이 다르기 때문에 여러 개의 종광이 필요하다.

87 《天工開物》卷上〈乃服〉"機式", 85~86쪽.

[13] 只: 저본에는 "又".《天工開物·花機》에 근거하여 수정.

[14] 閒: 저본에는 "間".《天工開物·花機》에 근거하여 수정.

12) 요기(腰機, 베틀)[88]

腰機

〈원도15〉 요기(腰機)

---

[88] 요기(腰機, 베틀) : 허리로 날실의 장력을 조절하며 직물을 짜는 직기. 직물을 짜는 사람의 허리를 보호하기 위해 가죽이나 나무판으로 댄 우리나라 베틀과 비슷한 형태이다. 다만 중국은 발로 밟아서 잉아를 들어올리고 우리나라는 끌신을 신고 다리 한 쪽을 앞뒤로 왔다갔다 하며 잉아를 조절하는 차이가 있다.

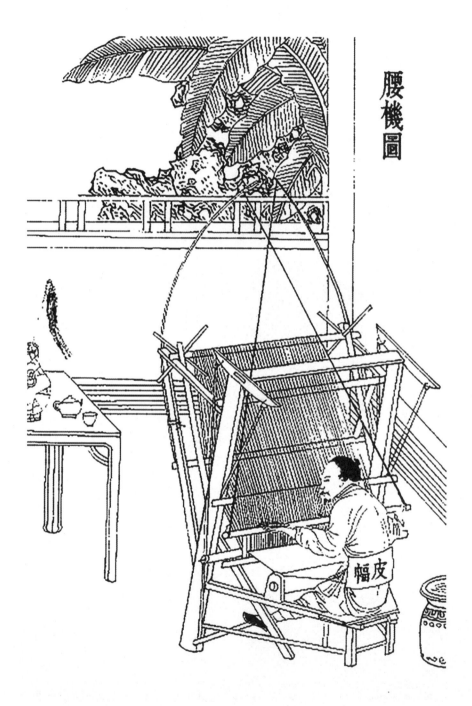

腰機圖

요기(명간본 《천공개물》)

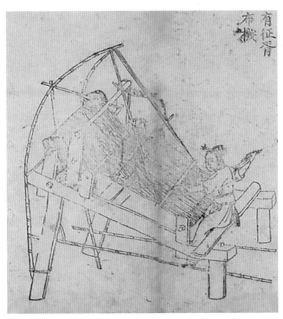

포기(布機)《왕정농서》

일반적으로 항서견(杭西絹)[89]과 나지견(羅地絹)[90] 등의 견(絹)과 경주(輕紬)[91]와 소주(素紬)[92] 등의 주(紬), 은조사(銀條紗)[93]와 건모사(巾帽紗)[94] 등의 사(紗)를 짤 때는 굳이 화기를 쓸 필요는 없고, 단지 작은 베틀을 쓴다. 직물 짜는 장인은 무두질한 가죽 1장을 앞을 자리에 놓는다. 이 기구를 작동시키는 힘이 전부 허리[腰]와 엉덩이 위에 있기 때문에 '요기(腰機)'라 한다.

凡織杭西、羅地等絹, 輕、素等紬, 銀條、巾帽等紗, 不必用花機, 只用小機. 織匠以熟皮一方置座下, 其力全在腰尻之上, 故名"腰機".

---

89 항서견(杭西絹) : 미상.
90 나지견(羅地絹) : 미상.
91 경주(輕紬) : 미상. 가벼운 재질의 명주로 추정된다.
92 소주(素紬) : 미상. 색깔이 흰 명주의 일종으로 추정된다.
93 은조사(銀條紗) : 사(紗) 직물의 한 종류로, 무늬 없이 2경꼬임 사조직으로만 제직된 직물.
94 건모사(巾帽紗) : 모자를 만드는 용도의 사직물.

보편적으로 세상에서 갈포·모시·무명을 짤 때는 이 기구를 활용한 직조법을 쓴다. 요기로 직물을 짜면 베나 견직물이 매우 고르면서 질기고 윤기가 난다. 안타깝게도 지금까지 전해지지만 아직도 널리 쓰이지는 않는다. 《천공개물》[95]

직기의 제도에는 여러 책을 살펴보면 화기(花機)·와기(臥機)·요기(腰機)와 같은 이름이 있다. 화기로는 견(絹)과 단(緞)을 짜고 와기나 요기로는 간단한 직물을 짠다.

《화한삼재도회》에 또 '상기(上機)'와 '하기(下機)'[96]라는 명칭이 있다. 이는 중국의 제도를 본떴지만 약간 다르다. 우리나라의 경우 민간에서 쓰는 기구는 요

普天織葛、苧、棉布者, 用此機法, 布、帛更整齊堅澤. 惜今傳之, 猶未廣也. 《天工開物》

織機之制, 考諸書, 有花機、臥機、腰機之名. 花機以織絹、緞, 臥機、腰機其簡者也.

《和漢三才圖會》又有"上機"、"下機"之稱, 倣華制而小異者也. 我東則民間所用只

춘포를 짜는 베틀(문화재청)

---

95 《天工開物》卷上 〈乃服〉 "腰機式", 87~88쪽.

96 '상기(上機)'와 '하기(下機)' : 《화한삼재도회》에 '상기'는 증(繪)과 같은 견직물에 사용하며 발로 밟는 디딤판이 있고, '하기'는 우리나라의 요기와 같이 끌신이 있는 형태이다. 《和漢三才圖會》卷35 〈女工具〉 "機"(《倭漢三才圖會》4, 183~184쪽).

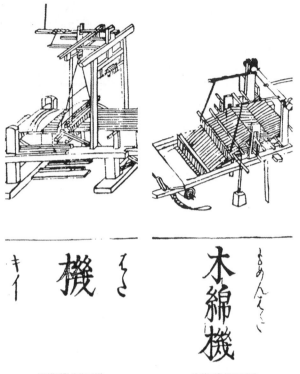

상기《왜한삼재도회》   하기《왜한삼재도회》

기뿐이다. 하지만 또한 중국의 요기와 약간 다르다. 한발을 앞으로 내밀었다 뒤로 빼면서 짜는 제도는 모양새가 너무 질박하고 졸렬하다. 《경솔지》[97]

腰機耳, 然亦有小異. 乃以一足進退之制, 樣太樸劣矣. 《鶹蟀志》

------

[97] 출전 확인 안 됨.

13) 북[梭, 사]⁹⁸과 북[杼, 저]⁹⁹　　　　　　梭、杼

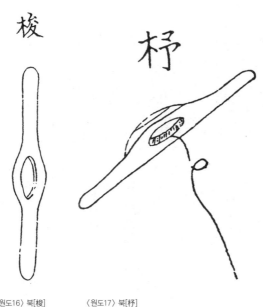

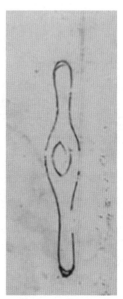

〈원도16〉 북[梭]　　〈원도17〉 북[杼]　　　　　북대(《왕정농서》)

북은 직조하는 도구이다. 씨실을 왔다 갔다 하게　　梭, 織具也. 所以行緯之
한다.《왕정농서》¹⁰⁰　　　　　　　　　　　　　莎.《王氏農書》

저(杼)는 씨실을 왔다 갔다 하게 하는 도구이　　杼, 所以行緯者也【案 杼
다【안 여기서 저(杼)는 곧 북[梭]이다】. 하기(下機)의　　卽梭也】. 下機杼, 長二

---

98 북[梭, 사] : 북에 실꾸리를 넣고 대나무를 쪼개 활처럼 약간 휘게 한 다음 북의 양끝에 고정시키고 가운데
　구멍으로 씨실이 풀려 나오게 하는 베틀의 부속품 중 하나.
99 북[杼, 저] : 씨실을 넣어 날실과 날실이 벌어진 사이를 오가며 직물을 짜는 배모양의 나무통.
100《王禎農書》集18〈農器圖譜〉"織紝門"'杼', 409쪽 ;《農政全書》卷34〈蠶桑〉"桑事圖譜"(《農政全書校
　注》, 948쪽).

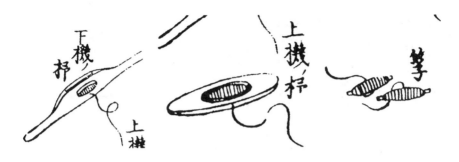

하기의 저(杼)(《왜한삼재도회》)　　　　상기의 저(《왜한삼재도회》)　　　　　　　　부(莩)(《왜한삼재도회》)

현대의 씨실과 북(국립민속박물관)

저는 길이가 2척이고, 상기(上機)의 저는 0.6척이다.
저에 부(莩, 실꾸리)를 넣어 씨실을 직조한다. 저에 꿴
실을 '관(筎)'이라 한다. 부(莩)는 실꾸리이다. 《화한
삼재도회》[101]

尺, 上機六寸, 納莩於杼以
織緯, 其貫於杼絲曰"筎".
莩, 維絲管也. 《和漢三才
圖會》

---

[101]《和漢三才圖會》卷35〈女工具〉"杼、莩"(《倭漢三才圖會》4, 186쪽).

14) 바디[筬, 성]¹⁰²와 바디집[筬框, 구광]¹⁰³

筬、筬框

〈원도18〉 바디[筬]

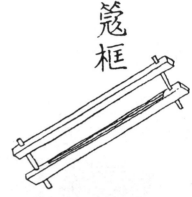

〈원도19〉 바디집[筬框]

성(筬)은 직조하는 도구이다. 일반적으로 직조할 때는 날실을 먼저 만든다. 성은 날실의 올을 가지런히 정돈해서 엉키지 않게 한다. 《화한삼재도회》¹⁰⁴【안 우리나라 민간에서는 성(筬)을 '바디[波臺]'라 부른다】

일반적으로 견직물을 짤 때 사(紗)와 나(羅)의 바디[筬]【안 구(筬)는 곧 바디[筬]이다】는 바디살의 총수 800살을 기준으로 삼고, 능(綾)과 견(絹)의 바디는

筬, 織具也. 凡織先經, 梳縷使不亂者也. 《和漢三才圖會》

【案 我俗呼筬曰"波臺"】

凡織帛, 紗、羅筬【案 筬卽筬也】以八百齒爲率, 綾、絹筬以一千二百齒爲率. 每

---

¹⁰² 바디[筬, 성]:살과 살 사이에 날실을 꿰어 북[杼]이 지나가는 통로를 만들어 주고, 씨실을 앞으로 밀어서 이미 짜여진 씨실들과 촘촘하게 맞닿으며 짜는 역할을 하는 베틀의 부속품 중 하나.

¹⁰³ 바디집[筬框, 구광]:베틀의 부속품 중 하나인 바디의 테. 직물을 짤 때 날실을 고르는 역할을 하는 바디의 위와 아래를 막아 고정시키는 역할을 한다.

¹⁰⁴《和漢三才圖會》卷35〈女工具〉"筬"(《倭漢三才圖會》4, 187쪽).

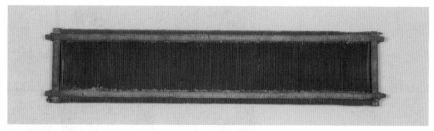

바디1(국립민속박물관)

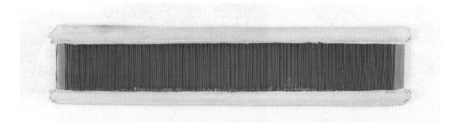

바디2(국립민속박물관)

바디와 바디집 합체(좌)와 분리(우) 모습(국립민속박물관)

1200살을 기준으로 삼는다. 바디살마다 풀 먹인 날실들이 지나간다. 4올이 합쳐져 2올이 된다.《천공개물》[105]

簆齒中度經過糊者, 四縷合爲二縷.《天工開物》

---

[105]《天工開物》卷上〈乃服〉 "經數", 84쪽.

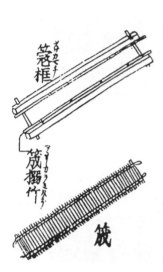

바디와 바디집(《왜한삼재도회》)

베를 짜고 실을 감는 모습(《한산 세모시짜기·청양 춘포짜기》, 185쪽)

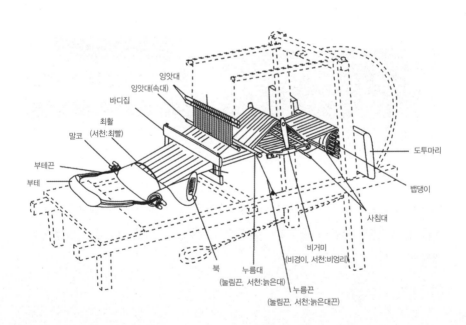

베틀의 구조(《한산모시짜기》, 185쪽)

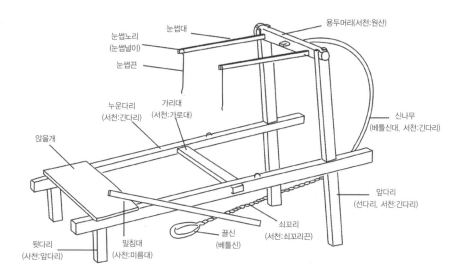

눈썹노리
(눈썹널이)

눈썹대

눈썹끈

용두머리(서천:원산)

누운다리
(서천:긴다리)

가리대
(서천:가로대)

신나무
(베틀신대, 서천:긴다리)

앉을개

앞다리
(선다리, 서천:긴다리)

뒷다리
(사천:앞다리)

밀침대
(사천:미름대)

끌신
(베틀신)

쇠꼬리
(서천:쇠꼬리끈)

베틀의 구조(《한산모시짜기》, 185쪽)

베틀의 구조(《한산모시짜기》, 184쪽)

15) 말코[楅, 복][106]

楅

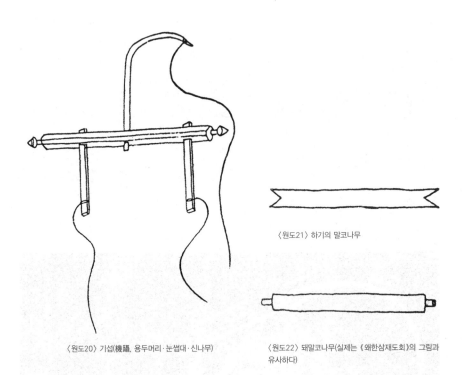

〈원도20〉 기섭(機躡, 용두머리·눈썹대·신나무)

〈원도21〉 하기의 말코나무

〈원도22〉 돼말코나무(실제는 《왜한삼재도회》의 그림과 유사하다)

복(楅)은 베틀에서 증(繒, 견직물의 일종)을 말아 두는 도구이다. 그 제도는 다음과 같다. 둥근 나무의 양끝에 도끼로 판 듯한 홈이 있어 돼지발[豬足]과 조금 비슷하다. 하기(下機, 하품의 기계)에 쓰는 복은 양끝

楅, 機之卷繒者也. 其制: 用圓木兩頭有斫鬭, 微似 豬足. 下機之楅, 兩頭有 叉尖如爪, 所以挂機帶紐

---

[106] 말코[楅, 복]: 직물을 감아 두는 일자형 막대. 막대의 양끝에 홈이 있어 직물을 짤때 부티의 끈을 감아 고정한다.

에 돼지발톱[豬爪] 같은 뾰족한 홈이 있다. 부티[機帶,　　也.《和漢三才圖會》

기대][107]의 끈을 거는 도구이다.《화한삼재도회》[108]

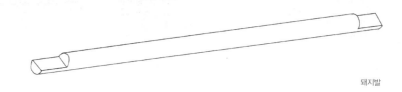

돼지발

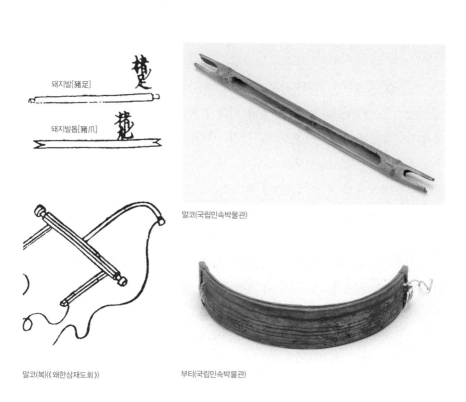

돼지발[豬足]

돼지발톱[豬爪]

말코(국립민속박물관)

말코(복)(《왜한삼재도회》)

부티(국립민속박물관)

---

107 부티[機帶, 기대]: 베틀에서, 베를 짤 때 베틀의 말코 두 끝에 끈을 매어 베틀 짜는 사람의 허리에 두르는
　　 넓은 띠. 가죽이나 헝겊, 또는 흰 나무 및 짚으로도 만든다. '부테'라고도 한다.
108《和漢三才圖會》卷35〈女工具〉"梭"(《倭漢三才圖會》4, 188쪽).

베틀신(국립민속박물관)

베틀신을 착용한 모습(문화재청)

【안 우리나라 민간에서는 복(梍)을 '말코나무[馬鼻
木]'라 부른다】

끌신[機躡, 기섭][109]은 2개의 작은 대나무막대를 가
로 방향으로 잉앗대[綜竹, 종죽]에 걸고 왼쪽과 오른
쪽 엄지발가락에 이어 신게 한다[躡]. 하기(下機)의 경
우는 용두머리[110]에 나무막대로 만들며, '정(丁)'자모
양으로 하여 두 손을 뻗어 잉앗대에 묶는다.

그 끝에는 노끈을 묶고 이를 직조하는 사람의 발
꿈치에 연결했다가, 끈을 끌어서 잉앗대가 올라가게
하고 끈을 놓아서 내려가게 한다. 부티는 가죽으로
만들거나 또는 널빤지로 만든다. 다만 상기(上機, 상품
의 기계)는 부티를 쓰지 않는다.[111] 《화한삼재도회》[112]

【안 우리나라 민간에서는 기대(機帶)를 '부티[附台,
부태]'라 부른다】

【案 我俗呼梍曰"馬鼻木"】

機躡, 横二小竹挂之綜竹,
以左右足拇指更躡之. 下
機者, 機頭以木條作之, 形
如丁字樣, 而出二手縛綜
竹.
其稍著繩絡織人足踵, 引
之低緩之[15]仰也. 機帶用
革, 或用片板. 但上機不用
機帶. 同上

【案 我俗呼機帶曰"附台"】

---

109 끌신[機躡, 기섭]: 베틀에서, 씨실이 들어가는 자리를 만들어 주는 도구. 잉앗대[綜竹, 종죽]와 줄로 연결
되어 발을 끌어당기면 잉아[綜, 종]가 올라가면서 날실이 벌어지게 한다.
110 용두머리: 베틀의 앞기둥 상부에 기둥틀을 유지시켜 주는 역할을 하는 부속품.
111 상기는……않는다: '36) 베틀[布機, 포기]'의 그림 참조.
112 《和漢三才圖會》, 위와 같은 곳.
15 緩之: 저본에는 없음. 《和漢三才圖會·女工具·梍》에 근거하여 보충.

16) 도투마리[縢, 승][113]

縢

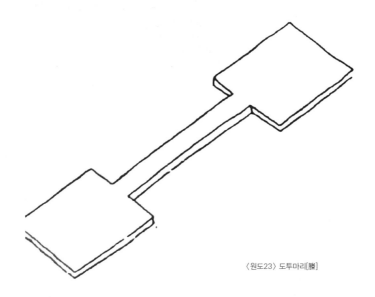

〈원도23〉 도투마리[縢]

승(縢)은 베틀에서 날실을 말아 두는 나무이다.　縢, 織機卷經之木也.《和
《화한삼재도회》[114]　　　　　　　　　　　漢三才圖會》

---

[113] 도투마리[縢, 승] : 베틀의 부속품 중 날실을 감아 두는 도구. 'H'형의 널빤지의 형태로 베매기에서 날실을
감아 베틀에 올려 짤 수 있게 한다.
[114]《和漢三才圖會》卷35〈女工具〉 "縢"《倭漢三才圖會》4, 188쪽).

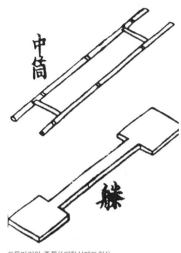

도투마리(국립민속박물관)

도투마리와 중통(《왜한삼재도회》)

도투마리에 날실이 감겨 있는 모습(국립민속박물관)

【안 승(縢)은 음이 승(勝)으로, 본래 승(縢)이라 썼
다. 우리나라 민간에서는 '도투마리[道土馬]'라 부른다】

【案 縢, 音勝, 本作縢. 我
俗呼爲"道土馬"】

17) 잉아(잉앗대)[綜, 종][115]　　　　　　　　　綜

綜

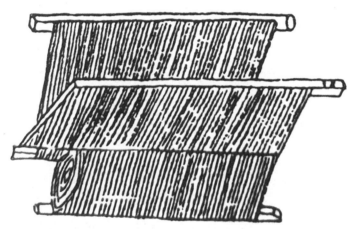

〈원도24〉 잉아[綜]

잉아[綜]는《옥편》에서 "실을 교차시킨 상태를　綜,《玉篇》云"持絲交也"
유지하게 하는 도구이다."[116]라 했고,《열녀전(列女　　《列女傳》云"推而往, 引而

[115] 잉아(잉앗대)[綜, 종] : 직물을 짜기 위해 베틀신을 당길 때 올라가는 올이 되는 잉아실을 거는 대나무막대
기. 우리나라는 직물을 짤 때마다 잉아를 만들어야 하는데, 잉아에 올라가는 실인 잉아올과 그대로 있는
사올 중 잉아올만 골라 잉아에 걸어 줘야 한다.
[116] 실을……도구이다 :《玉篇》卷27〈糸部〉"綜"(《文淵閣四庫全書》224, 98쪽).

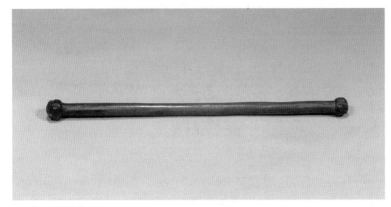

잉앗대(국립춘천박물관)

傳》[117]에서는 "밀어서 가게 하고 당겨서 오게 하는 도구가 잉아[綜]이다."[118]라 했다. 날실의 실올을 짝수 번째와 홀수 번째를 이곳에서 서로 교차시켜 모이게 한다. 그러므로 또 실을 총괄한다는 뜻을 빌렸으니, 이른바 '종핵(綜核, 종합하여 살핌)'이다.

지금 사람들은 화살대 2개를 위아래로 매어 줄[線]로 화살대에 건다. 여러 올을 당겨서 줄에 꿴다【민간에서는 '잉아[仍兒]'라 부른다】.

《화한삼재도회》에는 '종(筬)'으로 쓰기도 했다[119]【자서에 이 글자는 없다】. 대나무를 쓰기 때문에 실사(絲)를 고쳐서 죽(竹)을 따른 것이다. 《경솔지》[120]

來者, 綜也". 以其絲縷交互湊會於此, 故又借爲總括之義, 所謂"綜核"也.

今人用箭竹二枚, 維於上下, 用線挂於竹, 控衆縷串於線【俗呼曰"仍兒"】.

《和漢三才圖會》或作筬【字書無此字】. 以其用竹, 故改從竹也. 《鷦蟀志》

117 열녀전(列女傳) : 중국 전한(前漢)의 학자 유향(劉向, B.C. 77? ~ B.C. 6)이 요순(堯舜) 시대부터 춘추전국시대까지 역대 저명한 여성의 전기(傳記)를 열거하여 서술한 책.
118 밀어서……잉아[綜]이다:《劉向古列女傳》卷1〈魯季敬姜〉(국립중앙도서관 古2520-27, 61쪽).
119 종(筬)으로……했다:《和漢三才圖會》卷35〈女工具〉"縢"(《倭漢三才圖會》4, 187쪽).
120 출전 확인 안 됨.

18) 중통(中筒)과 비경이[枕檢, 침검][121]

中筒、枕檢

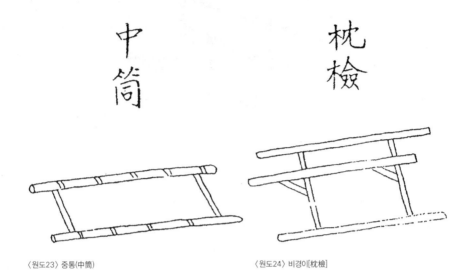

〈원도23〉 중통(中筒)   〈원도24〉 비경이[枕檢]

중통은 2개의 대나무를 2개의 가로대나무에 끼워 넣어 잉아[綜]의 위쪽에 있게 하는 도구이다. 날실의 올을 밀쳐 내면 그때마다 흔들리지 않아 마치 누워 있는 듯하다.[122]《화한삼재도회》[123]

中筒者, 用二竹嵌二橫木, 在於綜上邊, 排經縷每不搖而如臥.《和漢三才圖會》

지금 민간에서는 대나무나 나무 3개를 삼각형으로 만들고 사이에 각각 가로대나무를 끼운 도구를 만든다. 이를 잉아[綜] 옆 위아래에 놓아 날실의 올들이 서로 엉기지 않게 한다.

今俗用竹或木三枚爲三角形, 間各穿橫杭, 安於綜旁居上下, 經縷之間使不相亂.

---

121 비경이[枕檢, 침검] : 잉아와 도투마리[滕] 사이에서, 날실의 사올과 잉아올 사이에 끼워 자연개구를 만드는 베틀의 부속품 중 하나. '비거미'라 부르기도 한다.
122 《화한삼재도회》에 실린 중통 그림은 위의 '16) 도투마리' 항목 참조.
123 《和漢三才圖會》 卷35 〈女工具〉 "滕"(《倭漢三才圖會》 4, 187쪽).

비경이(국립민속박물관)

일본에서는 이를 '중통(中筒)'이라 한다. 그 모양이 누워 있는 모습[臥]과 같기 때문에 와기(臥機)라 여겼다.[124] 우리나라 사람들은 '침검(枕檢)'이라 한다. 이 또한 그 형태가 베개[枕]와 유사하다는 뜻이다.《경솔지》[125]

倭謂之"中筒", 以其形似臥, 故擬於臥機. 我人謂之"枕檢", 亦謂其形似枕也.《鷾鷞志》

---

[124] 일본에서는……여겼다:《和漢三才圖會》, 위와 같은 곳.
[125] 출전 확인 안 됨.

19) 서차(絮車, 풀솜 만드는 기구)

絮車

〈원도25〉 서차(絮車)

서차를 만들 때는 먼저 나무를 얽어서 시렁을 만든다. 그 위에는 줄을 걸기 위한 도르래[滑車]를 고정시키고, 아래는 고치 삶은 물이 담긴 뜨거운 항아리를 놓는다. 풀솜[絮]을 얻을 때는, 줄을 끌어당겨 위로는 도르래를 회전시키고 아래로는 항아리 안에 들어오게 한다. 그런 다음 줄에 고치를 걸어 뜨거운 잿물에 넣었다 뺐다 하면 점점 솜뭉치[絮段]가 된다.

이것이 《장자(莊子)》에서 말한 '병벽광(洴澼絖, 솜을 물에 띄워 빨기)'이란 것이다【소(疏)에서 "병(洴)은 뜨다[浮]는 뜻이다. 벽(澼)은 빨다[漂]는 뜻이다. 광(絖)은

絮車, 構木作架, 上控鉤繩滑車, 下置煮繭湯甕. 絮者, 挈繩上轉滑車, 下徹甕內, 鉤繭出沒灰湯, 漸成絮段.

《莊子》所謂"洴澼絖"者【疏云: "洴, 浮也; 澼, 漂也; 絖, 絮也"】.

서차(《왕정농서》)

풀솜이다."라 했다[126]】.

옛날의 광(纊)·서(絮, 풀솜)·면(綿, 고운 풀솜)은 한 가지였다. 지금은 고운 솜은 면이고, 거친 솜은 서이다. 누에 농가에서 허드레꼬치로 풀솜을 만들었기 때문에 이 서차로 삶는 방법이 있다. 평민[常民]은 풀솜에 의지하여 추위를 막으니, 방한 효과는 풀솜이 면 다음이다.

저들이 고치를 풀어 명주솜[胎]을 만드는 일을 '견리(牽縭)'라 한다. 이를 서차로 삶는 기술에 비교하면 견리의 기교가 졸렬하여 현저히 차이가 난다. 《왕정농서》[127]

古者纊、絮、綿一也. 今以精者爲綿, 粗者爲絮. 因蠶家退繭造絮, 故有此車煮之法. 常民藉以禦寒, 次于綿也.

彼有擣繭爲胎, 謂之"牽縭"者, 較之車煮, 工拙懸絕矣.《王氏農書》

126 장자에서⋯⋯했다:《莊子注》卷1〈內篇〉1(《文淵閣四庫全書》1056, 8쪽).
127《王禎農書》〈農器圖譜〉19 "纊絮門" '絮車', 412쪽;《農政全書》卷34〈蠶桑〉"桑事圖譜" '絮車'(《農政全書校注》, 950쪽).

20) 연면축(撚綿軸, 꼬임을 주는 축)　　　撚綿軸

〈원도26〉 연면축(撚綿軸)

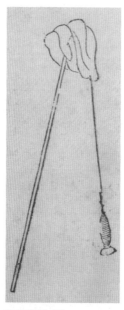

연면축(《왕정농서》)

연면축을 만들 때는 먼저 맷돌과 같은 작은 받침[碨]을 만들되, 나무나 돌로 만든다. 그 위에 가는 축을 꽂는데, 길이는 1척 정도이다.[128]

먼저 아귀(나무의 갈라진 부분)의 끝에 솜을 건다. 왼손으로는 아귀를 잡고 오른손으로는 솜을 당겨 윗축에 매단다. 풀솜을 손으로 꼬아 풀솜실을 만들면서 연면축에 감으면 곧 가는 올이 된다. 부인과 처녀가 이를 사용하면 실을 잇고 잣는 공을 대신할 수 있다.《왕정농서》[129]

撚綿軸, 制作小碨, 或木或石, 上插細軸, 長可尺許.

先用叉頭掛綿, 左手執叉, 右手引綿上軸懸之. 撚作綿絲, 就纏軸上, 卽爲細縷. 閨婦、室女用之, 可代紡績之功.《王氏農書》

---

128 연면축을⋯⋯정도이다 : 이 대목은 원도를 보아서는 이해가 어렵다.《왕정농서》그림의 오른쪽 아래에 연면축이 보이는데, 그 하단에 나무나 돌을 꽂은 모양이 보인다. 이 부분을 설명한 것으로 보인다.
129 《王禎農書》〈農器圖譜〉19 "纊絮門" '撚綿軸', 413쪽 ;《農政全書》卷34〈蠶桑〉"桑事圖譜" '撚綿軸'(《農政全書校注》, 951쪽).

21) 면구(綿矩, 풀솜틀)[130]

綿矩

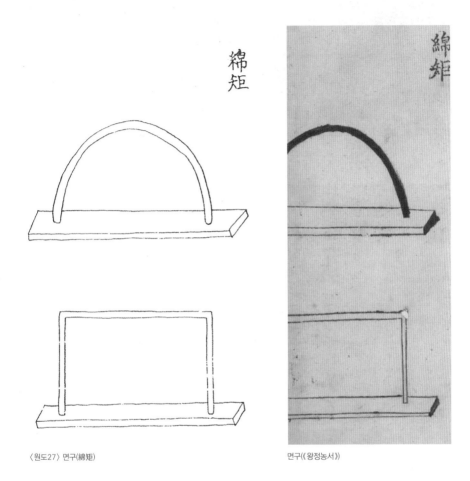

〈원도27〉 면구(綿矩)

면구(《왕정농서》)

면구는 사방 1척 남짓의 나무틀로, 고치풀솜[繭綿]을 늘이는 데 사용한다. 이것을 '면구'라 한다. 또 대나무를 부드럽게 하여 구부린 면구도 있다. 이는

綿矩, 以木框方可尺餘, 用張繭綿, 是名"綿矩". 又有揉竹而彎者, 南方多用之.

---

[130] 면구(綿矩, 풀솜틀): 누에고치를 물에 불려 안에 번데기를 제거한 다음 펴서 늘이는 기구.

① 번데기 벗기기

② 풀솜 늘리기

③ 풀솜틀에 늘려 씌우기

면구를 이용한 현대의 풀솜 제작 과정(유튜브 soncho)

남쪽 지방에서 많이 사용한다.

그 솜은 바깥이 둥글고 안은 비어서 '저두면(豬肚綿, 돼지위장모양의 풀솜)'이라 한다. 또 큰 죽통을 사용하여 만든 면이 있는데, 이를 '통자면(筒子綿)'이라 한다. 면을 커다란 풀솜으로 고쳐 더 크게 만들 수도 있지만 풀솜틀에 면을 넣을 때 끊어지거나[拕]【타(拕)는 물건을 끊는다는 뜻이다】찢어지는[裂] 일을 면하지 못한다.

북쪽 지방에서는 크거나 작은 와기(瓦器, 질그릇)를 사용하니, 대개 각각이 그 편리함을 따른 것이다.

其綿外圓內空, 謂之"豬肚綿". 又有用大竹筒, 謂之"筒子綿". 就可改作大綿, 裝時未免拕【拕物也】裂.

北方大小用瓦, 蓋各從其便. 然用木矩者, 最爲得

그러나 나무로 만든 면구를 사용하는 경우가 가장 적당한 법이다.

《수경주(水經注)》[131]에서 다음과 같이 말했다. "방자성(房子城)[132] 서쪽에 백토(白土, 흰 흙)가 나온다. 이는 기름처럼 곱고 부드러워 솜을 빠는 데 사용할 수 있다. 솜을 빨면 솜이 서리나 눈처럼 선명하고 빛나서 보통의 솜보다 뛰어나다. 민간에서는 이를 '방자솜[房子纊]'이라 한다."[133]

지금 사람들이 면을 늘이는 데 약을 사용하여 면을 기름지고[膩] 하얗게 함이 또한 그런 이치이다. 다만 이익을 쫓는 자가 이런 방법으로 위조품을 만들어 도리어 그 진품에 해가 되게 하기 때문에, 사용하지 않는 편이 더 낫다. 《왕정농서》[134]

法.

《水經注》曰:"房子城西出白土, 細滑如膏, 可用濯綿, 霜鮮[16] 雪曜, 異于常綿. 世俗云'房子之纊[17]'也."

今人張綿用藥, 使之膩白, 亦其理也. 但爲利者, 因而作僞, 反害其眞, 不若不用之爲愈. 《王氏農書》

---

131 수경주(水經注):중국 북위 때의 학자 역도원(酈道元, 466~527)이 저술한 지리서. 이전부터 내려오던 《수경》에 상세한 해설과 주석을 더하였다. 황하(黃河)·회하(准河)·양자강(揚子江) 등 1,252개의 중국 각지의 하천을 두루 돌아다녀 하천의 계통과 연혁, 도읍 및 전설 등을 기술했다.

132 방자성(房子城):중국 하북성(河北省) 석가장시(石家庄市)에 있던 성.

133 방자성(房子城)……한다:《水經注釋》卷10〈濁漳水〉"又東北過扶柳縣北又東北過信都縣西"《文淵閣四庫全書》575, 197쪽).

134 《王禎農書》〈農器圖譜〉19 "纊絮門" '綿矩', 413쪽;《農政全書》卷34〈蠶桑〉"桑事圖譜" '綿矩'《農政全書校注》, 950쪽).

[16] 鮮:저본에는 "解".《王禎農書·農器圖譜·纊絮門·綿矩》·《農政全書·蠶桑·桑事圖譜·綿矩》·《水經注釋·濁漳水》에 근거하여 수정.

[17] 纊:저본에는 "綿".《王禎農書·農器圖譜·纊絮門·綿矩》·《農政全書·蠶桑·桑事圖譜·綿矩》에 근거하여 수정.

22) 목면교차(木綿攪車, 무명 씨아)와 소교차(小攪車, 씨아)

木綿攪車、小攪車

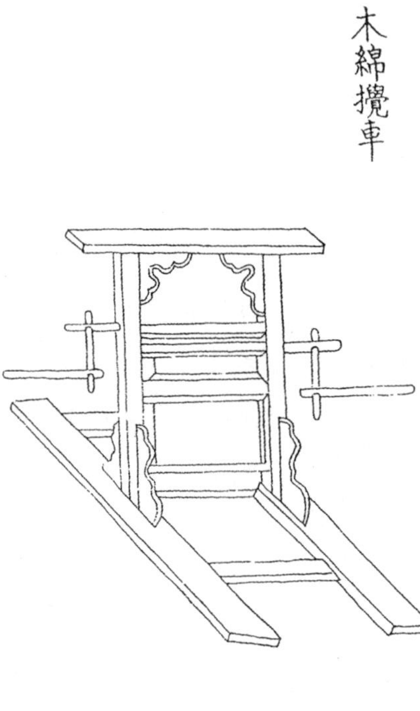

〈원도28〉 목면교차(木綿攪車)

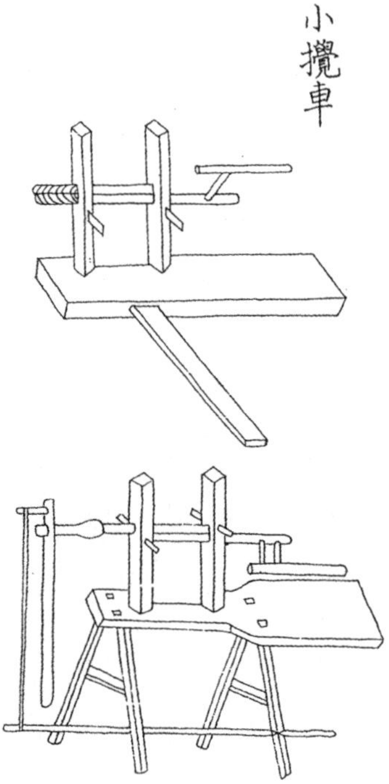

〈원도29〉 소교차(小攪車)

목면교차는 목화를 처음 따서 햇볕을 쬔 다음 음지 또는 불에다 말리는데, 목화 가운데에는 구슬모양의 씨가 있기 때문에 이 기구를 사용하면 그 씨를 빼내는 처리가 된다.[135] 예전에는 전축(輾軸, 회전하는 축)[136]을 사용했지만, 지금은 교차(攪車, 씨아)를 사용

木綿攪車, 木棉初採, 曝之, 陰或焙乾, 中有核如珠珣, 用之則治出其核. 昔用輾軸, 今用攪車, 尤便.

135 목화를……된다 : 이 공정을 '씨앗기'라 한다.

136 전축(輾軸, 회전하는 축) : 목화솜에서 씨를 분리해 주는 도구. 둥글게 깎은 막대 2개를 덮개가 없는 상자 위에 얹어 굴러가지 않게 고정시키고, 둥근 막대를 맞물리게 손으로 굴려 목화솜이 아래로 내려가면 위에 남아 있는 씨를 제거한다.

해 더욱 편리하다.

　무릇 교차를 만들 때는 먼저 나무 4개로 틀을 만들고 그 위에 작은 기둥 2개를 세운다. 기둥의 높이는 대략 1.5척이다. 그 위에 네모난 나무를 덮는다. 세워진 기둥에는 각각 굴대(축) 1개를 통과시키고, 굴대의 끝에는 모두 손잡이[掉拐]【안 대(拐)는 음이 두(杜)와 매(買)의 반절이다】를 만든다. 굴대의 끝부분은 기둥의 구멍에 끼우기만 하고 구멍을 관통하지 않게 한다.

　두 사람이 굴대를 돌리고, 한 사람이 목화솜을 굴대 사이로 넣어 준다. 2개의 굴대가 서로 삐걱거리며 돌아가면 씨는 안으로 떨어지고 솜은 밖으로 나

夫攪車, 四木作框, 上立二小柱, 高約尺五, 上以方木管之. 立柱各通一軸, 軸端俱作掉拐【案 拐, 音杜買切】, 軸末柱竅不透.

二人掉軸, 一人喂上綿英. 二軸相軋, 則子落于內, 綿出于外. 比用輾軸, 工利

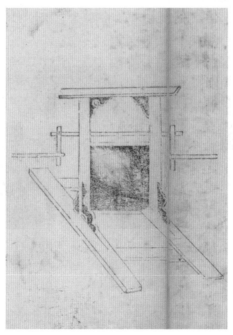

목면교차(《왕정농서》)

간다. 전축을 사용하는 데 비하면 이 공정을 통한 이익이 몇 배가 된다. 일반적으로 목화솜이 비록 아무리 많더라도 이제 이 방법을 사용하면 씨를 빼 내어 솜을 얻는 데 지체됨이 없게 된다.[137]《왕정농서》[138]

數倍. 凡木綿雖多, 今用此法, 卽去子得綿, 不致積滯.《王氏農書》

지금의 교차는 한 사람이 세 사람의 몫을 감당한다.《농정전서》[139]

今之攪車, 以一人當三人.《農政全書》

1인용 씨아(국립민속박물관)

2인용 씨아(국립민속박물관)

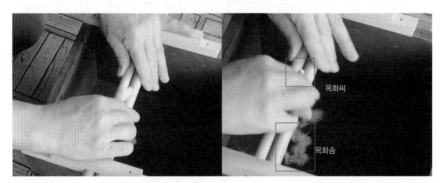
목화씨

목화솜

전축(회전하는 축)(유튜브 soncho)

---

137 이상은 원도의 '목면교차' 그림을 설명한 내용이다.
138《王禎農書》〈農器圖譜〉19 "纊絮門" '木綿攪車', 415~416쪽 ;《農政全書》卷35〈蠶桑廣類〉"木棉" '木綿攪車'(《農政全書校注》, 976쪽).
139《農政全書》卷35〈蠶桑廣類〉"木棉" '木綿攪車'(《農政全書校注》, 977쪽).

車攪綿木

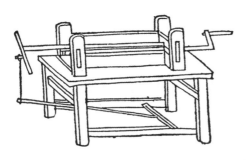

목면교차(《농정전서》)

소교차(《왜한삼재도회》)

손으로 돌려[攪] 작동시킨다. 지금은 오직 한 사람이 돌린다. 대개 1개의 굴대는 왼쪽으로 뺀다. 그 끝부분이 나무줄기와 같고 또 공이와 같다. 그 아래에 별도로 대나무를 가로로 놓고 끈으로 공이머리에 매단다.

나머지 1개의 굴대는 오른쪽으로 뺀다. 그 끝부분이 나무줄기와 같은데, 이를 오른손으로 돌린다. 오른다리로 대나무를 밟으면 공이가 반대로 회전할 수 있다. 이때 2개의 굴대가 만나는 사이에 솜을 넣으면 씨와 솜이 서로 분리된다.[140]

攪手動也. 今惟一人攪之. 蓋一軸抽左, 端如斡又如杵, 別橫竹於下, 以繩縋之杵頭.

一軸抽右, 端如斡而以右手攪之. 以右脚躧竹, 則杵能反轉. 以左手喂綿於二軸交, 則子與綿相別矣.

---

140 이상은 원도의 '소교차' 그림을 설명한 내용이다.

다른 한 종류로 소교차(小攪車)가 있다. 사람이 앉아서 돌리면 굴대 2개[141]가 꼬인 줄처럼 맞물려 돌아간다. 《화한삼재도회》[142]

교차는 '간차(趕車)'라고도 한다. 그 제도는 높고 커서 두 사람이 사용하거나 한 사람이 사용한다. 서서 돌리거나 발로 밟아서 작동시킨다.

일본의 제도는 중국의 제도와 완전히 일치하지만 돌리는 방법이 약간 다르다. 우리나라 민간에서 사용하는 기구는 곧 《화한삼재도회》에 나오는 소교차이다【민간에서는 '씨아(氏兒)'라 부른다】.

앉아서 손으로 이 씨아를 돌리면 힘이 너무 많이 든다. 굴대의 끝에 나선모양의 귀[螺]가 있기 때문에 굴대를 돌리면 귀의 톱니가 서로 맞물려 돌리면서 삐걱거리며[軋軋] 소리를 내므로, 좋은 제도는 아니다. 《경솔지》[143]

一種有小攪車, 人坐攪之, 二軸斫成如紗繩. 《和漢三才圖會》

攪車亦云"趕車". 其制高大, 或用二人, 或用一人, 立而掉之, 以足躡之.

倭制, 與華制相全, 而攪法小異. 我邦民間所用, 卽《和漢圖會》小攪車也【俗呼曰"氏兒"】.

坐而手掉, 勞力太甚. 軸末有螺, 轉之齒交互, 相當掉之, 軋軋作聲, 非美制也. 《鷦蟀志》

---

141 굴대 2개:우리나라에서는 위쪽에 있는 굴대를 '가락'이라 하고, 아래쪽에 있는 굴대를 '장가락'이라 한다.
142 《和漢三才圖會》卷36 〈女工具〉 "攪車"(《倭漢三才圖會》4, 197~198쪽).
143 출전 확인 안 됨.

목화 틀고(김준근의 《기산풍속도》, 국립민속박물관)

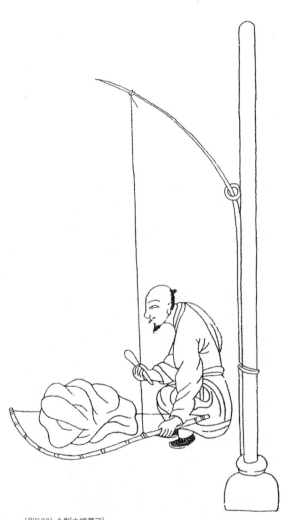

〈원도30〉 솜활[木綿彈弓]

---

[144] 솜활[木綿彈弓, 목면탄궁] : 목화솜을 튕겨 솜을 만드는 데 사용하는 활. 우리나라에서는 대나무로 만든
활과 줄을 튕기는 대빗의 용도인 꼭두말이 있다. 대나무를 휘어서 삼끈 등으로 양끝을 바짝 잡아당겨 팽팽
하도록 잡아매고 꼭두말의 양끝에 파인 홈에 활줄을 걸어 솜을 탄다.

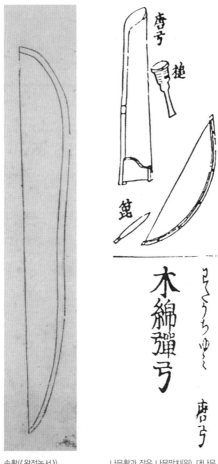

솜활(《왕정농서》)

나무활과 작은 나무망치(위), 대나무
활과 대벗(아래) 《왜한삼재도회》)

솜활은 대나무로 만든다. 길이는 4척 정도이다. 윗부분은 상당히 길면서 휘어져 있으며, 아랫부분은 조금 짧으면서 단단하다. 위와 아래를 연결한 줄을 당겨서 솜을 튕기는 법은 전모(氈毛, 펠트를 만드는

木綿彈弓, 以竹爲之, 長可四尺許, 上一截頗長而彎, 下一截稍短而勁. 控以[18]繩弦, 用彈綿英, 如彈氈

---

[18] 以 : 저본에는 "而". 《王禎農書 · 農器圖譜 · 纊絮門 · 木綿彈弓》·《農政全書 · 蠶桑廣類 · 木綿 · 木綿彈弓》에 근거하여 수정.

모섬유)를 튕기는 법과 같다.

    뭉친 솜은 풀어 주고 눌린 솜은 흩어 주도록 힘쓰기 위해, 이런 효과를 얻으려 할 때 활이 아니면 할 수 없다.[145] 《왕정농서》[146]

    지금은 나무로 활을 만들고, 밀랍을 먹인 실로 활시위를 만든다. 《농정전서》[147]

    대나무활은 풀솜실[綿絲]을 꼰 줄로 활시위를 만들고, 대빗[竹篦]으로 튕긴다. 나무활은 길이가 5척이다. 고래힘줄로 활시위를 만들며, 작은 나무망치로 쳐서 튕긴다. 《화한삼재도회》[148]

    고래힘줄은 물에 담근 다음 쪼개서 올을 만든다.

毛法.

務使結者開, 實者虛, 假其功用, 非弓不可. 《王氏農書》

今以木爲弓, 蠟絲爲弦. 《農政全書》

竹弓以綿絲撚繩爲弦, 用竹篦彈之. 木弓, 長可五尺, 以鯨筋爲弦, 用小槌擊彈之. 《和漢三才圖會》

鯨筋浸水, 割爲縷. 復撚

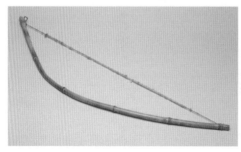

솜활(국립민속박물관)

목화솜 타는 모습

---

145 뭉친……없다 : 이 공정을 '솜타기'라 한다.
146 《王禎農書》〈農器圖譜〉19 "纊絮門" '木綿彈弓', 416쪽 ;《農政全書》 卷35 〈蠶桑廣類〉 "木綿" '木綿彈弓'(《農政全書校主》, 977쪽).
147 《農政全書》, 위와 같은 곳.
148 《和漢三才圖會》 卷36 〈女工具〉 "木綿彈弓"(《倭漢三才圖會》 4, 195~196쪽).

다시 꼬아서 상투처럼 합쳐 묶으면 길이가 몇 장(丈) 이다. 부레를 끓여 그 안에 넣어 둔 다음 고래힘줄을 꺼낸다. 나무기둥 2개를 꽂고 힘줄을 당겨 여기에 놓았다가, 조금 건조되면 뜨거운 물을 부어 주었다가 햇빛에 말린다. 이와 같이 4~5번을 반복하고 질그릇으로 빡빡 문지르면 활줄이 된다.《화한삼재도회》[149]

【안】 솜활의 줄을 만들 때, 지금 중국 사람들은 양의 창자를 가는 가락으로 뽑아 낸 다음 햇볕에 말려서 만든다. 우리나라 사람들은 닥나무껍질로 만든다】

合如髻, 長數丈. 煮鰾投其中, 取出, 植二柱引之, 微乾注熱湯曬乾. 如此四五次,而以瓦軋摩之, 成弓弦. 同上

【案】 棉弓弦, 今華人用羊腸, 抽成細條, 曬乾爲之. 我人用楮樹皮爲之】

[149]《和漢三才圖會》卷36〈女工具〉"木綿彈弓"《倭漢三才圖會》4, 196쪽).

24) 솜말대[木棉捲筳, 목면권정][150]와 솜고치[綿筒, 면통]　木棉捲筳、綿筒

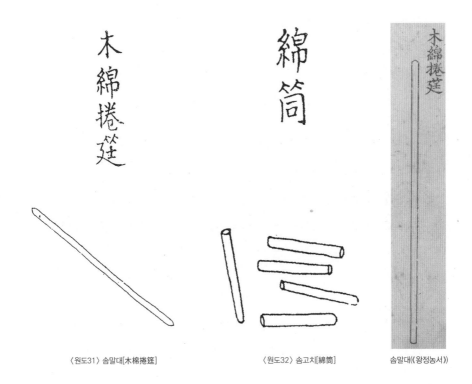

〈원도31〉솜말대[木棉捲筳]　　〈원도32〉솜고치[綿筒]　　솜말대(《왕정농서》)

　솜말대는 회(淮)[151] 지역 백성들의 경우 수숫대를
필요한 길이만큼 취해다가 매끄럽게 만든다. 지금
다른 곳에서는 대부분 마디 없는 대나무막대로 이
를 대신한다.

　그 방법은 다음과 같다. 먼저 솜타기를 마친 솜

木棉捲筳, 淮民用蜀黍梢
莖, 取其長而滑. 今他處多
用無節竹條代之.

其法: 先將綿毳, 條于几

---

150 솜말대[木棉捲筳, 목면권정]: 목화솜을 말 때 사용하는 막대기. 솜을 아래에 깔고 손바닥으로 비벼 막대기
　에 솜을 만다.
151 회(淮): 중국 하남성(河南省)과 안휘성(安徽省)을 흐르는 강을 회강(淮江)이라 하고, 그 지역 일대를 '회'라
　한다.

목화솜말기(문화재청)

솜말대에 말린 목화솜(국립민속박물관)

말대를 뺀 솜고치(국립민속박물관)

을 말판[152] 위에 길게 펼치고 이 말대로 목화솜을 말 아서 말대를 덮으면 드디어 솜고치가 된다. 그런 다 음에 손으로 말대를 뽑는다. 각각의 솜고치에 실을 뽑으면 실이 쉽게 고르고 가늘어진다. 이것이 솜말 대의 효과이다.《왕정농서》[153]

上, 以此筳捲而扞[19]之, 遂成棉筒. 隨手抽筳. 每 筒牽紡, 易爲均細, 捲筳之 效也.《王氏農書》

---

152 말판:솜타기를 마친 솜을 펼쳐 말대로 말기 쉽도록 솜을 받쳐 주는 판자. 도마와 비슷한 모양이다.

153《王禎農書》〈農器圖譜〉19 "纑絮門" '木綿捲筳', 417쪽 ;《農政全書》卷35〈蠶桑廣類〉"木綿" '木綿捲 筳'(《農政全書校主》, 977쪽).

[19] 扞 : 저본에는 "扞".《王禎農書·農器圖譜·纑絮門·木棉捲筳》·《農政全書·蠶桑廣類·木綿·木綿捲筳》에 근거하여 수정.

25) 무명물레[木棉紡車, 목면방차]·왜물레[倭紡車, 왜방차]¹⁵⁴·가락[鍋, 과]【곧 정(鋌)이다】

木綿紡車、倭紡車、鍋【卽鋌】

〈원도33〉 무명물레[木棉紡車]

---

¹⁵⁴ 왜물레[倭紡車, 왜방차] : 솜고치에서 무명실을 뽑아 내는 도구이다. 솜고치를 손끝으로 비벼 꼬아 실마리를 만든 다음 왼손에 솜고치를 들고 엄지와 검지로 끝을 쥐어 위로 올리면서 풀어 준다. 이때 방차를 오른쪽으로 돌리면 물렛줄이 돌면서 솜실이 가락에 감긴다. 이는 우리나라와 일본의 제도이다. 중국의 무명물레의 용도도 이와 같다.

무명물레(《왕정농서》)

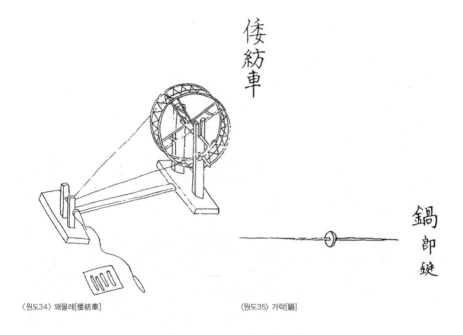

倭紡車

鍋
即
鋋

〈원도34〉 왜물레[倭紡車]　　　　　　〈원도35〉 가락[鍋]

　무명물레는 그 제도가 삼·모시물레[麻苧紡車, 마저
방차]와 비교하면 상당히 작다. 무릇 물레바퀴가 작
동하면서 물렛줄이 회전하면 가락에 꽂은 갈대실꾸
리[苧維]가 이에 따라 회전한다. 실 잣는 사람은 왼손
으로 그 솜고치를 잡되, 솜고치가 2~3개를 넘지 않
게 가락에 꽂은 갈대실꾸리에 솜고치를 감아 이을
때는, 솜고치를 끌어당기면서 점점 길게 뽑아 나오
도록 한다. 처음에 솜고치에서 실꾸리에 감을 때 오
른손으로 고르게 솜을 꼬아서 감으면 모두 질긴 실
이 되면서 실꾸리에 감긴다.

　실끼리 합쳐서 더 두꺼운 실[線織]을 만들고자 할
때는 물레를 왼쪽에 있게 두고 다시 2개의 꾸리에

木棉紡車, 其制比麻苧紡
車頗小. 夫輪動弦轉, 苧維
隨之. 紡人左手握其綿筒,
不過二三, 續于苧維, 牽引
漸長. 右手均撚, 俱成緊
縷, 就繞維上.

欲作線織, 置車在左, 再將
兩維綿絲合紡, 可爲線綿.

감긴 실을 합치면 두꺼운 실[線綿]이 될 수 있다.

《남주이물지(南州異物志)》[155]에서는 "목화나무에 목
화가 여물었을 때 그 모습이 거위솜털과 같다. 다만
실을 잣기만 할 뿐[紡][156] 잇지는[績][157] 않는다. 목화
솜의 아무 곳에서나 솜을 뽑아 당기면 솜이 끊어지
지 않는다."[158]라 했다. 이것이 바로 물레의 쓰임이
다.《왕정농서》[159]

일반적으로 목화의 솜타기를 한 후 말판에 목화
솜을 깔고 말대에 비벼서 긴 가락을 만든 다음 물레
에 올린다. 물레에 올릴 때는 실마리를 당겨서 실올
을 꼬아 만든 뒤에 가락끝에 감고 솜고치를 당기면

《南州異物志》曰: "吉貝木
熟時, 狀如鵝毳. 但紡不
績, 任意小抽牽引, 無有斷
絕." 此卽紡車之用也.《王
氏農書》

凡棉彈後, 以木板擦成長
條, 以登紡車. 引緒糾成
絲縷, 然後繞篗牽經就織.
凡紡工能者, 一手握三管,

우리나라의 무명실 잣는 물레(국립민속박물관)

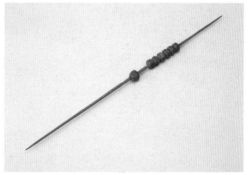

가락(국립민속박물관)

---

155 남주이물지(南州異物志) : 중국 송나라 시기 편찬된 지방지(地方志). 중국 남부 지역의 물산과 풍속을 기록
하였으나, 원서는 전하지 않고 그 내용 중 일부만 남아 있다.
156 잣기만 할 뿐[紡] : 실을 만들 때 한 번에 길게 뽑아 내는 과정으로, 무명과 명주가 이에 해당한다.
157 잇지는[績] : 실을 만들 때 끊어져 있는 실을 잇기 위한 과정으로, 모시와 삼베가 이에 해당한다.
158 목화나무에……않는다 : 출전 확인 안 됨.
159 《王禎農書》〈農器圖譜〉19 "纊絮門" '木綿紡車', 417쪽 ;《農政全書》卷35 〈蠶桑廣類〉 "木綿" '木綿紡
車'(《農政全書校主》, 977쪽).

물레질하고(김준근의 《기산풍속도》, 국립민속박물관)

서 실을 뽑아 낸다. 일반적으로 실 잣는 기술이 능숙한 사람은 한 손으로 3개의 솜고치를 잡고 가락 위에다 실을 잣는다.《천공개물》[160]

紡于鋌上.《天工開物》

물레를 왼쪽에 두면 불편하다. 오른쪽으로 회전하는 물레바퀴를 만들 수는 있지만 역시 불편하다. 지금 사람들은 실을 물렛줄로 삼아 갈대로 만든 실꾸리에 한 바퀴 두른다. 두를 때 아래의 가락에서 1회 꼬임[單繳, 단교]을 해 준다. 그러면 물레바퀴를 오른쪽에 두고 왼쪽으로 회전시키면서 가락에 꽂은 갈대실꾸리를 동여매어 오른쪽으로 돌릴 수 있다.《농정전서》[161]

置車在左, 不便. 若轉輪右旋, 可作, 亦不便. 今人以線爲絃, 繞莩一周, 下成單繳, 卽輪右左轉, 而能括莩右旋矣.《農政全書》

무명물레는 꾸리 3개를 수용한다. 지금 오하(吳下)[162] 지역은 여전히 이것을 사용한다. 간혹 꾸리 4개를 수용하는 물레가 있다. 강서(江西)[163]·낙안(樂安)[164] 지역은 심지어 꾸리 5개까지도 수용한다. 하지만 낙안 사람을 만나러 가서 그 기물(꾸리 5개짜리 물레)을 여기저기 찾아봤지만 찾지 못했다. 도대체 꾸리 5개짜리에 실을 자으려면 한 손의 어디에다 손가락들을 두는지 모르겠다.《수시통고》[165]

木棉紡車容三縷, 今吳下猶用之. 間有容四縷者, 江西、樂安至容五縷. 往見樂安人, 轉索其器, 未得. 更不知五縷向一手間何處安置也.《授時通考》

160《天工開物》卷上〈乃服〉 "布衣", 96쪽.
161《農政全書》卷35〈蠶桑廣類〉"木綿" '木綿紡車'(《農政全書校主》, 977쪽).
162 오하(吳下) : 중국 강소성(江蘇省) 일대.
163 강서(江西) : 중국 강서성(江西省) 일대.
164 낙안(樂安) : 중국 강서성 낙안현(樂安縣) 및 그 주변 일대.
165《欽定授時通考》卷77〈桑餘〉"木棉"(《文淵閣四庫全書》732, 1102쪽).

우리나라 사람은 방차(紡車)를 '문래차(文來車)'라 부른다. 문익점(文益漸) 때에 가지고 왔다[來]는 뜻이다. 물레에서 실을 매는 부품인 '정(鋌, 가락)'을 일본 사람은 '과(鍋)'라 한다【하지만 '과(鍋)'는 따뜻하게 하는 그릇[溫器]이므로, 그 실제는 아니다】. 우리나라 사람은 이 정(鋌)을 '가락쇠[駕絡鐵]'라 한다. 이 쇠에 멍에(가락고리)를 씌워[駕] 실을 잇는다는[絡] 뜻이다.

지금 민간에서 통용되는 물레는 일본의 제도와 비슷하다. 또 여러 그림을 고찰해보면 가락에 모두 꾸리 3개를 놓거나 심지어 꾸리 5개가 있기도 하다. 하지만 지금 우리나라 사람들은 꾸리 1개를 쓰는 법만 알 뿐이다.

물레를 사용할 때는 모두 물레바퀴를 오른쪽으로 돌려 실올을 뽑는다. 만약 실올을 합쳐 두껍게 만들고자 하여 물레바퀴를 이전처럼 오른쪽으로 돌리면 제대로 작동하지 않는다. 단지 2개의 실올을 합치고자 한다면 물레를 끌어다가 물레바퀴를 왼쪽으로 돌리면 두꺼운 실이 될 것이다.[166]《경솔지》[167]

我邦之人呼紡車曰"文來車", 謂自文益漸得來也. 其繞絲之鋌, 倭人謂之"鍋"【鍋, 是溫器, 非其實也】. 我人謂之"駕絡鐵", 謂駕此鐵而絡絲也.

今俗所行紡車, 與倭制相似, 且考諸圖, 皆安三繀於鋌, 至有五繀, 今但知一繀而已.

至其用, 則皆右旋抽縷, 如欲合縷, 依舊, 不動. 但將兩縷合倂, 引車左旋, 卽成線矣.《鷴蟀志》

---

166 이상에서 설명한 조선의 물레 구조에 대해서는, 권3〈목화 길쌈〉 "2. 길쌈" '1) 목화씨 제거하고 솜 타는 법' 항목에서 소개한 그림들을 참조 바람.
167 출전 확인 안 됨.

26) 돌꼇[木棉撥車, 무명발차][168]　　　　　　　　　　木棉撥車

木棉撥車

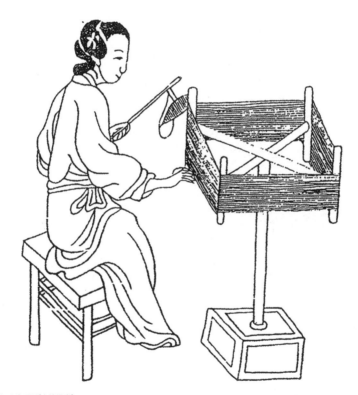

〈원도36〉 돌꼇[木棉撥車]

---

[168] 돌꼇[木棉撥車, 무명발차] : 무명실꾸리에서 무명실타래로 실을 옮겨 감는 데 쓰는 도구. 쉽게 끊어지는 면의 강도를 보완하기 위해 묽은 풀을 먹인 다음 말린다.

돌껏((왕정농서))

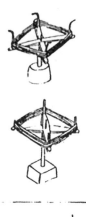

반차(《왜한삼재도회》)   우리나라의 돌꼇(국립민속박물관)

돌꼇은 그 제도가 삼·모시반차[麻苧蟠車]와 상당히 닮았다. 다만 대나무로 만들고, 사각형틀과 원형틀이 같지 않다. 특히 반차보다 더 가볍고 편하다.

옛설을 살펴보면, 먼저 다 자은 실꾸리를 묽은 풀이 담긴 동이 안에 담근다. 그런 다음 빼서 조금 말린 후에 실꾸리의 실마리를 돌꼇 위에다 돌려[撥] 감으면 마침내 무명실타래[棉紅]가 된다. 《왕정농서》[169]

지금 사용하는 무명반차[木棉蟠車, 돌꼇]는 실올을 얼레에 감는 도구이다. 그 반차는 십(十)자모양과 같

木棉撥車, 其制頗肖麻苧蟠車, 但以竹爲之, 方圓不等, 特更輕便.

按舊說, 先將紡訖綿維, 于稀糊盆內度過, 稍乾, 然後將棉維頭縷, 撥于車上, 遂成棉紅. 《王氏農書》

今所用木棉蟠車, 以繾絡縷於籆者也. 其車如十字

169 《王禎農書》〈農器圖譜〉19 "繀挈門" '木綿撥車', 418쪽 ;《農政全書》卷35 〈蠶桑廣類〉"木綿" '木綿撥車'(《農政全書校注》, 978쪽).

으며, 네 끝에 구멍을 뚫고 굽은 대나무 4개를 이 곳에 끼운다. 그러면 감은 실을 흐트러지지 않게 한 다.《화한삼재도회》170

而端穿穴, 彎竹四柱插之, 使纏不亂.《和漢三才圖會》

170《和漢三才圖會》卷36〈女工具〉"蟠車"(《倭漢三才圖會》4, 190~191쪽).

27) 무명광상[木棉軖牀]¹⁷¹

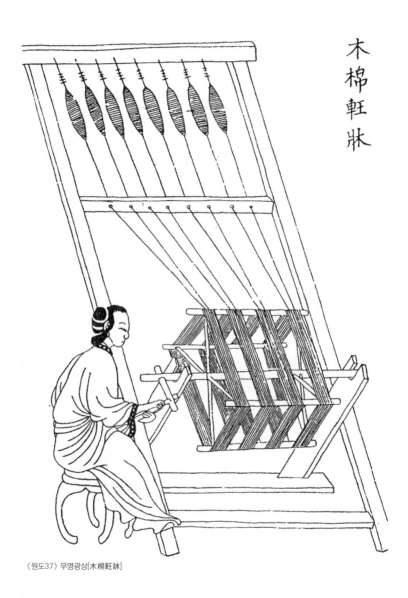

木棉軖牀

〈원도37〉무명광상[木棉軖牀]

---

171 무명광상[木棉軖牀] : 날실을 만드는 도구로, 꾸리 여러 개를 사용하기 때문에 무명물레(목면방차)에 비해
효율이 훨씬 높다.

木綿輕袗

杼得功全
木綿輕袗
士文昌

무명광상((왕정농서))

무명광상은 그 제도가 다리가 교차한 의자와 같다. 다만 아래에는 광차(軖車) 하나를 설치한다. 광차는 4개의 다리가 있고, 광차굴대 끝에 돌림손잡이[掉枝] 1개를 둔다. 의자모양의 광상 위쪽에는 꾸리 8개를 세워 나란히 두고, 아래쪽 광차에서 꾸리의 실을 당긴다.

돌림손잡이를 회전시켜 광차 위에 나누어 실을 감는다. 실타래가 만들어진 다음에 광차에서 실타래를 벗겨 낸다.

무명발차와 비교하면 날마다 8배의 실을 더 얻는다. 이 방법은 민(閩)[172]과 건(建)[173] 지역에서 처음 나왔다. 지금 다른 지방에 전하려 한다면, 노동력을 줄이고 편리함을 함께 추구할 수 있을 것이다.《왕정농서》[174]

광상은 '경상(經牀)'이라고도 한다. 그 용도는 발차와 같다. 하지만 발차는 느린 반면 광상은 빠르다. 다만 우리 민간에서 쓰는 방법은 이와 다르다. 그 법은 다음과 같다. 실잣기를 마치면 기둥 2개를 마주보게 세운다. 기둥다리 부분의 양옆에 각각 가로로 1개의 나무판을 둔다. 기둥 위에 또 가로로 1개의 나무판을 둔다.

木棉軖牀, 其制如所坐交椅, 但下控一軖. 四股, 軖軸之末, 置一掉枝. 上椅豎列八緯, 下引綿絲.

轉動[20]掉枝, 分絡軖上, 絲紆旣成, 次第脫卸.

比之撥車, 日得八倍. 始出閩、建, 今欲傳之他方, 同趨省便.《王氏農書》

軖牀, 亦謂之"經牀". 其用, 與撥車同, 特撥車遲, 而軖牀捷耳. 但我俗之法, 紡縷訖, 用兩柱對立. 柱跗兩旁各橫一木板, 柱上又橫一木板.

---

[172] 민(閩): 중국 광동성(廣東省) 일대.
[173] 건(建): 중국 복건성(福建省) 일대.
[174]《王禎農書》〈農器圖譜〉19 "繅絮門" '木綿軖牀', 418~419쪽;《農政全書》卷35〈蠶桑廣類〉"木綿" '木綿軖牀'(《農政全書校主》, 978쪽).
[20] 轉動: 저본에는 "動轉".《王禎農書·農器圖譜·繅絮門·木棉軖牀》《農政全書·蠶桑廣類·木綿·木綿軖牀》에 근거하여 수정.

이 3개의 나무판마다 20개의 구멍[溜眼]을 둔다. 그제야 무명꾸리(무명뎅이) 20개[175]를 기둥다리 부분의 양옆 나무판에 안치한다. 이때 꾸리의 양끝은 각각 구멍에 꽂는 것이다. 그리고 꾸리의 실을 기둥 위의 구멍에 꿴다. 사람은 손으로 이 실 20가닥을 합쳐서 뽑는다. 민간에서 이 도구를 '날틀[經機]'이라 한다.

每板有二十溜眼，乃將綿縷二十，安於跗旁木板，縷之兩頭各串於溜眼，將縷縷穿於上溜眼．人以手合二十縷而抽之，俗謂之"經機"．

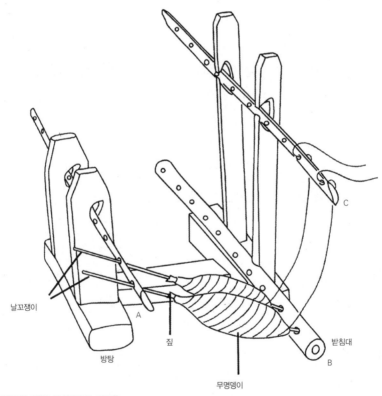

날꼬쟁이

A

방탕

짚

무명뎅이

C

받침대

B

날틀의 구조와 명칭（《나주샛골나이》, 108쪽）

---

[175] 무명꾸리(무명뎅이) 20개：실 20개를 끼우는 무명날틀은 유물로 확인되지 않는다. 현재 남아 있는 무명날틀은 꾸리 10개를 끼울 수 있다.

① 무명날기

② 날실 거두기

③ 끓는 물에 풀먹이기

④ 말리기

⑤ 날실 바디에 꿰기

⑥ 날실에 먹이는 풀

⑦ 불에 말리기

⑧ 도투마리에 날실 감기

무명 베날기(이상 《나주샛골나이》, 123~164쪽)

그제야 말뚝을 땅에 세우고 실의 양을 따라 길이와 새[升]¹⁷⁶의 수를 계산하면, 분배될 실의 분량이 이미 정해진다. 한 사람은 말뚝 사이를 왔다갔다 하며 실을 펴서 균일하고 섞이지 않게 한다.

그 다음으로 날기를 마친 실타래는 끓는 물에 삶는다. 다시 꺼내서 햇볕에 말린다. 그제야 실올을 어루만지면서 바디살[篦齒]에 꿴다. 이때 살[齒] 1개에 2올을 꿴다. 80올을 1새[升]로 삼으면 바디살 40개에 해당한다.

다시 땅 위에다 2개의 기둥을 세워 도투마리[縢]를 여기에 안치한다. 그 상태로 도투마리에 실올을 연결한 다음 풀솔[糊刷]로 빗질하면서 바디[篦]와 함께 밀어 옮겨 간다. 솔질을 하며 아래쪽으로 내려오면 이미 솔질한 실을 불에 펼쳐 말리면서 도투마리

乃豎橛於地, 隨其多少, 計尺度與升數, 分排已定. 一人往來, 攤布均一不雜.

次第捲之熱湯煮過, 取出曬乾. 乃按縷貫於篦齒, 齒紉二縷. 八十縷爲一升, 則四十齒之受也.

復於地上, 立兩柱安縢, 仍以縷接之, 用糊刷梳之, 與篦推移. 隨刷隨下, 鋪火乾之, 縢以捲之, 遂就織焉. 此雖與華制小異, 猶

우리나라의 무명날틀(국립민속박물관)

날실 서리기

---

¹⁷⁶ 새[升]: 직물의 밀도를 나타내는 단위.

무명날고(무명날틀)(김준근의 《기산풍속도》, 국립민속박물관)

를 말면 마침내 베를 짤 수 있는 상태가 된다.[177] 이
것은 비록 중국의 제도와 조금 다르지만, 오히려 이
것이 발차나 광상을 통해 이루려는 뜻과 같다. 《경
솔지》[178]

是撥車、軒㡩之意也. 《鶊
蟀志》

---

[177] 그제야……된다 : 여기에서 설명한 공정을, 날실을 마련하는 '베날기'라고 한다. 우리나라에서 행하던 무명
베날기 과정은 위의 사진과 같다.

[178] 출전 확인 안 됨.

木棉線架

木
棉
線
架

〈원도38〉 무명선가[木棉線架]

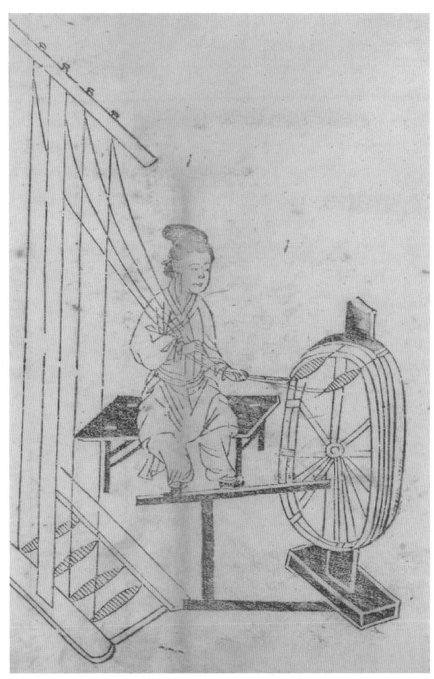

무명선가(《왕정농서》)

무명선가는 나무로 만든다. 아래는 네모난 받침대[方座]를 만든다. 길이와 너비는 1척 남짓이다. 4개의 꾸리를 눕혀 나란히 둔다. 받침대 위를 파서 기둥 하나를 설치한다. 그 높이는 2척 남짓이다.

기둥 위의 가로대나무는 길이를 2척 정도로 한다. 가로대나무에는 대나무껍질[竹篾]로 고리[彎] 4개를 만들어 고르게 나열한다. 고리 안에서 아래 받침대에 눕혀 놓은 꾸리 4개의 실을 끌어당겨 선가(실 만드는 틀)에 자으면 두꺼운 실[棉線]이 된다.

옛날 방법으로는, 먼저 이 꾸리들의 실을 얼레에 감은 다음 실을 자으면서 합쳐 두꺼운 실로 만들었다. 그러나 지금은 이 제도대로 하니, 매우 빠르고 효과가 빼어나다. 《왕정농서》[179]

木棉線架, 以木爲之. 下作方座, 長闊尺餘, 臥列四維. 座上鑿, 置獨柱, 高可二尺餘.

柱上[21]橫木, 長可二尺. 用竹篾均列四彎, 內引下座四維, 紡于車上, 卽成綿線.

舊法, 先將此維絡于籆上, 然後紡合. 今得此制, 甚爲速妙.《王氏農書》

179《王禎農書》〈農器圖譜〉19 “纑絮門” ‘木綿線架’, 419쪽 ;《農政全書》卷35 〈蠶桑廣類〉 “木綿” ‘木綿軖牀’(《農政全書校注》, 979쪽).

21 上 : 저본에는 “下”.《王禎農書·農器圖譜·纑絮門·木棉線架》·《農政全書·蠶桑廣類·木綿·木綿軖牀》에 근거하여 수정.

29) 무명연석[木棉碾石]　　　　　　　　　　木棉碾石

〈원도39〉 무명연석[木棉碾石]

　일반적으로 무명베를 짤 때 베의 올이 팽팽하면 베가 질기고, 느슨하면 무르다. 연석(碾石)으로는 성질이 차갑고 재질이 매끄러운 강북(江北)[180]의 돌을 쓴다. 돌덩이마다 좋은 놈은 값이 10금(金) 남짓이나 된다. 연석으로 베를 문지를 때 열이 나지 않으니, 올이 팽팽해져서 들뜨지 않는다.

　무호(蕪湖)[181]의 큰 포목점은 좋은 연석을 가장 중

凡棉布織造, 縷緊則堅, 緩則脆. 碾石, 取江北性冷質膩者. 每[22]塊佳者直十餘金. 石不發燒, 則縷緊不鬆泛.

蕪湖巨店, 首尙佳石. 廣南

---

[180] 강북(江北) : 중국 양자강(揚子江) 북쪽 지역.
[181] 무호(蕪湖) : 중국 안휘성(安徽省)에 있는 도시. 양자강(揚子江)과 청익강(青弋江)의 합류 지점에 위치하고 있는 항구로, 농산물의 집산지이며 수륙 교통의 중심지이다. 면방직 및 관련 공업이 발달하였다.
[22] 每 : 저본에는 "無".《天工開物·乃服·布衣》에 근거하여 수정.

요하게 여긴다. 광남(廣南)[182]은 무명이 집결되는 곳인데도 먼 곳에서 생산되는 연석만 가려 가져오니, 이는 분명히 시험해본 결과가 있어서이다. 더러운 옷을 빤 뒤에 차가운 다듬잇돌 위에다 옷을 놓고 두드리는 다듬잇방망이의 소리를 여전히 높이 친다. 그 뜻도 이와 같다. 《천공개물》[183]

爲布藪而偏取遠産, 必有所試矣. 爲衣敝浣, 猶尚寒砧擣聲, 其義亦猶是也. 《天工開物》

무명을 직조할 때 쓰는 연석에 대해서는 여러 책에서 기록된 적이 없고 오직 위의 《천공개물》에서만 말했다. 지금 중국에 사신으로 다녀 온 사람들 중에 직조하는 광경을 본 사람에게 물어보니, 모두 베틀에서 깨끗한 돌을 들고, 베를 짰을 때마다 바로 문질러 그 올을 촘촘하게 만들려 한다고 한다. 이로 보면 베를 짤 때 본래 문지르는 공정이 있음을 알 수 있다.

織棉碾石, 諸書無聞, 惟《天工開物》言之. 今訪使燕之人見其織者, 皆於機上, 持潔石, 隨織隨碾, 欲其縷密, 是知織本有碾也.

《설문해자》에 "천(碪)은 증(繒)을 두드리는 도구이다."[184]라 했으니, 증과 같은 견직물을 짤 때 또한 문지르는 공정이 있다.

《說文》"碪, 所以扞繒"者, 則織繒亦有碾也.

무릇 중국 사람들이 직조할 때 실올은 몹시 가늘고 곱게 하고, 풀매기는 몹시 고르고 깨끗하게 한다. 이 때문에 그 날실과 씨실이 방금 합해졌을 때는 반드시 연석을 사용해 베를 누르고 문질러야, 다시 번거롭게 직물을 눕는(표백하는) 처리를 하지 않는다.

夫華人之織, 絲縷極其精緻, 糊刷極其調潔, 故方其經緯之合也, 必有碾石, 以按摩之, 更不煩匹幅之涷治也.

---

182 광남(廣南):중국 광동성(廣東省) 일대.
183 《天工開物》卷上 〈乃服〉 "布衣", 96~97쪽.
184 천(碪)은……도구이다:《說文解字》9篇 下 〈石部〉 "碪"(《說文解字注》, 452쪽).

하지만 우리나라 사람들은 그렇게 하지 않는다. 그리하여 씨실과 날실을 짠 직물의 표면에 하자가 서로 쌓인다. 그 결과 직물에 풀을 매기면 쭉정이나 겨가 서로 섞이게 된다. 이 때문에 반드시 베를 짠 다음에 다시 직물을 눕고 풀을 매겨 다듬이질을 하는 공력을 더 들인 다음에야 비로소 의복으로 쓸 수 있다. 그렇다면 우리나라에서는 돌로 직물을 문지르는 작업을 달갑게 여기지 않기 때문에 연석이 직조하는 도구임을 모른 것이다.《경솔지》[185]

我人則不然, 經緯之面, 瑕纇交疊, 糊刷之際, 秕穅相雜, 勢必於旣織之後, 更加涷濯擣糊之工, 然後方可衣被, 則石碾在所不屑, 仍不知爲織具也.《鷳蟀志》

---

[185] 출전 확인 안 됨.

30) 면판(棉板, 무명판)

棉板

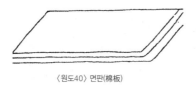

〈원도40〉 면판(棉板)

면판은 면구(綿矩, 풀솜틀)의 종류이다. 지금 민간에서 고운 목화는 베를 짜는 데 충당하고, 거친 목화는 솜[綿絮]으로 쓴다. 솜을 면판에다 고르게 펼쳐 놓고, 그 위에 면판을 올려 놓는다. 솜이 다시 팽팽하게 붙도록 하려면 곱게 짠 자리에 솜을 펴 놓았다가 말기도 한다.

《천공개물》을 살펴보니, 다음과 같이 말했다. "무명베로 추위를 막는 일은 귀한 사람이나 천한 사람이나 모두 같다. 목화는 고서에서 '시마(枲麻)'라고 하는데, 천하에 두루 재배했다.[186]

일반적으로 옷과 이불에는 겹솜을 끼워 넣어 추

棉板, 卽綿矩之類也. 今俗棉花之精者, 以充織紝; 其粗者, 用爲綿絮. 將綿調均鋪於木板, 又以木板盇之. 欲其緊貼, 或用細織席, 鋪而捲之.

按《天工開物》, 云: "棉布禦寒, 貴賤同之. 棉花古書名'枲麻', 種遍天下.

凡衣裘挾纊絮禦寒, 百人

---

186 무명베로……재배했다:《天工開物》卷上〈乃服〉"布衣", 95쪽.

위를 막는다. 100명 중 한 사람만 고치로 만든 풀솜[繭綿]을 사용하고, 나머지는 모두 목화솜[枲]을 넣고 지은 옷을 입는다. 이 옷은 옛날의 온포(縕袍)[187]로, 지금 민간에서는 '반오(胖襖)'라고 한다.

목화에 솜타기를 마쳤으면 옷과 이불의 법식을 살펴 그에 알맞게 솜을 채워 넣는다. 솜을 새로 넣어 만든 옷이나 이불은 몸에 붙으면 가볍고 따뜻하다. 하지만 해가 지나면 솜은 널빤지처럼 단단해져 따뜻한 기운이 점점 없어진다. 이때는 솜을 꺼내서 솜타기를 해 준 다음 다시 넣으면 이전처럼 따뜻하다."[188]

【《천공개물》의 글은 여기서 끝난다】

그러나 지금 민간에서는 솜이 오래되면 손으로 솜을 고르게 탄 다음 다시 면판으로 눌러 주니, 따뜻함이 솜활로 솜타기를 한 솜에 비해 점점 줄어든다. 《경솔지》[189]

之中止一人用繭綿, 餘皆枲著. 古縕袍, 今俗名'胖襖'.

棉花旣彈化, 相衣衾格式而入裝之. 新裝者附體輕煖, 經年板緊, 煖氣漸無, 取出彈化而重裝之, 其煖如故."

【文止此】

然今俗綿舊, 則用手調化, 更用板按之, 煖漸減矣.
《鷦蟀志》

---

187 온포(縕袍):추위를 막기 위해 솜을 두툼하게 넣은 옷.
188 일반적으로……따뜻하다:《天工開物》卷上 〈乃服〉 "枲著", 99쪽.
189 출전 확인 안 됨.

31) 적축(績篘)[190]

績篘

〈원도41〉 적축(績篘)

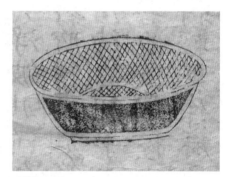

적축(《왕정농서》)

적축은 베류의 실을 담는 그릇이다. 적(績)은《집운(集韻)》[191]에서 "길게 이은 실[緝]이다."[192]라 했다. 축(篘)은《설문해자》에서 "대바구니[籠]이다."[193]라 했다. 또는 고루(姑簍, 대나무채롱)라고도 한다. 글자는

績篘, 盛麻績器也. 績, 《集韻》云: "緝也." 篘, 《說文》曰: "籠也." 又姑簍也. 字從竹, 或以條莖編之, 用

---

190 적축(績篘): 가늘게 쪼갠 삼올을 담아 두는 바구니로, 물레에서 삼올에 꼬임을 줄 때까지 사용한다. 삼올을 잇는 사람의 옆에 항상 있다.

191 집운(集韻): 중국 북송의 음운학자 정도(丁度, 990~1053) 등이 왕명을 받아 편찬한 운서. 글자를 206운으로 나누고 그에 따라 5만여 자를 배열했다.

192 길게 이은 실[緝]이다:《集韻》卷10 〈入聲下〉 "錫" '績'(《文淵閣四庫全書》236, 761쪽).

193 대바구니[籠]이다: 출전 확인 안 됨. 현재 전해지는《설문해자》에는 '篘'자가 없다.《옥편(玉篇)》에서는 "축(篘)은 고루(姑簍)이다(篘, 姑簍也)."라 기록했고,《설문해자》의 "簍" 항목에서는 "대바구니이다(竹籠也)."라 기록했는데, 이를《왕정농서》의 저자 왕정(王禎)이 "篘"의 설명으로 오기(誤記)한 것으로 추정된다.《說文解字》卷5 〈竹部〉 "簍"(《說文解字注》, 193쪽) 참조.

삼실 이을 때 적축을 사용하는 모습(문화재청)

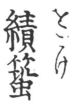

중국(위)과 일본(아래)의 적축(《왜한삼재도회》)

삼실에 꼬임을 줄 때 적축을 사용하는 모습(문화재청)

대[竹]를 따른다. 가지나 줄기를 엮어 만들기도 하지만, 용도는 같다.

　적축의 크기와 깊이는 적절하게 만든다. 곱거나 거친, 삼[麻]·모시풀[苧]·파초[蕉]·칡[葛] 등의 섬유가 담기는 도구이기 때문에 모두 여기에 뿌리를 두고 있다. 그러므로 날마다 사용하면서 재물을 늘리는 길이 여기에 있다. 《왕정농서》[194]

則一也.

大小、深淺, 隨其所宜制之. 麻、苧、蕉、葛等之爲綌紵, 皆本於此, 有日用生財之道也.《王氏農書》

---

[194]《王禎農書》〈農器圖譜〉20 "麻苧門" '筥', 423쪽 ;《農政全書》卷36 〈蠶桑廣類〉 "麻" '績筥'(《農政全書校主》, 1000~1002쪽).

일본에서 쓰는 적축은 전나무 판을 말아 통으로 만드니, '적통(績桶)'이라 한다.《화한삼재도회》[195]

倭所用, 捲檜片板爲桶, 謂之"績桶".《和漢三才圖會》

---

[195]《和漢三才圖會》卷36〈女工具〉"績簹"(《倭漢三才圖會》4, 194쪽).

32) 소방차(小紡車, 작은 물레)·대방차(大紡車, 큰 물레)[196]   小紡車、大紡車

〈원도42〉 소방차(小紡車)

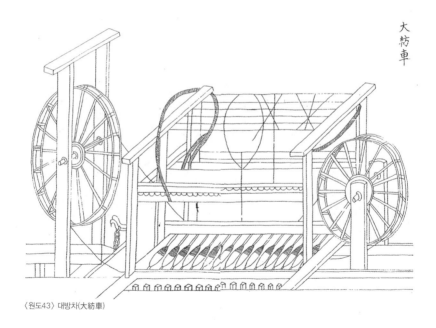

〈원도43〉 대방차(大紡車)

---

[196] 소방차(小紡車, 작은 물레)·대방차(大紡車, 큰 물레) : 삼과 모시와 같이 가늘게 쪼개 적축에 담아 두었던 올에 꼬임을 주는 물레.

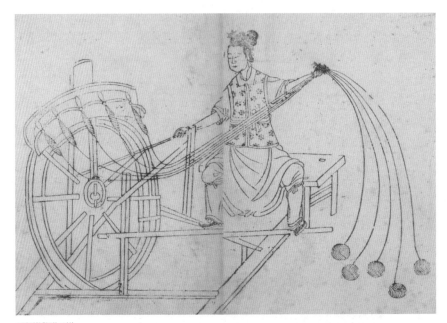

소방차(《왕정농서》)

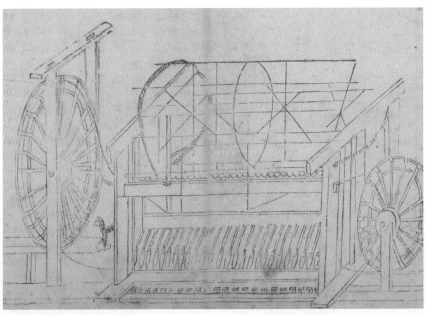

대방차(《왕정농서》)

소방차의 제도는 일반적으로 삼[麻]과 모시[苧]를 재배하는 마을에는 곳곳마다 있다. 앞의 그림에서 모두 보여주었다[197]【안 소방차는 곧 십면방차(十綿紡車, 실 10개로 잣는 물레)이다】.

小紡車之制, 凡麻苧之鄕, 在在有之. 前圖具陳【案 卽十綿紡車】.

대방차: 그 제도는 다음과 같다. 길이는 20척 남짓이고, 너비는 대략 5척이다. 먼저 바닥받침대[地柎]를 만든다. 받침대의 나무틀을 네 귀퉁이에 기둥을 세운다. 기둥 각각의 높이는 5척이다. 기둥 가운데에 가로대나무를 끼우고, 기둥 위에는 인방(引枋)[198]을 얹는다.

大紡車. 其制: 長餘二丈, 闊約五尺. 先造地柎, 木框四角立柱, 各高五尺, 中穿橫桄, 上架枋木.

그 인방의 양끝에 산구(山口, 요철처럼 파인 부분)를 만들고 여기에 피댓줄[捲繩, 권로][199]·장광(長軖, 긴 광차)·철축(鐵軸, 쇠굴대)을 눕혀서 받는다. 그 다음, 앞에서 말한 바닥받침대 위에 긴 목좌(木座, 나무받침)를 세운다. 목좌 위에는 절구 같은 구멍을 배열하고 당(钂)[200]【안 당(钂)과 같다. 나무통이다】아래쪽의, 쇠로 만든 틀을 받치게 한다【무릇 당(钂)은 나무물레를 통으로 삼은 것이다. 길이는 1.2척이고, 둘레는

其枋木兩頭山口, 臥受捲繩、長軖、鐵軸, 次於前地柎上, 立長木座, 座上列[23]臼, 以承[24]钂【案 與欀同. 木筩也】底鐵箕【夫欀[25]用木車成箒子, 長一尺二寸, 圍一尺二寸, 計三十二枚, 內受績纏】.

---

197 《王禎農書》〈農器圖譜〉20 "麻苧門" '小紡車', 424쪽 ;《農政全書》卷36〈蠶桑廣類〉"麻" '小紡車'(《農政全書校注》, 1002쪽).

198 인방(引枋) : 기둥과 기둥 또는 벽선에 띠처럼 가로질러 벽체의 뼈대 또는 문틀이 되는 가로재의 총칭. 위치에 따라 상인방(上引枋), 중인방(中引枋), 하인방(下引枋)으로 분류하며, 줄여서 상방, 중방, 하방이라 한다. 《섬용지》에 자세한 설명과 그림이 나온다. 《임원경제지 섬용지(林園經濟志 贍用志)》1, 풍석문화재단, 2016, 122쪽 참조.

199 피댓줄[捲繩, 권로] : 두 개의 바퀴에 걸어 동력을 전하는 띠나 줄.

200 당(钂) : 물레를 고정시키는 장치이다.

[23] 列 : 저본에는 "立".《王禎農書·農器圖譜·麻苧門·大紡車》에 근거하여 수정.

[24] 夫欀 :《王禎農書·農器圖譜·麻苧門·大紡車》에는 "大钂".

[25] 析 : 저본에는 "石". 위에 "先蒸而細析之"라는 표현과 아래의 "只用刮皮細析"라는 표현으로 보아 같은 음의 글자인 '石으로 잘못 썼다고 판단하여 수정.

수전대방차(水轉大紡車. 수력을 활용할 수 있는 지역에서 쓸 수 있는 대방차)《왕정농서》)

1.2척이다. 헤아려보면 이 당의 개수는 32개로, 그
안에 실꾸리를 안치한다】.

　당(鑞) 위에는 모두 막대의 끝에 쇠고리를 만들어
이것으로 당의 굴대를 조정한다. 또 인방의 위쪽[額
枋] 앞에는 쇠로 만든 작은 아귀를 차례로 배치한 다
음 실가닥을 여기에 나누어 끼우고, 회전시키면서
실가닥을 장광(長軖)에 올려 감는다.

　이 부속물의 왼쪽과 오른쪽에는 따로 물레바퀴
2개를 설치한다. 여기에 피댓줄을 함께 연결시켜 아

鑞上俱用杖頭鐵環, 以
拘 [26] 鑞軸. 又於額枋前,
排置小鐵叉, 分勒績條, 轉
上長軖.

仍就左右別架車輪兩座,
通絡皮弦, 下經列鑞, 上

<hr />

[26] 軸:저본에는 "柚".《王禎農書·農器圖譜·麻苧門·繀刷》·《農政全書·蠶桑廣類·麻·繀刷》에 근거하여 수정.

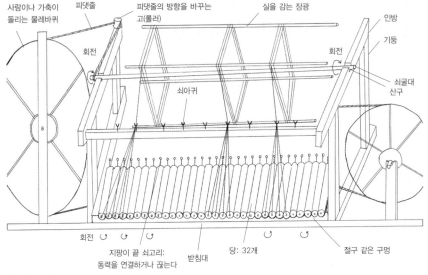

사람이나 가축이 돌리는 물레바퀴 / 피댓줄 / 피댓줄의 방향을 바꾸는 고(롤러) / 실을 감는 장광 / 인방 / 기둥 / 회전 / 회전 / 쇠굴대 산구 / 쇠아귀 / 회전 ↻ ↻ ↻ / 지팡이 끝 쇠고리: 동력을 연결하거나 끊는다 / 받침대 / 당: 32개 / 절구 같은 구멍

대방차의 구조(추정)

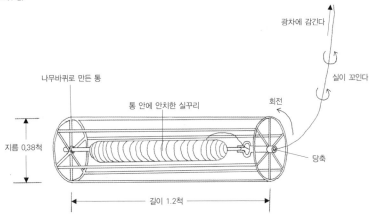

광차에 감긴다 / 실이 꼬인다 / 나무바퀴로 만든 통 / 통 안에 안치한 실꾸리 / 회전 / 지름 0.38척 / 길이 1.2척 / 당축

당의 구조(추정)

래로는 늘어선 당(鑞)을 지나게 하고, 위로는 회전하는 장광과 돌아가는 고(鼓, 북모양의 회전축)를 결합하여 이들을 돌아가게 한다. 사람이나 가축이 왼쪽의 큰 바퀴를 돌리면 피댓줄도 바퀴를 따라 돌아가면서 여러 기계가 모두 작동한다. 이 과정에서 위와

挼轉軝旋鼓. 或人或畜, 轉動左邊大輪, 弦隨輪轉, 衆機皆動, 上下相應, 緩急相宜, 遂使績條成緊, 纏於軝上.

아래가 서로 작동에 응하고 완급이 적절해진다. 그 결과 드디어 실가닥들이 팽팽해지면서 장광에 감기게 된다.

대방차로 밤낮으로 작업하면 100근을 방적한다. 또는 여러 집에서 방적할 실이 많을 때 그제야 대방차 아래에 모아 방적할 실을 가늠해 실꾸리[纑]를 나누어 방적하면 힘들이지 않고 끝낼 수 있다. 중원(中原)201의 삼베류를 직조하는 마을에서는 모두 사용한다.

여기에 특별히 그 제도를 그림으로 그려서 다른 지방의 백성들로 하여금 이 기계의 구조를 보고 본떠서 만들도록 하면 모두 이익을 보게 할 수 있다. 또 실들을 합치는 방차(紡車)도 새로 설치했으니, 하나같이 위와 같고 다만 약간의 차이가 있을 뿐이다. 노지에 선반을 두고 실을 합치는 작업과 비교하면 이 기계를 통해 특히 노동력을 줄이면서 쉽게 만들 수 있다.《왕정농서》202

晝夜紡績百斤. 或衆家績多, 乃集於車下, 秤績分纑, 不勞可畢. 中原麻布之鄕, 皆用之.

特圖其制度, 欲使他方之民, 視此機枯關楗, 倣傚成造, 可爲普利. 又新置絲線紡車, 一如上, 但差小耳. 比之露地桁架合線, 特爲省易.《王氏農書》

---

201 중원(中原) : 중국 황하(黃河) 유역의 남북 지역.
202《王禎農書》〈農器圖譜〉20 "麻苧門" '大紡車', 424~425쪽 ;《農政全書》卷36 〈蠶桑廣類〉 "麻" '大紡車'(《農政全書校注》, 1002쪽).

33) 돌꼇[蟠車, 반차][203]

〈원도44〉돌꼇[蟠車]

돌꼇《왕정농서》

---

[203] 돌꼇[蟠車, 반차] : 실꾸리를 실타래로 만드는 도구. 앞의 '26) 돌꼇[木棉撥車]'에도 그림이 보인다.

돌꼇은 실을 감는[繀] 도구이다. '발차(撥車)'라고도 한다. 남쪽 사람들은 '발부(撥栿)'라고도 하며 '차부(車栿)'라고도 한다. 남쪽과 북쪽 사람 모두 익숙하게 사용하기 때문에 자주 볼 수 있다. 이미 앞에 그림을 그려 놓았으니, 여기서는 굳이 해설을 서술하지 않는다.《왕정농서》[204]

蟠車, 纏繀具也. 又謂之"撥車", 南人謂"撥栿", 又云"車栿". 南北人皆慣用習見, 已圖於前, 茲不必述.《王氏農書》

우리 풍속에서는 무명을 짤 때 돌꼇을 쓰지 않고, 삼실을 타래를 만들 때만 쓴다. 삼을 이어 감을 때는 먼저 삼을 쪄서 가늘게 쪼갠 다음 허벅지 위에서 삼과 삼을 비벼 잇는다. 이어서 돌꼇에 실을 감고 다 감았으면 실타래를 돌꼇에서 아래로 벗겨 내 눕

我俗織棉, 不用撥車, 惟於績麻時用之. 其績麻者, 先蒸而細析之, 搓於腿上而續之. 纏於撥車, 卸下而漚濯, 復罩於撥車, 乃紡

①모시잎 훑기

[204]《王禎農書》〈農器圖譜〉20 "麻苧門" '蟠車', 426쪽 ;《農政全書》卷36〈蠶桑廣類〉"麻" '蟠車'(《農政全書校主》, 1003쪽).

는다(표백한다). 이를 다시 돌곳에 씌우고 그제야 방적   而成縷.
하여 올[縷]이 된다.

②모시속대 꺾기

③모시속대 빼내기

④오른검지 넣어 훑기

⑤모시칼로 겉껍길 꺾기

⑥분리되는 속대

⑦겉껍길 훑어내려 벗기기

⑧햇빛에 널어 말리기

⑨베비(태모시 한줌)를 살피는 보유자

⑩모시째기

⑪중간에 물에 적셔주기

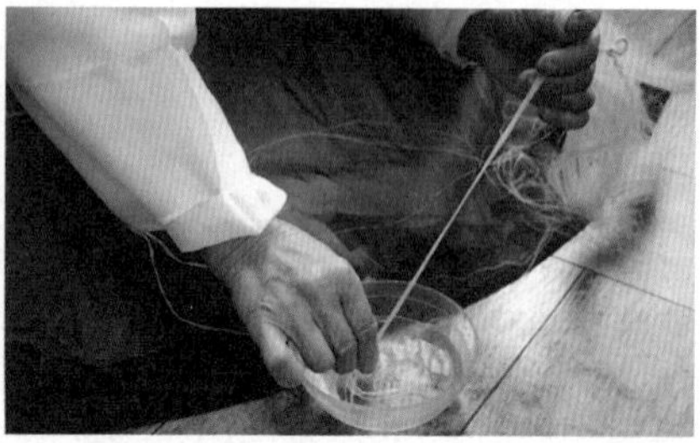

⑫모시의 꼬리와 머리돌 비벼꼬아 잇기

⑬무릎에 대고 비비기

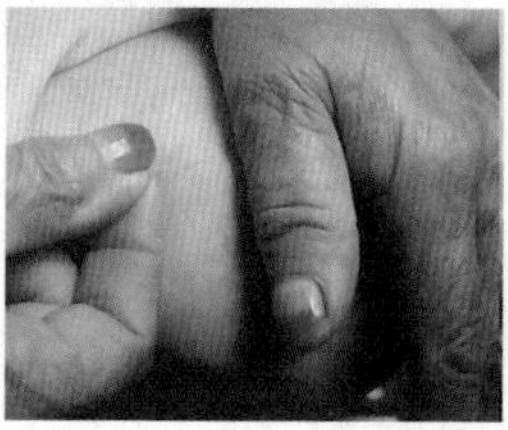

⑭이어진 모시올

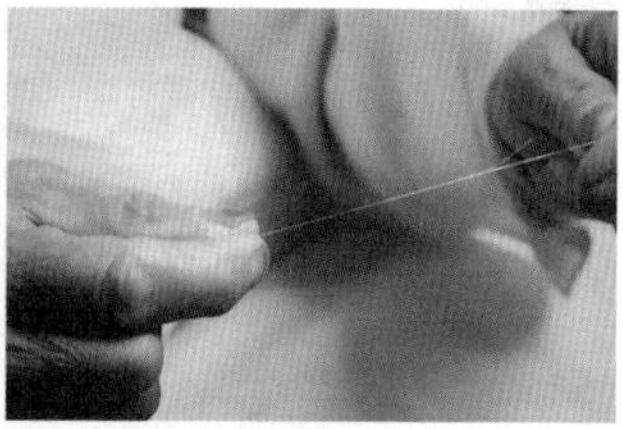

모싯대 가공 및 실 잇기(《한산세모시짜기 청양 춘포짜기》, 33~46쪽)

이 올을 날틀에 펼쳐 감아 놓은 다음 길이와 새[升]의 수를 계산해 둔다. 실 가운데 끊어진 부분을 베틀에 넣을 때는 그 부분의 꼬아 이은[搓續] 형세가 순방향이어야지, 역방향이 되지 않게 한다.[205]

攤排於經架, 計尺度、升數, 而中斷入機, 欲其搓續之勢順而無逆也.

만약 모시실을 만든다면 모시를 쪄서 잘게 쪼개지 않고, 돌꼇을 사용하지 않고, 물레질을 하지 않는다. 다만 겉껍질을 훑어내려 벗기고, 모시를 가늘게 쪼갠 다음 허벅지 위에서 모시올을 비벼 이어서 꾸리(모시굿)를 만든다.[206] 이 모시굿을 그대로 날틀에 펼쳐 감아 놓은 다음 실을 짜서 베[布]를 만

若績苧則不蒸析[27], 不撥車, 不紡車. 只用刮皮細析, 搓於腿上作纑, 仍以攤排於經架, 就織成布, 後乃有蒸法, 此其大較也. 《鶊蟀志》

---

205 실……한다 : 실 잇는 모습은 다음 쪽의 그림과 같다.

206 다만……만든다 : 이상의 과정을 보여주는 모습은 위와 같다.

[27] 析 : 저본에는 "石". 위에 "先蒸而細析之"라는 표현과 아래의 "只用刮皮細析"라는 표현으로 보아 같은 음의 글자인 '石'으로 잘못 썼다고 판단하여 수정.

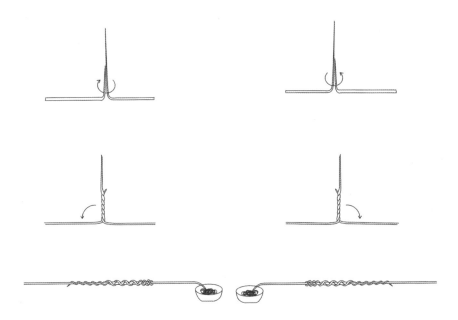

오른손으로 2올 꼬고 왼손바닥으로 3올 비벼서 잇는 경우　　　왼손으로 2올 꼬고 오른손바닥으로 3올 비벼서 잇는 경우

모시굿(이상은 《한산 세모시짜기·청양 춘포짜기》, 49쪽)

든다. 그런 다음에야 비로소 찌는 방법이 있다. 이
런 점들이 삼베 방적과 모시 방적에서 크게 비교되
는 공정이다. 《경솔지》[207]

---

[207] 출전 확인 안 됨.

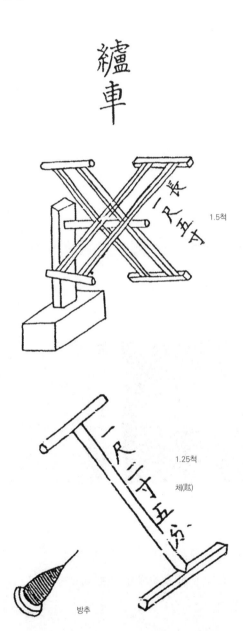

1.5척

1.25척

체(杝)

방추

〈원도45〉 노차(繙車)

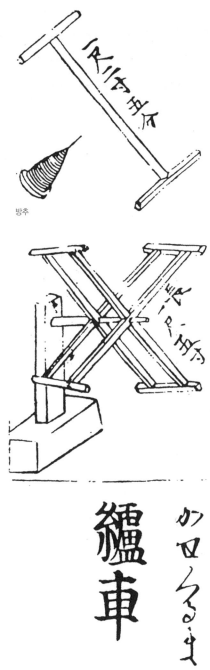

방추

繀車

노차와 방추(《왜한삼재도회》)

일반적으로 방추(紡錘, 가락바퀴)[208]는 실올을 가득 뽑아 취한다. 그 모양은 둥글고 길다. 아랫부분은 넓고 평평하지만, 끝부분은 좁고 뾰족하여 '옥(玉)'이라 한다. 방추에 감은 실에서 실마리를 가져다 체(甃)에 연결하여 감는다【[안] 일본에서는 가로대나무막대를 '체(甃)'라 한다】. 그 나무(체)는 '공(工)'자의 모양과 같지만 길이는 정해져 있지 않다. 왼손으로 실을 감는다. 근년에 체차(甃車)를 만들었는데, 실을 감는 속도가 매우 빨랐다.《화한삼재도회》[209]

凡紡錘, 縷滿抽取之, 圓長而本闊平, 末窄尖, 謂之"玉". 取緒絡甃木【[案] 倭謂橫木杖曰"甃"】. 其木如工字樣, 而長短不定, 左手絡絲. 近年製甃車, 絡之甚捷.《和漢三才圖會》

---

208 방추(紡錘, 가락바퀴):실을 만들거나 꼬임을 주는 도구.
209 《和漢三才圖會》卷36 〈女工具〉 "繡車"(《倭漢三才圖會》 4, 191쪽).

35) 베솔[繵刷, 노쇄]²¹⁰

繵刷

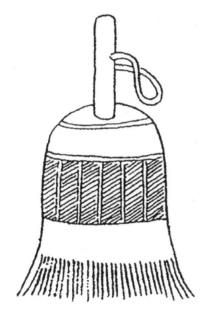

〈원도46〉 베솔[繵刷]

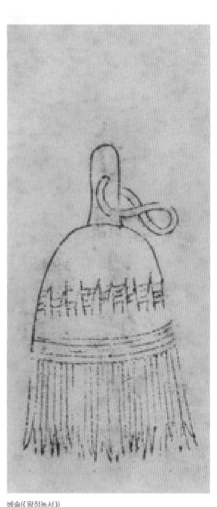

베솔《왕정농서》

---

²¹⁰ 베솔[繵刷, 노쇄]: 날실 베매기(날실을 준비하는 공정)를 할 때 풀을 골고루 펴 날실에 바르는 도구.

베솔(국립민속박물관)

베솔은 실올을 성글게 펼치는 기구이다. 풀뿌리를 묶어서 만든다. 손잡이 전체는 길이가 1척 가량이며, 솔의 둘레는 1척 남짓 가량이다.

실올과 북이 이미 완성되면 다시 갈래진 나무에 실올을 걸쳐 놓고, 나무의 아래에는 무거운 물건으로 나무를 고정하여 실을 팽팽하게 당기게 한다. 실올이 고르게 펼쳐졌으면 베솔을 쓰는 사람은 손으로 베솔을 잡고 베솔에 풀을 묻힌다. 이 베솔로 펼쳐진 실의 아래쪽을 따라 솔질하면 실이 더욱 광택이 나서 베틀로 베를 짤 수 있을 만해진다. 이 베솔은 베를 만드는 도구 중에서 비록 자잘한 도구라 하지만 빠트려서는 안 된다. 《왕정농서》[211]

일반적으로 길쌈할 때는 모두 솔을 사용한다.

繃刷, 疏布縷器也. 束草根爲之, 通柄長可尺許, 圍可尺餘.

其繃縷杼軸[28]既畢, 加以叉木, 下用重物掣之, 繃縷已均, 布者以手執此, 就加漿糊, 順下刷之, 卽增光澤, 可授機織. 此造布之內, 雖曰細具, 然不可闕.《王氏農書》

凡織, 皆用刷,《天工開

211 《王禎農書》〈農器圖譜〉20 "麻苧門" '繃刷', 426~427쪽;《農政全書》卷36 〈蠶桑廣類〉"麻" '繃刷'《農政全書校注》, 1003~1004쪽).
28 軸:저본에는 "柚".《王禎農書·農器圖譜·麻苧門·繃刷》·《農政全書·蠶桑廣類·麻·繃刷》에 근거하여 수정.

베 매는 모양(김준근의 《기산풍속도》, 국립민속박물관)

《천공개물》에는 '줄인다[省]'²¹²라 했고, 《화한삼재도회》에서는 "솔잎을 묶어 만든다."²¹³라 했다. 우리나라 사람들은 창포뿌리를 묶어서 쓴다.《경솔지》²¹⁴

物》謂之"省",《和漢圖會》云:"束松葉作之." 我人用菖蒲根束之.《鶊蟀志》

---

²¹² 줄인다[省]：솔을 사용하면 노동력을 줄인다는 뜻이다. 《天工開物》卷上〈乃服〉"邊維", 83쪽 참조.
²¹³ 솔잎을 묶어 만든다：《和漢三才圖會》卷36〈女工具〉"繡刷"(《倭漢三才圖會》4, 195쪽).
²¹⁴ 출전 확인 안 됨.

36) 베틀[布機, 포기]²¹⁵ 布機

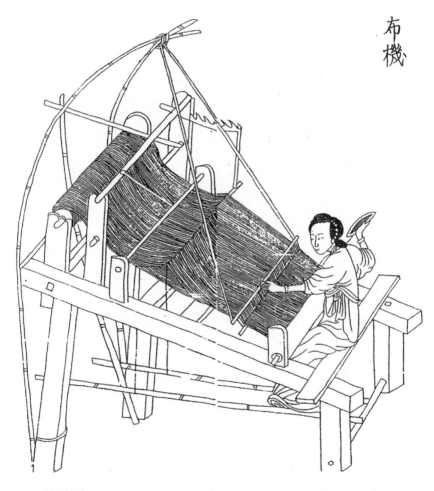

〈원도47〉 베틀[布機]

---
215 베틀[布機, 포기]: 꼬임이 없는 평직물을 짜는 기구. 평직물은 명주, 모시, 삼베, 무명이 대표적이다.

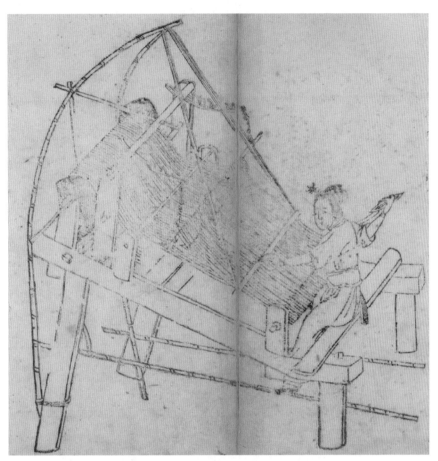

베틀《왕정농서》

베틀은《석명(釋名)》[216]에서 "여러 올을 펼쳐 배열　布機,《釋名》曰: "布列諸
한다."[217]라 했다.《회남자(淮南子)》[218]에서는 다음과　縷."《淮南子》曰: "伯余之

---

216 석명(釋名): 중국 한나라의 훈고학자 유희(劉熙, ?~?)가 편찬한 자서(字書). 총 8권으로 경전에 등장하는
명칭의 유래와 의미를 해설했다.

217 여러……배열한다:《석명(釋名)》에는 "布列衆縷"로 적혀 있다.《釋名》卷4〈釋綵帛〉《文淵閣四庫全書》221,
404쪽) 참고.

218 회남자(淮南子): 중국 한나라의 유안(劉安, B.C. 179~B.C. 122)이 저술한 책. 유안은 한 고조(高祖) 유방
(劉邦)의 손자로, 회남왕(淮南王)에 봉해졌다. 빈객들과 교유하며 여러 자료를 모아《회남자》를 저술했다.

I. 그림으로 보는 길쌈(방직도보)　417

베틀(국립민속박물관)

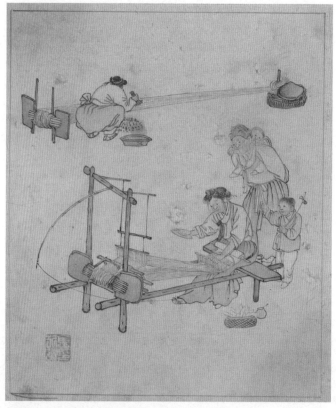

김홍도의 〈길쌈〉에 보이는 베틀(국립중앙박물관)

같이 말했다. "백여(伯余)[219]가 처음에 옷을 만들었을 때【백여는 황제(黃帝)[220]의 신하이다】백여는 삼을 비끄러매고 올을 꼬아, 손으로 날실을 만들고 손가락에 걸어 실을 만들었다【《회남자》의 이 구절 아래에는 "그 완성품이 그물망과 같았다."라는 한 구절이 있다】. 후세에 베틀과 북을 만들었다."[221]

직물 폭의 너비와 길이, 고운 정도에 관한 제도는 그때부터 있게 되었다. 농가에서 봄과 가을에 실을 잇고 짤 때 베틀은 가장 중요한 기구이다.《왕정농서》[222]

初作衣也【伯余, 黃帝臣】, 緂麻索縷, 手經指掛【《淮南子》此句下有"其成猶網羅"一句】. 後世爲之機、杼."

幅匹廣長、疏密之制存焉. 農家春秋績織, 最爲要具.《王氏農書》

전공지 권제5 끝

展功志卷第五

---

[219] 백여(伯余) : 황제(黃帝)의 신하 중 하나로, 황제의 명을 받들어 옷과 신발을 만드는 관직을 맡았다.

[220] 황제(黃帝) : 중국의 신화에 등장하는 제왕(帝王). 중국에서는 문명의 개창자(開創者)로 여긴다. 공손헌원(公孫軒轅) 또는 황제헌원씨(黃帝軒轅氏)라고도 한다.

[221] 백여(伯余)가……만들었다 :《淮南鴻烈解》卷13〈氾論訓〉(《文淵閣四庫全書》848, 649쪽).

[222]《王禎農書》〈農器圖譜〉20 "麻苧門" '布機', 427쪽 ;《農政全書》卷36〈蠶桑廣類〉"麻" '布機'(《農政全書校主》, 1004쪽).

《전공지》참고문헌 서목

경서류

《論語注疏》, 何晏 注, 邢昺 疏 (《十三經注疏整理本》23, 北京大學出版社, 2000)

《孟子注疏》, 趙岐 注, 孫奭 疏 (《十三經注疏整理本》25, 北京大學出版社, 2000)

《毛詩正義》, 毛享 傳, 鄭玄 箋, 孔穎達 疏 (《十三經注疏整理本》4-6, 北京大學出版社, 2000)

《尙書考靈耀》, 漢 無名氏 撰 (《文淵閣四庫全書》876, 臺灣商務印書館, 1983)

《尙書緯》, (《文淵閣四庫全書》68, 臺灣商務印書館, 1983)

《尙書注疏 》, (《十三經注疏整理本》2, 北京大學出版社, 2000)

《尙書正義》, 孔安國 傳, 孔穎達 疏 (《十三經注疏整理本》3, 北京大學出版社, 2000)

《詩經》, 《毛詩正義》, 毛享 傳, 鄭玄 箋, 孔穎達 疏 (《十三經注疏整理本》4-6, 北京大學出版社, 2000)

《禮記正義》, 鄭玄 注, 孔穎達 疏 (《十三經注疏整理本》12-15, 北京大學出版社, 2000)

《爾雅注疏》, 郭璞 注, 邢昺疏 (《十三經注疏整理本》24, 北京大學出版社, 2000)

《爾雅翼 》, 羅願 (《文淵閣四庫全書 》222, 臺灣商務印書館, 1983)

《周禮注疏》, 鄭玄 注, 賈公彦 疏 (《十三經注疏整理本》7-9, 北京大學出版社, 2000)

《毛詩草木鳥獸蟲魚疏》, 陸機 著 《文淵閣四庫全書》70, 臺灣商務印書
    館, 1983)

자전과 운서류
《康熙字典》, 張玉書 等撰 (國學基本叢書,臺灣商務印書館, 1968)
《埤雅 》, 陸佃 撰 《文淵閣四庫全書 》222, 臺灣商務印書館, 1983)
《說文解字》, 許愼 撰 《文淵閣四庫全書》223,商務印書館, 1983)
《說文解字繫傳 》, 徐鍇 撰 《文淵閣四庫全書 》223, 臺灣商務印書館,
    1983)
《說文解字》,《說文解字注》段玉裁 注 (上海古籍出版社, 1981)

문집류
《靑莊館全書》, 李德懋 著(한국고전번역원 한국고전종합DB)

유서류
《居家必用事類全集》, 작자미상(《續修四庫全書》1184, 上海古籍出版社,
    1995)
《古今秘苑》, 曾慥 撰 《古今秘苑全書》, 上海校經山房印行)
《攷事撮要》, 徐命應 編(국립중앙도서관 古貴031-12-6)
《說郛》, 陶宗儀 撰 《文淵閣四庫全書》881, 商務印書館, 1983)
《說郛》, 陶宗儀 撰 《文淵閣四庫全書》881, 商務印書館, 1983)
《星湖僿說》, 李瀷 撰(고전국역총서 민족문화추진회, 1979)
《遵生八牋校注》, 高濂 著, 趙立勛 校注(人民衛生出版社, 1993)
《和漢三才圖會》, 寺島良安 撰(《倭漢三才圖會》, 국학자료원, 2002)

농서 및 기술서
《鏡理玉函》, 黃省曾 撰 《農政全書校注》, 徐光啓 撰, 石聲漢 校注 (上海

古籍出版社, 1979))

《格致鏡原》, 陳元龍 撰 (《文淵閣四庫全書》 1032, 臺灣商務印書館, 1983)

《廣群芳譜》, 聖祖敕 撰, 王雲五 主編 (臺灣商務印書館, 1968)

《金華耕讀記》, 徐有榘 著 (東京都立日比谷圖書館, 1959)

《農事直說》, 鄭招 卞孝文 編 (《農書》 1, 아세아문화사, 1981)

《農桑要旨》, (《農桑輯要校注》, 石聲漢 校注 (中華書局, 2014))

《農桑衣食撮要》, 魯明善 編 (《文淵閣四庫全書》 730, 臺灣商務印書館, 1983)

《農桑輯要校注》, 石聲漢 校注 (中華書局, 2014)

《農書》, 陳旉 撰 (《文淵閣四庫全書》 730, 臺灣商務印書館, 1983)

《農政全書校注》, 徐光啓 撰, 石聲漢 校注 (上海古籍出版社, 1979)

《木棉譜》, 楮華 著 (《文淵閣四庫全書》 1469, 臺灣商務印書館, 1983)

《物類相感志》, 蘇軾 著 (《叢書集成初編》 1344, 商務印書館, 1936)

《博聞錄》, 陳元靚 撰 (《農桑輯要校注》, 石聲漢 校注 (中華書局, 2014))

《四時類要》, 고대중국 농서. 작사 미상. (《四時纂要譯註》, 세창출판사, 2017)

《山林經濟》, 洪萬選 著 (한국고전번역원 한국고전종합DB)

《山林經濟》, 洪萬選 (《農書》 2, 아세아문화사, 1981)

《山林經濟》, 洪萬選 (《農書》 3, 아세아문화사, 1981)

《增補山林經濟》, 柳重臨 (《農書》 5, 아세아문화사, 1981)

《歲時廣記》, 陳元靚 著 (《叢書集成初編》 179, 商務印書館, 1936)

《御定月令輯要》, 李光地 等 撰 (《文淵閣四庫全書》 467, 臺灣商務印書館, 1983)

《御定佩文廣羣芳譜》, 汪灝 等 (《文淵閣四庫全書》 845, 臺灣商務印書館, 1983)

《王禎農書》, 王禎 著 (農業出版社, 1981)

《二如亭群芳譜》, 明 王象晉 編 (《四庫全書存目叢書補編》 80, 齊魯書社

　　出版)

《蠶經》, 黃省曾 撰《叢書集成初編》1471, 商務印書館, 1936)

《蠶論》, 郭子章 撰《農桑輯要校注》, 石聲漢 校注 (中華書局, 2014))

《齊民要術校釋》繆啓愉 校釋 (中國農業出版社, 1998)

《齊民要術譯注》繆啓愉·繆桂龍 撰 (上海古籍出版社, 2006)

《種樹書》, 郭槖駝 撰 (《叢書集成初編》1469, 商務印書館, 1937)

《增補四時纂要》, (《農書》2, 아세아문화사, 1981)

《增補山林經濟》, 柳重臨 《農書》4, 아세아문화사, 1981)

《天工開物》, 宋應星 著 (中國社會出版社, 2004)

《輟耕錄》, 陶宗儀 撰 (국립중앙도서관 古古10-30-나1).

《便民圖纂》, 鄺璠 著, 石聲漢·康成懿 校注 (農業出版社, 1982)

《韓氏直說》《農桑輯要校注》, 石聲漢 校注 (中華書局, 2014))

《皇朝經世文編》, 賀長齡, 魏源 編(ctext.org)

《欽定授時通考》, 蔣溥 等 撰《文淵閣四庫全書》732, 臺灣商務印書館, 1983)

의서류

《臞仙神隱書》, 朱權 著 (《四庫全書存目叢書》260, 齊魯書社, 1996)

《東醫寶鑑》, 許浚 撰 (《原本東醫寶鑑》, 南山堂, 2009)

《本草綱目》, 李時珍 著, 劉 衡如 校 (人民衛生出版社, 1982)

《本草圖經》, 蘇頌 編撰 (安徽科學技術出版社, 1994)

《神農本草經疏》, 繆希雍 著 (《繆希雍醫學全書》, 中國中醫藥出版社, 2015)

그외 원전

《乾隆烏程縣志》 (북경대학교 도서관본 9책)

《物類相感志》, 蘇軾 撰 (《叢書集成初編》1344, 商務印書館, 1937)

《山居四要》, 楊瑀 撰, 汪汝懋 編 (徐仁文寫刊本)
《輶軒使者絕代語釋別國方言》, 揚雄 撰, 郭璞 注 (《文淵閣四庫全書》
    221, 臺灣商務印書館, 1983)
《海寧縣志》 (하버드 옌칭도서관본 2책)

사전과 도감류
《大漢和辭典》, 諸橋轍次 著 (大修館書店, 1984)
《한국민족문화대백과사전》, 한국정신문화연구원편찬부 (한국정신문화
    연구원)
《漢語大詞典》, 羅竹風 主編, 漢語大詞典編輯委員會, 漢語大詞典編纂處
    編纂 (上海, 漢語大詞典出版社, 1990-93)

번역서
《고농서국역총서》 8, 全循義 撰 (농촌진흥청, 2004)
《국역 고려사》, 동아대학교 석당학술원 저 (경인문화사, 2008)
《국역 열하일기》, 박지원 저, 민족문화추진회 역 (민족문화추진회 발행,
    1968)
《농상집요 역주》, 石聲漢 校注, 최덕경 역주 (세창출판사, 2012)
《완역정본 北學議 》, 박제가 지음, 안대회 교감 역주 (돌베개, 2013)
《임원경제지 본리지》, 서유구 지음, 정명현·김정기 역주 (소와당, 2008)
《임원경제지 섬용지(林園經濟志 贍用志)》 1, 서유구 지음, 임원경제연구
    소 옮김 (풍석문화재단, 2016)
《임원경제지 유예지(林園經濟志 游藝志)》 4, 서유구 지음, 임원경제연구
    소 옮김 (풍석문화재단, 2017)
《임원경제지 이운지(林園經濟志 怡雲志)》 1, 서유구 지음, 임원경제연구
    소 옮김 (풍석문화재단, 2019)
《임원경제지 전어지(林園經濟志 佃漁志)》 2, 서유구 지음, 임원경제연구

소 옮김(풍석문화재단, 2021)

《임원경제지 정조지(林園經濟志 鼎俎志)》 4, 서유구 지음, 임원경제연구
소 옮김(풍석문화재단, 2020)

《제민요술 역주 1~5》, 가사협 저, 최덕경 역주 (세창출판사, 2018)

《제민요술》, 가사협 원저, 구자옥 등 역주 (농촌진흥청, 2006)

《증보산림경제 Ⅰ~Ⅲ》, 노재준·윤태순·홍기용 옮김 (고농서국역총서,
농촌진흥청. 2003)

《진부농서 역주》, 陳敷 저, 최덕경 역주 (세창출판사, 2016)

《회남자(淮南子)》, 李錫浩 옮김(세계사, 1992)

연구논저

《나주샛골나이》, (국립문화재연구소, 2004)

《명주짜기》, 장경희 글, 최원진 사진 (화산문화, 2002)

《삼척의 삼베문화》(이한길, 민속원, 2010)

《임원경제지: 조선 최대의 실용백과사전》, 정명현·민철기·정정기·전종욱
외 옮기고 씀 (씨앗을 뿌리는 사람, 2012)

《한국직물오천년》, 심연옥 저 (고대직물연구소, 2002)

《한산 세모시짜기·청양 춘포짜기》, 심연옥 글, 서헌강 사진 (도서출판 선
인, 2011)

《한산모시짜기》, 심연옥·박기찬·금다운 집필 (한국전통문화대학교,
2020)

《한산모시짜기》, (국립문화재연구소, 2004)

《한국과 일본의 인류무형유산: 모시짜기》, (국립무형유산원, 2017)

논문류

〈조선시대 검은색의 염색법 재현-임원경제지의 포두청색·청조색·현색
을 중심으로-〉, 박봉순, 인천대학교 의류학과 박사학위 논문, 2018

〈청조색(靑皁色)을 활용한 조선후기 조대(條帶)의 재현-청주 출토 김원
택(金元澤, 1683~1766)일가 조대 중심-〉, 박봉순·장인우, 한국복식
학회, 2016

검색사이트

고전용어 시소러스 (한국고전번역원)

Google (구글) http://www.google.com

DAUM(다음) http://www.daum.net/

NAVER(네이버) http://www.nave.com

고려대 해외한국학자료센터 http://kostma.korea.ac.kr/

고려대학교 중앙도서관 http://library.korea.ac.kr/

국립중앙도서관 http://www.nl.go.kr/

국립중앙박물관 http://www.museum.go.kr/

규장각 한국학연구원 (서울대학교) http://kyujanggak.snu.ac.kr/

네이버 지식백과

문화재청 국가문화유산포털 http://www.heritage.go.kr/

百度 (바이두) http://www.baidu.com

서울대학교 중앙도서관 http://library.snu.ac.kr/

역사정보통합시스템 http://www.koreanhistory.or.kr/

유튜브 www.youtube.com

異體字字典 (中華民國敎育部) http://dict.variants.moe.edu.tw/

한국고전번역원 http://www.itkc.or.kr

한국한의학고전DB https://www.mediclassics.kr/

색인

지명

서명

물명

445

🌿 임원경제연구소

임원경제연구소는 고전 연구와 번역, 출판을 주요 목적으로 하는 사단법인이다. 문사철수(文史哲數)와 의농공상(醫農工商) 등 다양한 전공 분야의 소장학자 40여 명이 회원 및 번역자로 참여하여, 풍석 서유구의 《임원경제지》를 완역하고 있다. 또한 번역 사업을 진행하면서 축적한 노하우와 번역 결과물을 대중과 공유하기 위해 관련 전문가 및 단체들과 교류하고 있다. 연구소에서는 번역 과정과 결과를 통하여 '임원경제학'을 정립하고 우리 문명의 수준을 제고하여 우리 학문과 우리의 삶을 소통시키고자 노력한다. 임원경제학은 시골 살림의 규모와 운영에 관한 모든 것의 학문이며, 경국제세(經國濟世)의 실천적 방책이다.

번역

차서연(車瑞娟)

충청북도 보은 출신. 한국전통문화대학교 전통미술공예학과를 졸업하고, 태동고전연구소에서 한학을 공부했다. 단국대학교 전통의상학과에서 《서유구(徐有榘)의 복식관—「섬용지(贍用志)」'복식지구(服飾之具)'를 중심으로》로 석사를, 《다산(茶山) 정약용(丁若鏞)의 상복관(喪服觀)》으로 박사를 마쳤다. 건축·도구·일용품 백과서전인 《섬용지》의 역자로 참여했다. 박사학위 논문으로 다산학술재단에서 우수 논문상을 수상하고, 《「상복상(喪服商)」에 나타난 좌(髽)의 형태에 대한 고찰》, 《성재(性齋) 허전(許傳)의 심의(深衣) 연구》 등 조선 학자들의 복식에 대한 관점을 연구하고 있다.

정명현(鄭明炫)

광주광역시 출신. 고려대 유전공학과를 졸업하고, 도올서원과 한림대 태동고전연구소에서 한학을 공부했다. 서울대 대학원 '과학사 및 과학철학 협동과정'에서 전통 과학기술사를 전공하여 석사와 박사를 마쳤다. 석사와 박사 논문은 각각 〈정약전의 《자산어보》에 담긴 해양박물학의 성격〉과 《서유구의 선진농법 제도화를 통한 국부창출론》이다. 《임원경제지》 중 《본리지》·《섬용지》·《유예지》·《상택지》·《예규지》·《이운지》·《정조지》·《보양지》·《향례지》·《전어지》를 공역했다. 또 다른 역주서로 《자산어보 : 우리나라 최초의 해양생물 백과사전》이 있고, 《임원경제지 : 조선 최대의 실용백과사전》을 민철기 등과 옮기고 썼다. 현재 임원경제연구소 소장으로, 《임원경제지》 번역 사업에 참여하고 있다.

최시남(崔時南)

강원도 횡성 출신. 성균관대학교 유학과(儒學科) 학사 및 석사를 마쳤으며 동 대학원 박사과정을 수료했다. 성균관(成均館) 한림원(翰林院)과 도올서원(檮杌書院)에서 한학을 공부했고 호서대학교에서 강의를 했다. IT회사에서 조선시대 왕실 자료와 문집·지리지 등의 고문헌 디지털화 작업을 했다. 현재 임원경제 연구소 팀장으로 근무하며 《섬용지》·《유예지》·《상택지》·《예규지》·《이운지》·《정조지》·《향례지》를 공역했고, 《보양지》·《전어지》를 교감·교열했다.

서문
도올 김용옥(金容沃)

우리시대의 사유의 지표를 만들어가고 있는 사상가이다. 고려대학교 생물과, 철학과, 한국신학대학 신학과에서 수학하고 원광대학교 한의과대학, 대만대학, 동경대학, 하바드대학에서 소정의 학위를 획득했다. 고려대학교, 중앙대학교, 한국예술종합학교, 연변대학, 사천사범대학 등 한국과 중국의 수많은 대학에서 제자를 길렀다. 《동양학 어떻게 할 것인가》 등 90여 권에 이르는 다양한 주제의 저술을 통해 끊임없이 민중과 소통하여 왔으며, EBS 56회 밀레니엄 특강 《노자와 21세기》를 통해 고전의 세계가 민중의 의식 속으로 전파되는 새로운 문화의 혁명적 장을 열었다. 최근에는 우리나라 KBS1 TV프로그램 《도올 아인 오방간다》(2019, KBS1 TV), 여수MBC 3부작 《도올 말하다! 여순민중항쟁》(2018. 10)을 통하여 우리 현대사 100년의 의미를 국민에게 전했으며, 여순사건 특별법이 제정되는 계기를 만들었다. 그가 직접 연출한 《도올이 본 한국독립운동사 10부작》(2005, EBS)은 동학으로부터 해방에 이르는 다난한 민족사를 철학자의 시각에서 영상으로 표현한 20세기 한국역사의 대표적인 걸작으로 꼽히며, 향후의 모든 근대사 탐구의 기준을 제시했다. 역사에 대한 탐색은 여기에 그치지 않고, 국학(國學)의 정립을 위하여 《삼국유사》·《일본서기》·《고려사》·《조선왕조실록》의 역사문헌과 유적의 연구에 정진하며, 고대와 근세 한국사에 대한 인식을 새롭게 하고 있다. 최근에는 광주MBC에서 마한문명을 고조선의 중심으로 파악하는 파격적인 학설을 주장하여 사계 학자들의 관심을 집중시켰다. 도올 김용옥 선생은 역사와 문학과 철학, 문화인류학, 고고학, 그리고 치열한 고등문헌학을 총체적으로 융합시킬 수 있는 당대의 거의 유일한 학자로서 후학들의 역사이해를 풍요롭게 만들어가고 있다. 최근 50년 학문 역정을 결집시킨 《노자도덕경》 주석서, 《노자가 옳았다》는 인류문명 패러다임의 전환에 대한 새로운 시각을 제시하였으며 그 사상의 실천으로서 농산어촌개벽대행진을 감행하며 8개 도 19 시군에서 민중의 소리를 듣는 민회를 열었다. 동학의 성경을 온전히 주석한 《동경대전》 1·2권과 《용담유사—수운이 지은 하느님 노래》는 《임원경제지》 국역작업과 함께, 국학의 역사를 새로 써나가고 있다.

교열, 교감, 표점

민철기(閔喆基)

서울 출신. 연세대 철학과를 졸업하고 도올서원에서 한학을 공부했다. 연세대 대학원 철학과에서 학위논문으로 《세친(世親)의 훈습개념 연구》를 써서 석사과정을 마쳤다. 임원경제연구소 번역팀장과 공동소장을 역임했고, 현재는 선임연구원으로 재직하며 《섬용지》를 교감 및 표점했고, 《유예지》·《상택지》·《예규지》·《이운지》·《정조지》·《전어지》를 공역했으며, 《보양지》·《향례지》를 교감·교열했다.

정정기(鄭炡基)

경상북도 장기 출신. 서울대 가정대학 소비자아동학과에서 공부했고, 도올서원과 한림대태동고전연구소에서 한학을 익혔다. 서울대 대학원에서 성리학적 부부관에 대한 연구로 석사를,《조선시대 가족의 식색교육 연구》로 박사를 마쳤다. 음식백과인《정조지》의 역자로서 강의와 원고 작업을 통해 그에 수록된 음식에*대한 소개에 힘쓰며, 부의주를 빚고 가르쳐 집집마다 항아리마다 술이 익어가는 꿈을 실천하고 있다. 임원경제연구소 교열팀장과 번역팀장을 역임했고, 현재는 연구원으로 재직하며,《섬용지》를 교열했고,《유예지》·《상택지》·《예규지》·《이운지》·《정조지》를 공역했으며,《보양지》·《향례지》·《전어지》를 교감·교열했다.

김수연(金秀娟)

서울 출신. 한국전통문화대학교 전통조경학과를 졸업하고 한림대 태동고전연구소에서 한학을 공부했다. 현재 임원경제연구소 연구원으로 근무하며《섬용지》를 교감 및 표점했고,《유예지》·《상택지》·《예규지》·《이운지》·《정조지》를 공역했으며,《보양지》·《향례지》·《전어지》를 교감·교열했다.

김용미(金容美)

전라북도 순창 출신. 동국대 철학과를 졸업하고, 고전번역원 국역연수원과 일반연구과정에서 한문 번역을 공부했다. 고전번역원에서 추진하는 고전전산화 사업에 교정교열위원으로 참여했고,《정원고사(政院故事)》공동번역에 참여했다. 전통문화연구회에서 추진하고 있는《모시정의(毛詩正義)》공동번역에 참여했다. 현재 임원경제연구소 연구원으로 근무하며,《예규지》·《이운지》·《정조지》를 공역했고,《보양지》·《향례지》·《전어지》를 교감·교열했다.

김광명(金光明)

전라북도 정읍 출신. 전주대학교 한문교육학과를 졸업하고 한국고전번역원에서 한학을 공부했으며, 성균관대 대학원 고전번역협동과정에서 석박사통합과정을 수료했다. 현재 임원경제연구소 연구원으로 근무하며,《유예지》·《상택지》·《예규지》·《이운지》·《정조지》·《향례지》를 공역했고,《보양지》를 교감·교열했다.

김현진(金賢珍)

경기도 평택 출신. 공주대 한문교육과를 졸업하고 한림대 태동고전연구소와 한국고전번역원에서 한학을 공부하고 성균관대학교 대학원 한문학과에서 석사과정을 수료했다. 현재 임원경제연구소 연구원으로 근무하며 《섬용지》를 교열했고, 《유예지》·《상택지》·《예규지》·《이운지》·《정조지》·《전어지》를 공역했으며, 《보양지》·《향례지》를 교감·교열했다.

감수
심연옥(한국전통문화학교 전통미술공예학과 교수)

교감·표점·교열·자료조사
임원경제연구소

🌐 풍석문화재단

(재)풍석문화재단은《임원경제지》등 풍석 서유구 선생의 저술을 번역 출판하는 것을 토대로 전통문화 콘텐츠의 복원 및 창조적 현대화를 통해 한국의 학술 및 문화 발전에 기여함을 목적으로 설립되었다.

재단은 ①《임원경제지》의 완역 지원 및 간행, ②《풍석고협집》,《금화지비집》,《금화경독기》,《번계시고》,《완영일록》,《화영일록》등 선생의 기타 저술의 번역 및 간행, ③ 풍석학술대회 개최, ④《임원경제지》기반 대중문화 콘텐츠 공모전, ⑤ 풍석디지털자료관 운영, ⑥《임원경제지》등 고조리서 기반 전통음식문화의 복원 및 현대화 사업 등을 진행 중이다.

재단은 향후 풍석 서유구 선생의 생애와 사상을 널리 알리기 위한 출판·드라마·웹툰·영화 등 다양한 문화 콘텐츠 개발 사업,《임원경제지》기반 전통문화 콘텐츠의 전시 및 체험교육 등을 목적으로 하는 서유구 기념관 건립 등을 추진 중이다.

풍석문화재단 웹사이트 및 주요 연락처

웹사이트
풍석문화재단 홈페이지 : www.pungseok.net
출판브랜드 자연경실 블로그 : https://blog.naver.com/pungseok
풍석디지털자료관 : www.pungseok.com
풍석문화재단 음식연구소 홈페이지 : www.chosunchef.com

주요 연락처
풍석문화재단 사무국
주　소 : 서울 서초구 방배로19길 18, 남강빌딩 301호
연락처 : 전화 02)6959-9921 팩스 070-7500-2050 이메일 pungseok@naver.com

풍석문화재단 전북지부

연락처 : 전화 063)290-1807 팩스 063)290-1808 이메일 pungseokjb@naver.com

풍석문화재단우석대학교음식연구소

주　소 : 전북 전주시 완산구 향교길 104

연락처 : 전화 063-291-2583 이메일 zunpung@naver.com

조선셰프 서유구(음식연구소 부설 쿠킹클래스)

주　소 : 전북 전주시 완산구 향교길 104

연락처 : 전화 063-291-2583 이메일 zunpung@naver.com

서유구의 서재 자이열재(풍석 서유구 홍보관)

주　소 : 전북 전주시 완산구 향교길 104

연락처 : 전화 063-291-2583 이메일 pungseok@naver.com

풍석학술진흥연구조성위원회

(재)풍석문화재단은《임원경제지》의 완역완간 사업 등의 추진을 총괄하고 예산 집행의 투명성을 기하기 위해 풍석학술진흥연구조성위원회를 두고 있습니다. 풍석학술진흥연구조성위원회는 사업 및 예산계획의 수립 및 연도별 관리, 지출 관리, 사업 수익 관리 등을 담당하며 위원은 아래와 같습니다.

위원장 : 신정수(풍석문화재단 이사장)

위　원 : 서정문(한국고전번역원 고전번역연구소장), 진병춘(풍석문화재단 사무총장)
　　　　안대회(성균관대학교 한문학과 교수), 유대기(공생사회적협동조합 이사장)
　　　　정명현(임원경제연구소장)

풍석문화재단 사람들

이사장	신정수 ((前) 주택에너지진단사협회 이사장)
이사진	김윤태 (우석대학교 평생교육원장) 김형호 (한라대학교 이사) 모철민 ((前) 주 프랑스대사) 박현출 ((前) 서울시농수산식품공사 사장) 백노현 (우일계전공업그룹 회장) 서창석 (대구서씨대종회 총무이사) 서창훈 (우석재단 이사장 겸 전북일보 회장) 안대회 (성균관대학교 한문학과 교수) 유대기 (공생사회적협동조합 이사장) 이영진 (AMSI Asia 대표) 진병춘 (상임이사, 풍석문화재단 사무총장) 채정석 (법무법인 웅빈 대표) 홍윤오 ((前) 국회사무처 홍보기획관)
감사	홍기택 (대일합동회계사무소 대표)
음식연구소장	곽미경 《조선셰프 서유구》 저자)
재단 전북지부장	서창훈 (우석재단 이사장 겸 전북일보 회장)
사무국	박시현, 박소해
고문단	이억순 (상임고문) 고행일 (인제학원 이사) 김영일 (한국AB.C.협회 고문) 김유혁 (단국대 종신명예교수) 문병호 (사랑의 일기재단 이사장) 신경식 (헌정회 회장) 신중식 ((前) 국정홍보처 처장) 신현덕 ((前) 경인방송 사장) 오택섭 ((前) 언론학회 회장) 이영일 (한중 정치외교포럼 회장) 이석배 (공학박사, 퀀텀연구소 소장) 이수재 ((前) 중앙일보 관리국장) 이준석 (원광대학교 한국어문화학과 교수) 이형균 (한국기자협회 고문) 조창현 ((前) 중앙인사위원회 위원장) 한남규 ((前) 중앙일보 부사장)

《임원경제지·전공지》 완역 출판을 후원해 주신 분들

진병춘 진선미 진성환 진인옥 진중현 차영익 차재숙 차흥복 채성희 천재박 최경수
최경식 최광현 최미옥 최미화 최범채 최상욱 최성희 최승복 최연우 최영자 최용범
최윤경 최정숙 최정원 최정희 최진욱 최필수 최희령 탁준영 태경스님 태의경 하영휘
하재숙 한승문 함은화 허문경 허영일 허 탁 현승용 홍미숙 홍수표 황경미 황재운
황재호 황정주 황창연 그 외 이름을 밝히지 않은 후원자분